国学新读本

正　蒙

李　峰　注说

河南大学出版社

国学新读本编辑委员会

总策划　马小泉

主　编　李振宏

编　委　（以姓氏笔画为序）

　　　　马小泉　王　健　朱绍侯　刘小敏
　　　　李中华　李振宏　苏凤捷　何晓明
　　　　张云鹏　张富祥　宋会群　杨天宇
　　　　杨寄林　杨朝明　赵国华　郑慧生
　　　　姜建设　袁喜生　曹　峰　曹础基
　　　　曾振宇　咸良德　龚留柱　熊铁基

目　录

序 ·· 李振宏（1）
《正蒙》通说 ···································（1）
　一　张载生平简介 ·······························（1）
　二　《正蒙》主要内容 ··························（12）
　三　《正蒙》的地位与影响 ······················（40）
　四　历代注释《正蒙》著作释要 ··················（58）
　五　如何阅读《正蒙》 ··························（72）
　六　校注说明 ··································（73）
《正蒙》简注 ·································（74）
　苏昞 序 ······································（74）
　范育 序 ······································（75）
　太和篇第一 ····································（78）
　参两篇第二 ····································（91）
　天道篇第三 ···································（102）
　神化篇第四 ···································（109）
　动物篇第五 ···································（120）

诚明篇第六 ……………………………………… (126)

大心篇第七 ……………………………………… (140)

中正篇第八 ……………………………………… (146)

至当篇第九 ……………………………………… (167)

作者篇第十 ……………………………………… (183)

三十篇第十一 …………………………………… (192)

有德篇第十二 …………………………………… (204)

有司篇第十三 …………………………………… (215)

大易篇第十四 …………………………………… (218)

乐器篇第十五 …………………………………… (241)

王禘篇第十六 …………………………………… (254)

乾称篇第十七 …………………………………… (262)

参考书目 ………………………………………… (272)

序

最近一些年来，一股"国学热"的思潮强劲涌动，在文化学界以至于整个社会上，引起了强烈反响。为什么在这样一个社会的大变革时代，在从传统社会向现代社会的转型期，最为传统的国学，却能引起国人的极大兴趣，这的确是一个值得思考和研究的问题。

"国学"作为一个学术文化概念，产生于近代。从渊源上讲，"国学"概念的产生，与"国粹"有些关联，并且是从对抗西学侵入的角度提出来的。今天，中华民族早已是一个独立于世界民族之林的自立自强的民族，全球经济一体化所带来的世界文化的汇合与交融，也早已是历史发展的必然趋势，而在这样的历史大势中，却会有"国学热"的产生，乍一看来，确有不可思议之处。但实际上，国学的当代走红，则与我们今天所处的历史时代有着一定的关系。

随着改革开放的迅速推进，随着市场经济的强劲发展，传统道德受到了强烈冲击，传统文化与现代文化观念的碰撞也日益强烈。于是，如何看待传统文化的问题，就严峻地提到了国人的面前。传统文化的出路何在，它从何而来，要走向何方，如何对之进行价值重估，一切关心文化问题、有着强烈历史责任感的人们，无不把关注的目光投向中国的传统学术。当然，也不排除一些对改革开放和市场经济所带来的冲击无法理解和接受，对现代经济发展对传统道德的亵渎强烈抗议的人们,自然而然地发出向传统文化复归而倡导国学的呼声。总之,不论是出于积极的思考,还是抱着一种向后看的心态,对国学的重视则成了最近十多年来一种普遍的文化选择。

于是,对待"国学热"就需要有一个分析的态度。对于任何一个民族的发展来说,传统文化都是其牢固的根基,是其一切历史的出发点,摒弃传统、甚至全盘否定传统文化,都是幼稚可笑的,不可取的。但一遇到问题就求助于传统,甚至一味狂热地提倡向传统复归,也是走不通的,过去那句常说的"倒退是没有出路的"话,虽说不是什么至理名言,却也还是有些道理的。这些年来,一些地方出现的中小学生、甚至幼儿园小朋友的读经热,就是一种值得注意的倾向。国学,毕竟是一种学术,需要有一定的文化基础,有一定的分析批判能力,才能对之进行识读、鉴别而决定其取舍。所以,严格地说,对于国学,尤其是经学,在当代中国,需要的是研究以及在此基础上的批判继承,而不是再像传统社会中那样采取唱诗班的方式,对青少年一代进行无分析地灌输。因此,如何弘扬传统文化,就是一个需要思考的问题。

正是基于以上考虑,为着弘扬优秀传统文化的需要,也为着对社会上盲目崇尚读经的风气有所引导,我们组织了这套"国学新读本"丛书,选择一些在中国传统文化中影响较大的国学典籍,对之进行简明扼要的注释,然后在读本前边,用较大篇幅解读该典籍的基本思想文化内涵,评述其在中国文化史上的地位和影响,并对如何阅读该典籍做出读书方法上的引导。通过这样一个较为翔实的导读内容,以批判分析的态度,给青年人的国学典籍阅读提供一个健康的思想导向。根据这样的宗旨,这套丛书,在大的结构上,每本都分为"通说"和"简注"两个部分,"通说"是导读的性质,"简注"在于疏通文字,希望这样的安排,能够为青年朋友和一般社会读者提供一个国学入门的向导。果能如此,也就实现了撰著者和出版者的愿望。

国学所以是国学,就在于它是我们祖国优秀民族文化和民族精神的载体。在这些国学典籍中,包含着民族文化的基因,蕴藏着民族精神的范型。衷心期待这套丛书能够成为广大读者学习国学精华、体认民族精神、继承祖国优秀文化遗产的良师益友。

李振宏

2008年2月28日

《正蒙》通说

一　张载生平简介

张载,字子厚,生于天禧四年(1020年),卒于熙宁十年(1077年)。凤翔郿县(今陕西眉县)人。嘉祐二年(1057年),登进士第,曾任祁州司法参军、丹州云岩县令、签书渭州军事判官公事、崇文院校书、同知太常礼院等职。因居于郿县横渠镇,世称其为横渠先生,其学被后世称为"关学"。与周敦颐、程颢、程颐、邵雍等并称"北宋五子",是北宋理学的代表人物。

(一) 早期经历

张载祖籍大梁(今河南开封),其祖父张复,字元易,宋真宗时为给事中、集贤殿学士,"博闻强识,笃实忠亮,历书馆,备史官者二十年。"知名于大中祥符、天禧年间,"方是时,天子巡狩四方,尊礼儒学,其登延访问,赓载歌咏,未始不在从官之先。凡典籍谬讹,仪章未讲,所识旧闻,折衷惟允,学士大夫有考必稽焉。"据其曾孙张革称:"熙宁末,叔父崇文君被召还馆,始得其书于从祖父殿直君之家。于是公没五十年矣。"①崇文君即张载,张载熙宁九年(1076年)被召入朝,熙宁十年(1077年)辞官西归,可知张复当卒于天圣五年(1027年)或天圣六年(1028年)。其父张迪,真宗时徙家长安(今陕西西安),张迪仕仁宗朝,官至殿中丞、知涪州事。育有一女二子。大中祥符二年(1009年)生女张氏,天圣八年(1030年)生张戬于涪州。而张载则于天禧四年(1020年)生于长安,故或称其为长安人。

景祐元年(1034年)张迪卒于涪州任上。张载母陆氏携张载兄弟扶张迪灵柩出川,欲归葬张迪于开封,但因张载兄弟尚年幼,一家人扶棺行至凤翔郿县横渠镇时,已无力东进。时张载的姐姐已嫁给渭南官宦世家子弟宋寿昌为妻,宋寿昌于天圣年间步入仕途,先后任职环州司法、庆州录事参军,可为张载兄弟所依靠,遂葬张迪于横渠镇之南大振谷口之迷狐岭,而举家侨寓于横渠镇之大振村。

因陕西地邻西夏,战事不休,故张载少喜谈兵,曾向邠人焦寅学习兵法,慨然以功名自许,甚至曾打算招募人夺取为西夏所据的洮州地区。康定元年(1040年),时年二十一岁的张载向镇守延州的陕西招讨使范仲淹上书,畅论自己对守边的看法。对此司马光曾赋诗称:"先生负才气,弱冠游穷边。麻衣揖巨公,决策期万全。谓言叛羌辈,坐可执而鞭。意趣小参差,万金莫留连。"②但范仲淹见其器识不凡,欲其致力于弘扬儒学,而非探讨兵事,遂开导他说:

---

① 吕大临:《张公文集后序》,《全宋文》(110)卷二三八六,上海辞书出版社,安徽教育出版社2006年版,第163~164页。
② 李之亮笺注:《司马温公集编年笺注》卷五《子厚先生哀辞》,巴蜀书社2009年版,第278页。

"儒家自有名教,何事于兵!"①因劝其研读《中庸》。张载自此开始致力于儒学的研究,先是研读《中庸》,因《中庸》不能满足他的要求,遂研读佛、老之书,数年之间,尽究其说,因自觉无所进益,继而又反求于《六经》。其间,范仲淹知庆州,于庆历二年(1042年)筑大顺城以备边,宋寿昌亦参与其事,张载特撰《庆州大顺城记》以志其盛。

皇祐三年(1051年)至至和二年(1055年)间,文彦博任忠武节度使、知永兴军兼秦凤路兵马事,治长安,闻张载之名,特聘请他赴官学任教。张载在长安官学任教期间,因学识渊深而为士子所敬重,其中京兆武功(今陕西武功)人游师雄(1038～1097年)"日从之游,益得其奥"。② 与张载的其他门人相比,游师雄"师横渠张子最久"③,可称得上是张载的第一个入室弟子。

张载与理学名家程颢、程颐兄弟有亲戚关系,张载是二程的表叔,嘉祐初年,双方曾在京师即开封见过一次面,此次会面,对张载影响甚大,据二程门人尹和靖称:"横渠昔在京师,坐虎皮,说《周易》,听从甚众。一夕,二程先生至,论《易》。次日,横渠撤去虎皮,曰:'吾平日为诸公说者,皆乱道。有二程近到,深明《易》道,吾所弗及,汝辈可师之。'横渠乃归陕西。"④而先从学于张载,张载去世后,又从学于二程的吕大临,在其所作的《横渠先生行状》中也称:"嘉祐初,见洛阳程伯淳、正叔昆弟于京师,共语道学之要,先生涣

---

① 吕大临:《横渠先生行状》,章锡琛点校:《张载集》,中华书局1978年版,第381页。
② 张舜民:《游公墓志铭》,《画墁集(附补遗)》,中华书局1985年版,第73页。
③ 冯从吾撰,陈俊民、徐兴海点校:《关学编(附续编)》卷一《季明苏先生》,中华书局1987年版,第12页。
④ 程颢、程颐:《河南程氏外书》卷十二《传闻杂记》,《二程集》,中华书局1981年版,第436～437页。

然自信曰:'吾道自足,何事旁求!'乃尽弃异学,淳如也。"①然而程颐却明确反对称张载之学源自他们兄弟:"吕与叔作《横渠行状》,有'见二程尽弃其学'之语。尹子言之,先生曰:'表叔平生议论,谓颐兄弟有同处则可,若谓学于颐兄弟则无是事。顷年属与叔删去,不谓尚存斯言,几于无忌惮。'"《横渠先生行状》行于世者有两本,"一本云:'尽弃其学而学焉。'一本云:'于是尽弃异学,淳如也。'"论者认为后一本"恐是后来所改"。②然虽有所改定,但抬高二程之学的意味仍甚浓。而考此次会面的时间,当在嘉祐元年(1056年)至嘉祐二年(1057年)间,其时张载与二程兄弟都在京师准备科举考试。

(二) 步入仕途

嘉祐二年(1057年),时年三十八岁的张载登进士第。始仕祁州司法参军,后迁官丹州云岩县令,施政以敦促百姓务本,引导风俗向善为先,每月初一,在县衙内摆好酒食,召集乡里老人来赴宴,并亲自劝酒应酬,意在讽喻百姓,使他们知道赡养老人事奉长者之义,同时借此机会询问百姓疾苦,以及告诉老人们要注意训导子弟的意义。有所教谕告示,常担心所发出的文告不能让百姓都知晓,每每将各乡乡长召至县衙,反复叮嘱,要他们亲往各自管辖的乡里告知百姓。其间百姓因事来县衙或路上遇见,张载一定要问其"某时命某告某事闻否",如果百姓回答说不知道,就要治相关人员的罪。故其一言即出,举县皆知。

张载继而迁官著作佐郎、签书渭州军事判官公事。在渭州任

---

① 吕大临:《横渠先生行状》,章锡琛点校:《张载集》,第381~382页。
② 程颢、程颐:《河南程氏外书》卷十二《传闻杂记》,《二程集》,第414~415页。

职期间，知渭州蔡挺对张载甚为尊重礼敬，军政事务，不论大小都向张载咨询，而张载也夙兴夜寐，勤劳国事，给予蔡挺以极大的帮助。当时边民因困苦乏食，常向官府借贷，而府库贮钱却不能满足百姓的需要，加之当时自然灾害颇为严重，使百姓有流离失所之虞，张载于是极力向官府建言，取军事储备数十万用以救济百姓。又说戍兵迁徙往来，不可使用，不如减少戍兵数将省下来的钱用来招募本地人效果好。

嘉祐四年（1059年）前后，张载以书致与自己同年考中进士，时为鄠县主簿的程颢，讨论修养工夫，程颢则撰《答横渠先生定性书》回应。

治平四年（1067年），王陶知永兴军，曾聘请张载赴官学讲学，张载多教人以德，他郑重地对求学者说："孰能少置意科举，相从于尧舜之域否？"①求学者闻听其合乎礼法的言辞，多有追随他问学的。

熙宁元年（1068年）张载讲学于武功绿野亭。

京兆蓝田（今陕西蓝田县）吕大忠、吕大钧、吕大临兄弟当在此期成为张载的门人。其中吕大钧（1031～1082年）与张载同年考中进士，因倾慕张载的学问，遂执弟子之礼："为同年友，一言而契，往执弟子礼问焉。"②吕大钧此举对于弘扬张载之学起到极大的促进作用。张载此前极力宣扬道学，然从学者甚寡："盖大学之废久矣，自扶风张先生倡之，而后进蔽于俗尚，其才俊者急于进取，昏塞者难于领解，由是寂寥无有和者。"及吕大钧拜于张载门下，"自是

---

① 吕大临：《横渠先生行状》，章锡琛点校：《张载集》，第382页。
② 范育：《吕和叔墓表》，吕祖谦编，齐治平点校：《宋文鉴》卷一四五，中华书局1992年版，第2029页。

学者靡然知所向矣"。① 吕大临(1040～1093年)为吕大钧之弟，亦问学于张载，张载对吕大临的评价甚高："今之学者大率为应举坏之，入仕则事官业，无暇及此。由此观之，则吕范过人远矣。吕与叔资美，但向学差缓，惜乎求思也褊，求思虽犹似褊隘，然褊不害于明。"②吕与叔即吕大临，"范"指张载的另外一个弟子范育。另外吕大均、吕大临之兄吕大防与张载也有书信往来，被视为"横渠同调"③。

熙宁二年(1069年)，宋神宗拔擢王安石为参知政事，思欲变更法度。御史中丞吕公著向神宗举荐张载："张载学有本原，四方之学者皆宗之，可以召对访问。"当年冬，神宗因召张载入朝，问以治道，张载皆以逐渐恢复三代之治为对，神宗很高兴，说："卿宜日见二府议事，朕且将大用卿。"张载回答说："臣自外官赴召，未测朝廷新政所安，愿徐观旬月，继有所献。"后来他去拜见王安石，交谈之中，王安石曾说："新政之更，惧不能任事，求助于子何如？"张载认为朝廷奖励大有为之举，天下有志之士愿意听从。如果朝廷与人为善，那么谁敢不竭尽全力！如果强求他人做他们不愿意做的事，那么他人也就不会乐意贡献自己的才智："朝廷将大有为，天下之士愿与下风。若与人为善，则孰敢不尽！如教玉人追琢，则人亦故有不能。"王安石听后默然不语。由于张载所说的话多与王安石之意相左，使王安石对他日渐失望。朝廷任命张载为崇文院校书，张载未及辞谢，又被派往浙东审理官员贪污案件，张载为儒生，此前并没处理过这类案件，有官员担心其难当此任，但王安石固执己

---

① 陈俊民辑校：《吕大钧行状略》，《蓝田吕氏遗著辑校》，中华书局1993年版，第614～615页。
② 章锡琛点校：《张子语录》，《张载集》，第329页。
③ 黄宗羲著，全祖望补修，陈金生、梁运华点校：《宋元学案》卷十八《横渠学案》，中华书局1986年版，第779页。

见,一定要张载去,说:"淑问如皋陶,犹且献囚,此庸何伤!"①显见是想让张载出丑。然而张载赴浙东后,妥善地处理了案件,又还朝复命。当时其弟张戬任监察御史里行,因累章弹劾王安石乱法,于熙宁三年(1070年)四月被贬为江陵府公安县知县,这让张载更觉不安,因辞官西归,居于横渠故居,称病不复出仕。司马光语及这段史事称张载:"声光动京师,名卿争荐延。置之石渠阁,岂徒修简编!丞相正自用,立有荣枯权。先生不可屈,去之归卧坚。"②

张载在京期间,程颢亦被召入朝,俩人遂论学于京师,时程颐随其父程珦在汉州,张载又写信与程颐论"虚无即气"等问题,程颐作《答横渠先生书》《再答书》阐述自己的主张。

(三)归隐横渠

自熙宁三年(1070年)至熙宁九年(1076年),张载在横渠度过了七年的隐居生涯。横渠非常偏僻简陋,张载在那里有田数百亩,聊以为生,人皆不堪其忧,而张载处之更加安然:"孤嫠聚满室,糊口耕无田。欣欣茹藜藿,皆不思肥鲜。"③终日正坐一室,研读不辍,随处放置笔砚,有心得就随手记下来,有时深夜起床,取烛书写,其志于弘扬正道,穷理尽性,未尝有一刻停止,也未尝有一刻忘记。有人向他请教,他大多时候都是告诉人们知礼成性、变化气质之道,勉励求教者治学一定要达到圣人的境界方才能够停止。又认为教育人必须先能养育人才能得到他们的信任,因此若他的学生无问学之资,虽然他贫困得家中只有粗粮和蔬菜,也要与学生一

---

① 吕大临:《横渠先生行状》,章锡琛点校:《张载集》,第382~383页。
② 李之亮笺注:《司马温公集编年笺注》卷五《子厚先生哀辞》,第278页。
③ 李之亮笺注:《司马温公集编年笺注》卷五《子厚先生哀辞》,第278页。

起享用。其治学穷究天地神化之妙,推演天人合一之理,立气为宇宙之本源,极力排斥释道等异端邪说,所有这一切皆从自我揣摩中得来,其学问之纯正博大,被人认为自孟子以来,一人而已:"其自得之者,穷神化,一天人,立大本,斥异学,自孟子以来,未之有也。"如张载曾对其门生谈及其治方法称,学问既已通过心的思虑得到,就用言辞将其书写下来,通过斟酌,发现言辞充分地表达了内心的想法,没有差错,然后就用来决断事情,决断事情没有过失,自己才感到满意高兴。认为治学要探究精微的义理,达到神妙的境界,就是为了遇事时内心先做出正确的预判:"吾学既得于心,则修其辞命,辞无差,然后断事,断事无失,吾乃沛然。精义入神者,豫而已矣。"①

时丧葬、祭祀无法,张载家连续有人去世,张载于是置办丧服,皆依礼而行;家祭根据四时变化献以不同的供品,极尽虔诚之意。当地的人们听说后,开始或怀疑嘲笑,最终信服而遵从张载所定之礼。当时当地丧祭行古礼者甚众,都是因为张载倡导的缘故。

张载气质刚毅,德盛貌严,然而与人相处,时间越久人们越愿意亲近他。他治理家务,待人接物,主要遵循的原则是端正自己以感动他人,人若不相信自己,就从自身找原因,加以改正,从不苛求他人,虽然有时别人会不理解,但他却毫不后悔,依然从容不迫地实行。因此无论是认识还是不认识张载的人,对他都充满了敬畏,无人敢以不合道义之举行之于张载。张载家的幼童,张载一定使他们洒水扫地、应答召唤,侍奉尊长;没有出嫁的女子,张载一定让她们亲自参与祭祀,奉献祭品,所有这一切都是为了使家人养成谦逊孝悌的良好习惯,以成就他们的品德。张载曾说:"事亲奉祭,岂可使人为之!"听说别人有善举,张载常常喜笑颜开。回答求教者

---

① 吕大临:《横渠先生行状》,章锡琛点校:《张载集》,第383页。

问题,虽然多也不厌倦,有不能理解的,则从头讲起。所到之处,一定要访求人才,见到可以教育的人,一定反复叮咛,对其进行教诲,唯恐其取得成就太晚。有一年当地发生人相食的大灾,当时张载家有脱壳后碾得尚不精的米,家人想将米舂为精米食用,张载知道后,立马予以制止,说:"饿莩满野,虽疏食且自愧,又安忍有择乎!"①因为痛惜百姓饥饿无食,而叹息不已,忧愁得多次对案不食。

熙宁九年(1076年)秋,张载为异梦所感,忽然将所著书稿嘱托给自己的学生,并就该书的要旨进行了说明。张载认为自己所作的这部书,就如同老树枯株一样,根本枝叶,莫不具备,对其进行充实润泽,在于人的努力罢了。又如孩子周岁时,用盘盛放各种物件供孩子抓取一样,所有的东西都在书中,就看撷取的人怎么做:"吾之作是书也,譬之枯株,根本枝叶,莫不悉备,充荣之者,其在人功而已。又如晬盘示儿,百物具在,顾取者如何尔。"②又说该书的言论大至与前代圣人的思想相合,要旨在于阐发圣道之端绪以显示给人们罢了。而通过研读本书,触类旁通,深入阐发其中意蕴的任务,则要靠学者们来完成。本书就如同老木之株,因年深日久,故分枝众多,所缺少的是对叶子的润泽罢了:"此书予历年致思之所得,其言殆与前圣合与! 大要发端示人而已,其触类广之,则吾将有待于学者。正如老木之株,枝别固多,所少者润泽华叶尔。"③其"门人之秀"苏昞④,请求张载允许自己将书分门别类,以便于学习者记诵,为张载所允。于是苏昞对该书进行细致研究,总结义

---

① 吕大临:《横渠先生行状》,章锡琛点校:《张载集》,第383~384页。
② 《苏昞序》,章锡琛点校:《张载集》,第3页。
③ 吕大临:《横渠先生行状》,章锡琛点校:《张载集》,第384页。
④ 冯从吾撰,陈俊民、徐兴海点校:《关学编(附续编)》卷一《季明苏先生》,第12页。

例,大致仿效《论语》《孟子》的体例,篇排章句,以类相从,成十七篇,名曰《正蒙》。张载又曾称《春秋》一书,古代并没有,是孔子自己撰述的,只有孟子才真体会到了其中深刻的意蕴,所以如果没有达到精通明悉义理的程度,这本书是无法学习的。先儒学识没有达到这样的程度,却研读这本书,所以其论说《春秋》,多穿凿附会之辞。此外对于《诗》《书》等经典所发表的议论,先儒也多不能平情而论,常常用自己的体会来揣摩作者的本意:"《春秋》之为书,在古无有,乃圣人所自作,惟孟子为能知之,非理明义精殆未可学。先儒未及此而治之,故其说多穿凿,及《诗》《书》《礼》《乐》之言,多不能平易其心,以意逆志。"①因此表示自己打算条举其大例,考察其文理,与学者一起理出各种说法的头绪。

张载有意效法三代之治,仰慕三代的典章制度,并希望自己能亲眼见到这些制度在宋代的推行。论为政之先,认为当以划分土地的疆界即推行井田制为急务,讲求法令制度,明白齐备,大要以可以施行于当下为准。认为如果自己能得到施展抱负的机会,不过是根据时代的需要有选择地推行三代的典章制度罢了。主张推行仁政必须从确定田地的疆界开始,如果社会贫富不均,教育培养没有法度,虽然想把社会治理好,都不过是苟且行事罢了。指出认为经界之法难以推行的人,往往都以为这样做是在夺取富人之田为说辞,然而此法如果能够得以推行,欢迎的人会非常多,如果处置有术,推行上数年,不用惩治一个人就可以恢复三代时期的井田制。但是张载担心在上位的人不愿意施行,因此说:"纵不能行之天下,犹可验之一乡。"②于是与学者议论古法,计划买一块土地,画为数井,进行复古试验,然而并没能真正付诸实施。

---

① 吕大临:《横渠先生行状》,章锡琛点校:《张载集》,第384页。
② 吕大临:《横渠先生行状》,章锡琛点校:《张载集》,第384页。

熙宁九年(1076年)春,知秦州吕大防,向朝廷举荐张载:"张载之学,善法圣人之遗意,其术略可措之以复古,乞召还旧职,访以治体。"其议为朝廷采纳。张载接到诏令,决定应诏赴京,张载说:"吾是行也,不敢以疾辞,庶几有遇焉。"①言下之意,是寄希望能得到神宗的赏识,而一展平生抱负。张载应召赴朝途中,经过洛阳,与二程、司马光等会晤,并看望邵雍。张载到京师后,公卿们闻风拜访,纷纷表达对张载的仰慕之情,但是却没有真正了解张载的人,他将自己的想法说出来试探人们的反应,人们多不相信。朝廷下诏让张载任同知太常礼院,主持太常礼院的事务。时有官员进言,请求朝廷推行冠婚丧祭之古礼,诏令礼官商议。礼官以古今异俗为借口,不肯施行。唯独张载认为可行,双方争执不下,最终不了了之。张载不满朝廷的郊庙之礼,想对其进行纠正,然而礼官都不愿意协助他,这让张载更加不悦,恰赶上又生病,熙宁十年(1077年)冬,张载遂辞官西归。途经洛阳,又与二程相会,畅论学术,此次谈话由张载弟子苏昞记录,名《洛阳议论》。接下来在返乡途中病情加剧,行至临潼,沐浴更衣而寝,天明去世,享年58岁。张载去世时,只有他的一个外甥在身边,囊中索然,无法入殓。其门生闻讯相继奔赴临潼,共同出资买棺,将其入殓,然后奉其灵柩归殡以葬:"门人俱绖带,雪涕会松阡。"②丧葬之礼遵从他的志向,全部采用古礼。程颢得知张载去世的消息,非常悲痛,因赋诗以志其哀:"叹息斯文约共修,如何夫子更长休!东山无复苍生望,西土谁共后学求?千载声名联棣萼,二年零落去山丘。寝门恸哭知何限,

---

① 吕大临:《横渠先生行状》,章锡琛点校:《张载集》,第384页。
② 李之亮笺注:《司马温公集编年笺注》卷五《子厚先生哀辞》,第279页。

岂独交亲念旧游？"①翰林学士许将等称张载安贫乐道，淡泊名利，请求朝廷赠官抚恤，朝廷下诏赐张载馆职，并由国家支付张载丧葬费一半的费用。嘉定十三年（1220年）赐谥明公。淳祐元年（1241年）封郿伯，从祀孔子庙庭。

张载治学，以《周易》为其思想的来源，运用《中庸》的思维模式构建天人合一关系，取法孔、孟之道，排斥怪妄之说，辨析鬼神之实。一生著述颇丰，传世的有《张子抄释》《张子全书》《张横渠集》等，后被中华书局编校整理，编入《张载集》，1978年出版。总计所收张载著作有《正蒙》《横渠易说》《经学理窟》《张子语录》《文集佚存》《性理拾遗》《近思录拾遗》等。

二 《正蒙》主要内容

张载所处的时代，由于佛道二教之说炽盛，儒学不振，加之民间陋俗的影响，使儒家所宣扬的伦理道德秩序受到极大破坏；而汉唐以来为儒家所宣扬的天人感应说的神圣性，在上千年的历史中早已被统治者利用殆尽；宋立国后，虽然解决了许多困扰前朝的问题，但与此同时，新的问题又接踵而至，并在北宋中期发展成为统治危机，而庆历新政无果而终，王安石变法虽然蓬勃展开，却与张载的主张不符，张载有心参与变法，却受到执政者的排挤，不得已辞官归隐，然用世之心不息，故虽处林泉，却始终忧心国事。《正蒙》一书就是在这样的背景下撰述而成的。

"正蒙"二字语出《周易·豫卦·象传》："蒙以养正，圣功也。"

---

① 程颢、程颐：《河南程氏文集》卷三《哭张子厚先生》，《二程集》，中华书局1981年版，第485页。

"蒙"即"蒙昧","正"即"正道"①。意为"教育、启迪蒙昧无知的人，批评、纠正异端邪说，使之归于大中至正之道。"②该书纵横千古，泛滥众家，语其大则范围天地，神游太虚；语其小则穷究精微，纤芥不遗。可谓包罗万象，体用兼具。

(一)《正蒙》的思想理路

1. 太虚即气

《正蒙》思想中的逻辑起点是以"气"为本的宇宙本体论，认为"太虚即气"③。"太虚"一词语出《庄子·知北游》："若是者外不观乎宇宙，内不知乎太初，是以不过乎昆仑，不游乎太虚。"本意为广袤无垠的清虚空间。《正蒙》利用了"太虚"的空间意义，即太虚就是一个没有止境的空间："天之不御莫大于太虚"。同时认为"太虚"并非是真正的虚无，气之所以呈现出"虚"的表象，是因为充盈其间的气是无形的，难以为人所察觉的缘故。故其称太虚没有形体，是气的本来状态："太虚无形，气之本体"④。有气所以有太虚，无气即无太虚，所以"太虚"就是指由气所构成的广袤无垠的客观实在。

在《正蒙》看来，一切可以描述的，都是客观存在的事物；凡是客观存在的事物，都有形象；一切现象，都是由气构成的："凡可状，皆有也；凡有，皆象也；凡象，皆气也。"⑤同时现象并非仅指能被感官所感知的聚而有形的物象，但凡虽不能被感官所感知却可感悟

---

① 王弼、韩康伯注，孔颖达疏：《周易正义》卷一，阮元：《十三经注疏》，中华书局1980年版，第20页。
② 喻博文：《正蒙注译·前言》，《陇上学人文存·喻博文卷》，甘肃人民出版社2012年版，第2页。
③ 《正蒙·太和篇》。
④ 《正蒙·太和篇》。
⑤ 《正蒙·乾称篇》。

于心并可以言说的运动过程、充塞清澈的状态,都可称为现象,因此也是气:"所谓气也者,非待其蒸郁凝聚,接于目而后知之;苟健、顺、动、止、浩然、湛然之得言,皆可名之象尔。然则象若非气,指何为象?"①总之,世界是由气构成的实有的存在,不存在绝对的虚无。气聚为物,能被具有照见外物之机能者所感知,故说有形,反之则称为无形。气聚只是气的暂时形态,因此称其客形;气散只是不能被具有照见外物之机能者所感知,因此不能称其为无。气的存在方式分为利用感官无法感知的无形状态即"幽",和可以感知的有形状态即"明",因此圣人深入探讨天文、地理之时,只是说知道幽明的原因,而不说知道有无的原因。所以说充盈于天地之间的,都是法象,都是气;对天文、地理的考察,不依靠眼睛是无法进行的。由于气的形与不形是相互依存、相互转化的,因此可以从明以知幽,从幽以知明:"气聚则离明得施而有形,气不聚则离明不得施而无形。方其聚也,安得不谓之客?方其散也,安得遽谓之无?故圣人仰观俯察,但云'知幽明之故',不云'知有无之故'。盈天地之间者,法象而已;文理之察,非离不相睹也。方其形也,有以知幽之因;方其不形也,有以知明之故。"②

据此,《正蒙》对道教和佛教鼓吹虚无,割裂本体与现象的关系的学说进行了批判。指出如果认为虚无为气产生的根源,则就意味着虚是无穷的、绝对的,气是有限的、相对的,导致体用二分,陷入老子"有生于无"的论断,从而无法认识到气之有形者为有,无形者为无,有与无皆为气的存在形式,在本质上都是一样的。如果将太虚中可见到的现象视为万物的全部,那么物与虚空就没有内在联系,不相互依存,形自为形,性自为性,形与性、天与人不相依存,

---

① 《正蒙·神化篇》。
② 《正蒙·太和篇》。

从而陷入佛教以山河大地实为幻象的说法:"若谓虚能生气,则虚无穷,气有限,体用殊绝,入老氏'有生于无'自然之论,不识所谓有无混一之常。若谓万象为太虚中所见之物,则物与虚不相资,形自形,性自性,形性、天人不相待而有,陷于浮屠以山河大地为见病之说。"①因此佛教视生为苦难,寂灭是对苦难的解脱,主张往而不反,归于无形,成佛超凡;道教追求长生不死,保持有形的状态。二者虽然有所区别,但从迷失正道这方面说则是相同的:"彼语寂灭者往而不反,徇生执有者物而不化,二者虽有间矣,以言乎失道则均焉。"又称佛家不懂天命,以空寂为心法,认为心生种种法生,心灭种种法灭,因此认为天地有起灭。以人心之起灭,皆属幻妄,因而以实有的天地为幻妄。就如同"夏虫"不见冰,因此怀疑冰的存在一样,是错误的:"释氏不知天命而以心法起灭天地,以小缘大,以末缘本,其不能穷而谓之幻妄,真所谓疑冰者与!(自注:夏虫疑冰,以其不识。)"②

在《正蒙》看来,宇宙间的一切运动变化都是气所为,气运动变化的过程就是"道":"由气化,有道之名。"在道的作用下,产生了宇宙间的一切。具体而言,气氤氲盛大,充实饱满地处于太虚之中,升降飞扬,从来未曾止息,这就是形成虚实、动静的原动力,产生阴阳、刚柔的本根。在此过程中,阳气轻清上浮,阴气重浊下降。阴阳二气在相互感通聚结,就成为了风雨、雪霜,各种各样物品的变动形成,山川的凝结与消融,各种事物的变化消灭,无不体现着气运动变化的道理:"气块然太虚,升降飞扬,未尝止息,《易》所谓'细缊',庄生所谓'生物以息相吹'、'野马'者欤!此虚实、动静之机,阴阳、刚柔之始。浮而上者阳之清,降而下者阴之浊,其感遇聚结,

---

① 《正蒙·太和篇》。
② 《正蒙·大心篇》。

为风雨,为雪霜,万品之流形,山川之融结,糟粕煨烬,无非教也。"①

然而太虚之气"至静无感"②,没有感触就不会产生应和,则气之运动变化何由发生?对此,《正蒙》认为太虚之气由阴、阳二气构成,其本身就含有相感之性:"鬼神者,二气之良能也。"③阴阳二气相互斗争与统一促成了运动变化的发生并无有穷尽:"太虚者,气之体。气有阴阳,屈伸相感之无穷"。故而"至静之动,动而不穷。"④因此《正蒙》称太虚必须是由气构成的,气的本质是至静的,但它必须运动,有运动就必然有聚合,就必然构成万物,万物亦必须运动变化,最终消散为无形的气,归于太虚:"太虚不能无气,气不能不聚而为万物,万物不能不散而为太虚。"⑤这就是气运动变化的过程。

循此,《正蒙》指出一切事物,无论是其形态或属性,皆归本于气。气是一切事物的本原与本体:"知虚空即气,则有无、隐显、神化、性命通一无二"⑥。如太虚为气之本体,又是"性":"未尝无之谓体,体之谓性。"⑦"命"的禀受与"性"相同,"命"即是"性":"命禀同于性"⑧。"化"指阴阳二气互相推移的渐进的过程,"神"指阴阳二气合为一体的不可测度的变化:"气有阴阳,推行有渐为化,合一不测为神。"⑨气的运动变化过程称为"道":"由气化,有道之名"。

---

① 《正蒙·太和篇》。
② 《正蒙·太和篇》。
③ 《正蒙·太和篇》。
④ 《正蒙·乾称篇》。
⑤ 《正蒙·太和篇》。
⑥ 《正蒙·太和篇》。
⑦ 《正蒙·诚明篇》。
⑧ 《正蒙·乾称篇》。
⑨ 《正蒙·神化篇》。

由于地外为天，天外无物，故称太虚为"天"："由太虚，有天之名"。因所有这一切反映的是运动变化的道理，故又可称为"理"："天地之气，虽聚散、攻取百涂，然其为理也顺而不妄。"①

由于天与太虚同义，故《正蒙》又从天的角度对气之性、理进行诠释。"性"为"天性"，"命"为"天命"："至诚，天性也；不息，天命也。"②"道"为"天道"："天道四时行，百物生，无非至教"③。又："天性，乾坤、阴阳也，二端故有感，本一故能合。天地生万物，所受虽不同，皆无须臾之不感，所谓性即天道也。"④"神"是天的德性，"化"是天道运行的方式："神，天德；化，天道。""神化"是天的本能："神化者，天之良能"⑤。所以这一切又可称为"天理"："'在帝左右'，察天理而左右也。天理者，时义而已。君子教人，举天理以示之而已。其行己也，述天理而时措之也。"⑥

2. 思知人不可不知天

《正蒙》认为太虚游离之气，纷繁搅扰，感遇聚合而成为实体，生成人及万物："游气纷扰，合而成质者，生人物之万殊"。故称"成吾身者，天之神也"。而人物之所以能够生成，乃在于得天之性命。性是万物共同的本源："性者万物之一源"。人物之性莫非天道，人物之命莫非天命："莫不性诸道，命诸天。"人物得天之性、天之命方才成就自身。

就人而言，人受性于天，故性通于形气之外；天赐人以命，故命运行于形气之内："性通乎气之外，命行乎气之内。"天地之性存在

---

① 《正蒙·太和篇》。
② 《正蒙·乾称篇》。
③ 《正蒙·天道篇》。
④ 《正蒙·乾称篇》。
⑤ 《正蒙·神化篇》。
⑥ 《正蒙·诚明篇》。

于人,就如同水之性存在于冰一样,冰有凝聚消散之异,人有生死聚散之异,冰无论是凝聚还是消散,水之性始终都存在,人无论是生还是死,天之性始终都存在。人受命于天,就如同物所受的光虽有小大、昏明之异,但照耀物与物所接纳的都是光一样。虽因禀气之不同而有智愚、贤不肖之别,但天所赋予、人所受纳的理却是一样的:"天性在人,正犹水性之在冰,凝释虽异,为物一也。受光有小大、昏明,其照纳不二也。"①因此诸子认为宇宙有实有的存在与绝对的虚无的区分是不正确的:"诸子浅妄,有有无之分,非穷理之学也。"②佛教宗奉虚无而舍弃人事的主张也是错误的:"天人一物,辄生取舍,可谓知天乎?"③天之本源与人之本源并无二致,因此天的本然之能就是人的本然之能:"天良能本吾良能"④。而天之良能即神化:"神化者,天之良能"。而神就是天的德性,化就是天道:"神,天德;化,天道。"⑤就是气在神的变化功能的作用下运动变化的过程。所以天所赋予人的自然本性即天地之性,与太虚之道是相同的,因此与太虚之道通达无间:"天所性者通极于道"。这就意味着人道即天道。故人效法天道以行事就成为必然之事。而以天理为首的伦理道德体系由此也在儒学的语境中确立了其至高无上的地位,成为人们必须遵守的先验的、无可争议的信条。故而要想知道人的性命之理,不可不知天理:"故思知人不可不知天"⑥。

如佛家以私意揣度天性,不能如圣人裁成天地之化育,反而以

---

① 《正蒙·诚明篇》。
② 《正蒙·太和篇》。
③ 《正蒙·乾称篇》。
④ 《正蒙·诚明篇》。
⑤ 《正蒙·神化篇》。
⑥ 《正蒙·诚明篇》。

天地附会六根之说,认为太虚之有天地日月,犹如人性之有六根。六根无非幻妄,则天地日月也是幻妄的。不能明察穷究天地之理,以六根因缘天地,使其能力被自身有限的认识所蒙蔽;妄意天性,使其意志陷溺于无边的虚空之中。因此其所讲的无论是大道理还是小道理,都脱离了正道。其言虚空过于大,则称六合为虚空中的微尘、芥子。其言人世过于小,则称一切有为法,如梦幻泡影。因此称不上是穷理尽性,无所不知。其以六合为尘芥,是认为天地有边际的,其以人世为梦幻,显示出其不能明察穷究人世之所从来:"释氏妄意天性,而不知范围天用,反以六根之微因缘天地。明不能尽,则诬天地日月为幻妄,蔽其用于一身之小,溺其志于虚空之大。此所以语大语小,流遁失中。其过也,尘芥六合;其蔽于小也,梦幻人世。谓之穷理可乎?不知穷理而谓之尽性可乎?谓之无不知可乎?尘芥六合,谓天地为有穷也;梦幻人世,明不能究所从也。"①

又如佛教不明天德,在极力论说其学说旨归时,强调人要想摆脱生死轮回的痛苦,只有修炼成佛一途,显然是不正确的:"今浮屠极论要归,必谓死生转流,非得道不免,谓之悟道可乎?"然而其说在中国流传甚广,从而给社会带了极其严重的消极影响:"自其说炽传中国,儒者未容窥圣学门墙,已为引取,沦胥其间,指为大道。其俗达之天下,至善恶、知愚、男女、臧获,人人著信。使英才间气,生则溺耳目恬习之事,长则师世儒宗尚之言,遂冥然被其驱,因谓圣人可不修而至,大道可不学而知。故未识圣人心,已谓不必求其迹;未见君子志,已谓不必事其文。此人伦所以不察,庶物所以不明,治所以忽,德所以乱,异言满耳,上无礼以防其伪,下无学以稽其弊。自古诐淫邪遁之词,翕然并兴,一出于佛氏之门者千五百

---

① 《正蒙·大心篇》。

年。自非独立不惧,精一自信,有大过人之才,何以正立其间、与之较是非,计得失!"①

在《正蒙》看来,天大无外,无物不体,人能以天之理为身之理,则身与天同,亦大而无外,因而毫无疑问也能体察万物:"能以天体身,则能体物也不疑。"而只要如同趋向光明一般执著地明察天理,就能明悉万事万物的道理。追求满足个人的私欲就如同只注意阴暗的地方,局限于一个事物之中:"烛天理如向明,万象无所隐;穷人欲如专顾影间,区区于一物之中尔。"②将天理贯穿于自己的一切行动之中,尽去一己之私欲,就不会有私意、期必、执滞、私己等穿凿附会的弊病:"天理一贯,则无意、必、固、我之凿。"③因此追求上进的人通过不断地提高道德修养从而恢复其天性,自甘堕落的人顺从私欲行事:"上达反天理,下达徇人欲者欤!"④

人能与日俱新迁流不滞称为盛德,应用随物,物过能化而不留不滞,心不为外物之迹所牵累,察理精细。以浩然之正气培养自己的身心而不被私心所妨害,就能与天地的好生之德相合。明察一切,无所偏私,就能与日月的普照相合。与天地一同运行而不息,就能与四时的顺序相合。应对交往没有偏颇之弊,就能与鬼神福善祸恶相合。与天地合德,日月合明,然后发挥作用时就能够无固定的、具体的空间和形体,从而与天地万物合一:"'日新之谓盛德',过而不有,不凝滞于心,知之细也。浩然无害,则天地合德;照无偏系,则日月合明;天地同流,则四时合序;酬酢不倚,则鬼神合吉凶。天地合德,日月合明,然后能无方体;能无方体,然后能无

---

① 《正蒙·乾称篇》。
② 《正蒙·大心篇》。
③ 《正蒙·中正篇》。
④ 《正蒙·诚明篇》。

我。"①又说无论是先于天时还是后于天时行动，都不违背天意，顺应最高的规则前行，智慧与知识没有与天时不合的："先后天而不违，顺至理以推行，知无不合也。"②

《正蒙》强调人要效法天道真诚的本性。认为真实无妄，是天的本性。永不停息的运动，是天的使命。人若能做到真实无妄，则人就会使自己的天性得到充分展现，从而就可以穷尽气生成万物的变化莫测的功能。人若能做到不停地都在钻研学问，则人就会使自己所秉有的天命得到充分运行，从而就可以实现对气化生万物的过程的把握："至诚，天性也；不息，天命也。人能至诚则性尽而神可穷矣，不息则命行而化可知矣。"③人的行动与天的运行不相统一，就谈不上达到了"诚"的境界。人的认识与天理相异，就不足以做到明察一切。所说的修养达到诚明境界的人，与天合德，其性与天道无异用、无异知，因而也就没有大小之区别："天人异用，不足以言诚；天人异知，不足以尽明。所谓诚明者，性与天道不见乎小大之别也。"天持久不停运行的原因，在于真实无妄的诚的存在。仁人、孝子用来敬事上天提高自身道德修养的手段，不过是不停止地践履仁与孝的道德规范罢了。因此君子重视践履诚的连续性和不间断性："天所以长久不已之道，乃所谓诚。仁人孝子所以事天诚身，不过不已于仁孝而已。故君子诚之为贵。"④

《正蒙》认为知道人的本性出于天道自然，仁义就能够得到顺利推行。因此《周易·序卦》指出有了父子、君臣、上下等伦常关系，然后礼义才能有所实行："性天经然后仁义行，故曰：'有父子、

---

① 《正蒙·至当篇》。
② 《正蒙·神化篇》。
③ 《正蒙·乾称篇》。
④ 《正蒙·诚明篇》。

君臣、上下,然后礼义有所错。'"①对性与天道没有透彻的把握,就能制礼作乐,是不可能的:"是故不闻性与天道而能制礼作乐者,末矣。"②这是因为物之出生有先有后,所以就形成了自然的先后次序。万物相互聚合、相互比较,有大小、高低等天然的差异,这称为天秩,即自然的品秩。天生万物皆有不可变易的次序,万物成长起来后又自然形成了差异。序先于秩,秩从序出,而序是天生的,自然形成而不可变易的。圣人根据万物自然形成之理,确定万物的次序。因此懂得了自然之序,就知道了君臣、父子、兄弟、夫妇、朋友之伦序的不可逾越,然后就可以贯彻正确的道理。天始生万物,只有长幼之次序,及其生长成形出现差异后,圣人以万物自然形成之理,制定万物之伦序与品秩。因此知道体现万物差异的品秩是自然形成并由圣人确定的,就知道了确定尊卑、上下、亲疏关系的品秩的重要性,然后就能依照维护等级秩序的礼制行事:"生有先后,所以为天序;小大、高下相并而相形焉,是谓天秩。天之生物也有序,物之既形也有秩。知序然后经正,知秩然后礼行。"③

3. 致学而可以成圣

按理说,人得天地之性与命,天理贯通于人性之中,故人明天理似乎并不难。但事实并非如此,因为在人物的性中,除了天地之性外,还有气质之性,所谓:"性其总,合两也。""两"即指天地之性与气质之性。气质之性是气聚成形形成的:"形而后有气质之性"。由于气质之性的存在,使人的天地之性往往受到遮蔽,而不得发挥其功用。气本无偏颇,因为形所拘执而有偏颇,造成气质之性有刚柔、缓急、才否之区别:"人之刚柔、缓急、有才与不才,气之偏

---

① 《正蒙·至当篇》。
② 《正蒙·神化篇》。
③ 《正蒙·动物篇》。

也。"① 从而影响人的本性的发挥。这就需要人努力提高自己的道德修养以保全其天地之性,培养自己的气,回归本性而去除偏颇,从而能充分发挥本性而与天合一。

进德修业的途径就是穷究事物之理,充分发挥人之天性,最终达到认识天命:"穷理尽性,然后至于命。"②但是认识了性与命,并不等同于得到了性与命。还要将其付诸行动,顺从性命之理,践行天之德性:"顺性命、躬天德而诚行之也。"③则所行无不正:"顺性命之理,则所谓吉凶,莫非正也。"由此方可得性命之正:"顺性命之理,则得性命之正。"④

在《正蒙》看来,人生进德修业的极致就是成为圣人,因为圣人就是能够至诚尽性掌握天道的人:"圣者,至诚得天之谓。"⑤其神妙的智慧与天相契合,因此能够体察万事万物的道理:"圣人之神惟天,故能周万物而知。"⑥将上天赐予的聪明才智发挥到极致:"圣人,天聪明之尽者尔。"⑦是仁德与智慧的化身:"仁智合一存乎圣"⑧。由于圣人与天合德,居于最崇高的地位,能够穷神知化:"圣不可知者,乃天德良能。"其精神境界之高,达到了不可揣测的神的地步:"圣不可知谓神"⑨。由于是效法天地,没有违背它,因此圣人之道能够长久、广大:"道所以可久、可大,以其肖天地而不

---

① 《正蒙·诚明篇》。
② 《正蒙·三十篇》。
③ 《正蒙·大易篇》。
④ 《正蒙·诚明篇》。
⑤ 《正蒙·太和篇》。
⑥ 《正蒙·天道篇》。
⑦ 《正蒙·至当篇》。
⑧ 《正蒙·动物篇》。
⑨ 《正蒙·神化篇》。

离也。"①故而暗中帮助天地化育万物,只有圣人才能做到:"幽赞天地之道,非圣人而能哉!"②因此如果要惠济天下苍生,必须要有圣人之才能,才能够达到这一目的:"必欲博施济众,扩之天下,施之无穷,必有圣人之才,能弘其道。"③虽然圣人极其伟大,但并非可望而不可即,在《正蒙》看来,只要致力于学问就可以成圣:"致学而可以成圣"④。

但是达到这一境界却至为不易,因为通往圣德之路卓绝艰险:"至健而易,至顺而简,故其险其阻,不可阶而升,不可勉而至。"又:"圣人用中之极,不勉而中;有大之极,不为其大。大人望之,所谓绝尘而奔,峻极于天,不可阶而升者也。"⑤颜回安贫乐道,好学不倦,已经具备了成为圣人所需要的仁德与智慧,但是因为早卒,使他的进德努力猝然中断,未能最终达到圣人的境界:"颜子好学不倦,合仁与智,具体圣人,独未至圣人之止尔。"⑥仁智如孔子,其由十五志学到七十成德,也经历了五十五年之久。孔子十五岁志于学,到三十岁时达到自然而然动无非礼的地步;到四十岁时研精义理,妙于致用,因时制宜,无所疑惑;到五十岁时,穷理尽性而知天之命;到六十岁时,于人性、物性无不知悉,以至于声入其耳,心通其理;到七十岁时,方才与天合德,不待思索、勉强,从心所欲,皆不逾越规矩。其间屡遭困厄,如不为列国时君所用,绝粮于陈,畏于匡,《正蒙》因此认为自古以来那些受困于外部的人都不如孔子艰难。然而孔子虽蒙受患难,但更加端正自己的志向,德行日进于高

---

① 《正蒙·至当篇》。
② 《正蒙·乐器篇》。
③ 《正蒙·至当篇》。
④ 《正蒙·乾称篇》。
⑤ 《正蒙·大易篇》。
⑥ 《正蒙·中正篇》。

明:"则其蒙难正志,圣德日跻"①,终至于化境。

　　成圣如此之艰难,似乎会让人望而却步,但在《正蒙》看来,事实并非如此,正是因为艰难方显其崇高,值得人们孜孜以求:"君子之道,成身成性以为功者也。"学者为学不务修习礼义,增进道德,是不值得称道的;"学者舍礼义,则饱食终日,无所猷为,与下民一致,所事不逾衣食之间、燕游之乐尔。"②因为为人而不修德,就会屈从于外物的诱惑,丧失心智。陷溺于物欲,导致天理灭绝:"徇物丧心,人化物而灭天理者乎!"③从而给人带来极其不利的影响。具体而言,如果不尊奉德性,则虽然讲习讨论众事于学问,却不能走上正道;不致力于追求心之广大,使心为私意所蒙蔽,就无法通过探究精微的义理树立起真诚;不推极天道之高明以洞察天理之自然,则虽然行动一定遵照中正之道,仍然会与时势相违而错失适宜的机会:"不尊德性,则学问从而不道;不致广大,则精微无所立其诚;不极高明,则择乎中庸失时措之宜矣。"④人而无德,不仅害己且害人,以至于为人所畏忌而远之:"士必悫而后智能焉。不悫而多能,譬之豺狼不可近。"⑤

　　当然人有智愚之分,"上智"即极智慧的人与"下愚"即愚昧无知的人,由于他们各自的习惯与本性差距极大,因此"下愚"无论怎样修习都不能转化为"上智":"上智下愚,习与性相远既甚而不可变者也。"⑥然无论什么样的人,只要有志于进德,并认真修习,就都能够取得进步:"志道,则进据者不止矣。"⑦有进步就有所收获:

---

①　《正蒙·三十篇》。
②　《正蒙·中正篇》。
③　《正蒙·神化篇》。
④　《正蒙·中正篇》。
⑤　《正蒙·有德篇》。
⑥　《正蒙·诚明篇》。
⑦　《正蒙·中正篇》。

"自益必诚,如川之方至,日增日得。"①有收获就会有益于人生。如对神有正确的理解,才能真正祭祀上帝与祖先:"知神而后能飨帝飨亲"②,人学习并掌握了礼,行事就会无不顺利:"礼器则藏诸身,用无不利。"知道人的本性出于天道自然,然后仁义就能够得到顺利推行:"性天经然后仁义行"③,研究诗,可以抒发自己内心的善性,观察他人的志向,与人相处而思想纯正没有邪念,批评人以礼义为标准。这样的人在家可以侍奉父母,出仕可以佐助君主:"兴己之善,观人之志,群而思无邪,怨而止礼义。入可事亲,出可事君。"④

而要想增进道德,就必须问学。如天所赋予人的自然本性,纯粹至善,与太虚之道是相同的,因此与太虚之道通达无间,然而却常为人的气质之性所遮蔽,天赋予人的命运与天赋予人的自然本性并无不同,然而却常被命中遭遇的吉凶之事所影响。究其原因,乃在于"未之学也"。去除人性中的恶的因素,而达到完全的善性,从而实现对性与命的把握,一定要从学习得来:"领恶而全好者,其必由学乎!"⑤并且不问学,虽有志于仁德,但成就极有限,问学方能使德性向"圣"的境界迈进。如乐正子、颜渊皆有志于仁德,乐正子不致力于学问,不过是成为一个善良、诚实的人而已。颜渊笃志好学,以至于具备了成为圣人的各项要求,只是因为早卒而没有实现其愿望:"乐正子、颜渊,知欲仁矣。乐正子不致其学,足以为善人、信人,志于仁无恶而已;颜子好学不倦,合仁与智,具体圣人,独

---

① 《正蒙·乾称篇》。
② 《正蒙·神化篇》。
③ 《正蒙·至当篇》。
④ 《正蒙·乐器篇》。
⑤ 《正蒙·诚明篇》。

未至圣人之止尔。"①

教育者想让人尽得所教之理,就其自身而言,必须对精微的义理进行深入研究:"尽教之善,必精义以研之。"②否则就无从倡导他人,弘扬正道,教育的任务就无法完成:"己不勉明,则人无从倡,道无从弘,教无从成矣。"③教育人要坚持有教无类的原则,因为若有接受教育之心,虽然是野蛮未开化之人也可以教育感化:"有受教之心,虽蛮貊可教。"④像佛肸这样的叛逆之臣、南子这样的淫荡之人,只要其有慕道之心,也可向其开示以正道:"圣人于物无畔援,虽佛肸、南子,苟以是心至,教之在我尔,不为已甚也如是。"⑤教育人必须知道所教的学业有难有易,此即"知德",这样才可以确定修习学业的先后;必须知道所教之人素质的优劣差异,此即"知人",这样才可以因材施教。由此方可使人入于圣人之道:"知其人且知德,故能教人使入德。"教育人要积极主动,在合适的时间和有利的时机施以教诲,而不是等到其因疑求解、因事求教的时候才对其进行教育:"'有如时雨之化者',当其可,乘其间而施之,不待彼有求、有为而后教之也。"不同于法制禁令约束人不得为非,以道德教育感化人,是要使人受到感化后达成行动上的自觉,因此教导人妥当的做法是在其私意未发之前以道德教育引导其志向:"道以德者,运于物外,使自化也。故谕人者,先其意而逊其志可也。"教育人要像鸟孵化小鸟一样,悉心关爱受教育者,同时还要着力辅助优秀的受教育者不断前进:"孚而乎化之,众好者翼飞之,则吾道行

---

① 《正蒙・中正篇》。
② 《正蒙・中正篇》。
③ 《正蒙・至当篇》。
④ 《正蒙・中正篇》。
⑤ 《正蒙・三十篇》。

矣。"①

　　为学要勤奋,否则想让自己获益同时又使他人得到好处,是非常困难的:"施之妄,学之不勤,欲自益且益人,难矣哉!"②受教者要善于体会师长的意思,能如此则师长在讲授中就是少作比喻也能知晓:"志常继则罕譬而喻"。要学会"温故知新"。有问题从自身寻找原因,而不是归咎于他人,这是求学的最高境界:"故学至于不尤人,学之至也。"③学习的提高当然离不开志同道合的朋友和贤人的帮助,因此有必要增进与朋友、贤人的关系。但为学落到实处还是靠自己的修为,所以想让比自己优秀的人亲近自己,不如勇于改正自己的错误:"忠信进德,惟尚友而急贤。欲胜己者亲,无如改过之不吝。"④而一般来说,做学问的人常有四种过失,要注意加以改正。具体而言:治学是为了向人夸耀的人,其过失在于贪多不化;好高骛远的人不屑于从事博学文籍之事,其过失在于知识狭窄、寡少;不喜明察义理的人容易率意径行,其过失在于轻易妄为;畏惧苦难的人常常逡巡畏缩缺乏勇往直前的勇气,其过失在于半途而废:"学者四失:为人则失多,好高则失寡,不察则易,苦难则止。"要杜绝意、必、固、我四种行为。意,即私意,欲有所得而萌生思绪的意思;必,即期必,期望一定达到目的的意思;固,即执滞,固执不化的意思;我,即私己,局限于一己之私的意思。这四种行为有一种没能消除,就难以达到诚实无妄的境地,只有四者尽去,才能以浩然之正气培养自己的身心而不被私心所妨害:"意、必、固、我,一物存焉,非诚也;四者尽去,则直养而无害矣。"治学要知行结合,打算穷究天理,但是不按照天理行事;打算精研义,但是不知道

---

① 《正蒙·中正篇》。
② 《正蒙·乾称篇》。
③ 《正蒙·中正篇》。
④ 《正蒙·乾称篇》。

实行义，然而却想穷理之极致而用之不竭，并且精义之极致而无微不入，这是非常不明智的事情："将穷理而不顺理，将精义而不徙义，欲资深且习察，吾不知其智也。"①

《正蒙》在最后认为理想的人生就是视天地为父母，自己则与天地合一，和谐地置身于天地之中。充塞天地之间的气，构成自己的身体。统帅天地的志，构成自己的心性。君主是自己的父母，亦即天地统领大众的宗子，君主的大臣，是为君主即宗子管理家族事务的家相。尊重高年之人，因此要以对待长者的礼节去敬奉他们；慈爱孤弱的人，因此要以慈爱孤弱的方法去对待他们。凡是天下困苦穷乏、衰老多病、孤苦无依之人，都是自己同胞当中困顿不堪又无处可诉的人，自己作为他们的同胞，有义务保护他们，使他们快乐无忧。违逆父母之命，是违背道德的行为；危害仁义称作"贼"。所有这些都是"恶"，自己一定不做这样的事情，同时也不能作助恶为虐的不肖之人。要明白知道事物变化，才能够续成天地的事业；穷尽事物精妙的道理，才能够继承天地的志向。无愧于神明方为不辱没父母；能够保存善心，培养天性，才称得上不懈怠。要像夏禹那样远离奢靡，像颍考叔那样将善施及众人，像舜、伯奇、申生那样恪尽孝道，虽杀身亦不顾。富贵福泽是天地想使我的生活充裕，贫贱忧戚要以此来成就我。坦然地面对生死，活着，就顺从事理，尽心尽性；死亡，是自己归于安宁："富贵福泽，将厚吾之生也；贫贱忧戚，庸玉女于成也。存，吾顺事，没，吾宁也。"②这就是《正蒙》的理想，就是《正蒙》孜孜以求的终极目的。

(二)《正蒙》分篇述要

《正蒙》一书共十七篇，首末两篇或言"太虚"，或言"性"，二者

---

① 《正蒙·中正篇》。
② 《正蒙·乾称篇》。

互为表里,以阐发天人一体,有无一致之理,为全书之经。当中十五篇,千条万绪,无所不及,大致而言,二至六篇言天人神化性命之理,七至九篇言学者穷理精义之功,十至十一篇论古昔圣贤显而在上其道行、穷而在下其道明之事,十二至十三篇论天德之实与王道之全,十四至十六篇阐发《周易》《诗经》《尚书》《三礼》等经典之意蕴,为全书之纬。

《太和篇》推明宇宙的本体是气,气的运动变化是阴阳二气相互作用的结果,共二十二章。"太和所谓道"章至"由太虚"章,主要探讨气作为宇宙本源的一系列特征。这一部分需要把握太和、太虚、天、道等四个术语。其中理解太虚是把握这四个术语的关键。气未聚无形,虽有却似无,故以"虚"名之,气充塞宇宙,没有止境,故以"太"名之。故太虚可以理解为是由气所构成的广袤无垠的客观实在。由于天在空间意义与太虚相同,同样浩渺无际,故太虚又可称为天。气运动变化的过程称为道,由于道表现为极度的和谐,故道又可称为太和。由于太虚可称为天,故道又可称为天道。自"鬼神者"章至终篇,主要探讨气运动变化的特征。这一部分需要弄清两组术语:即涉及气之本性的阴阳、一两、反对等术语;涉及阴阳二气运动变化的鬼神、神、神化等术语;就第一组而言,阴阳本指气有阴阳之分,因其体现着对立统一的关系,往往又以其指代对立双方。两指阴阳双方的对立,一指阴阳双方的统一,对立是统一的基础,没有矛盾的对立,就没有双方的统一;同时没有矛盾双方的统一,其交互作用就无法实现。对指对立,反指违反;有现象的事物中就包含着对立面,有对立,则对立双方之间的作用、性质就一定是相反的;对立双方的作用、性质相反,彼此间就是相互排斥,对立双方有排斥,就会有斗争,通过矛盾斗争,双方的关系就一定会出现调整,从而使双方的对立得到和解。就第二组而言,以气的角度说,鬼神指气的归伸。气已屈而往为归,鬼为归,为阴;气方伸而来为伸，神为伸，为阳。引申为万事万物的屈伸往来。神指阴阳二气彼此感应，运动变化，神妙难测。神化指阴阳二气在神的作用下的运动变化过程。

《参两篇》主要从事物既对立又统一的内在关系，及矛盾对立及对立双方的互相作用等两个方面，着重探讨了天地、七曜、日月、五行、阴阳之理。提出了"动必有机"的观点，即圜转之物之所以能够圜转，并非是受外力作用所致，而是受到了其自身所具有的机制或动力，亦即矛盾双方对立统一的作用的缘故。共二十二章。"地所以两"章至"地有升降"章，论述了天地运行的规律，对七曜即日月五星的运行进行了剖析；"日质本阴"章至"闰余生于朔不尽周天之气"章，重在探讨日月运行的规律。"阳之德主于遂"章至"雷霆感动虽速"章，剖析阴阳之理。最后四章探讨五行之理。本篇涉及一系列天文学知识，对历史上关于宇宙生成的盖天说、浑天说、宣夜说等诸假说，对自古以来的历法、阳阳五行说等，都有所辨析、批驳与借鉴，内涵极其丰富，故阅读此章要充分了解其所论内容渊源所自，做到对历史上的相关论述了然于胸。需要注意的是，本章关于历法、天象的论述，很多都难以成为定论，只能是著者的一家之言。

《天道篇》由天道而推演圣德，明天人合一、圣与天同之理。共十九章。"天道四时行"章、"上天之载"章、"天不言而四时行"章，言天道运行之神妙，圣人与天合德，其功效同于天道；"天体物不遗"章、"天不言而信"章至"运于无形之谓道"章、"富有"章论天道；"鼓万物而不与圣人同忧"章论天道与圣人之异，"不见而章"章与"已诚而明"章言圣人之道；"天之知物不以耳目心思"章至"存文王"章探讨认识天道的方法；"谷之神也有限"章至终篇，讲圣人之德可以周知一切。本篇要注意对天、神、体、存等概念的把握。天与神在本章皆指太虚，二者互有侧重与关联，神强调的是太虚的不可预测的方面,天强调的是太虚有常的方面。"体物"、"体事"意为为物之本体、事之本体。"存乎变"、"存乎通"、"存乎德行"之"存"意为在、在于。"存文王"之"存"意为省察、观察。

《神化篇》承《天道篇》之意,言天道之神、化,进而探讨圣人穷神知化、存神体化之妙。共二十八章。"神,天德"章至"形而上者"章,言天道神化之妙及如何对其进行阐释;"气有阴阳"章至"神化者"章,并言天、人神化,以见人与天地为一体;"大可为"章以下畅论人之神化。本篇所言"神"、"神化"之意与《太和篇》同。需留意体会"变"与"化"的意蕴。"化"指事物演进的过程,"变"指事物演进过程中出现的有异于前的新状况,事物不断的"变"导致了事物的"化"。"变"有形可察,为著;"化"无迹可循,为微。"化"通过"变"显现出来。"化"引申为融会贯通之意。"几"即微,指事物的萌芽、征兆,是事物已经出现但还没有成形的状态。另外需要引起注意的是本篇杂引《周易》《论语》《孟子》《中庸》诸书之说,以阐发其思想,但所作诠释多与诸说本旨有异。

《动物篇》论说人物化生之妙,重在揭示无物不有阴阳,而阴阳无不有理,欲人即物以求理,其言皆得之于体验,而非凭虚妄说。共十三章。各章大致各为一义,彼此无甚关联。本篇值得注意的是将人物的秩序归本于天,提出"天序"说与"天秩"说,以强调伦序之不可逾越与品秩之重要。

《诚明篇》不同于《动物篇》统人物而言天命,而是专从人的角度,阐发性命之理。共三十六章。"诚明所知"章至"自明诚"章,言诚,以为言性之张本;"性者万物一源"章至"以生为性"章,言尽性;"性于人无不善"章至"上智下愚"章,言善反天地之性为尽性,兼论命;"纤恶必除"章至"勉而后诚庄"章,言穷理尽性之工夫;"生直理顺"章至终篇,言顺性命之理的重要性。本篇要注意对"性"的论述。性,指本质,特征。人之性包括天地之性与气质之性,天地之性是天所赋予人的自然本性,在人无有不善,气质之性是气聚成形形成的,气质有美恶,故其性有纯杂,从而影响到天地之性的发挥。故"尽性"就是去除气质之性的遮蔽,充分发挥天地之性;"善反"是摆脱气质之性的制约,反于自然之性。

《大心篇》论致知之要在于充分扩展人的心性,使其合于天道,天大无外,心与天合,则心大亦无外,如此方能够体察天下万物之理。通篇一意,析理绵密,各章之间虽多不相统属,然观其前后之意,实相互阐发,关系密切。共十六章。"大其心则能体天下之物"章至"成吾身者"章,探讨如何不被耳闻目见影响人心的认知。"体物体身"章至"烛天理如向明"章,言身能体道,就能成为精神充实而崇高的人;心能无私,就能体道而充分发挥本性。"释氏不知天命而以心法起灭天地"章、"释氏妄意天性"章,言佛教不明性命之理,因此不能大心尽性。本篇要注意对"心"的把握,古人视心为思维器官,它可以不由认识而感知到天赋的、内在于物的天地之性,也可以通过耳目闻见得到觉知,两种功能合在一起,就形成了认识。由于性即理,能充分发挥本性,就可以尽得天地之理,故尽性而知天理为致知之要。不过,耳目等感官获得的见闻之知虽影响心所具有的德性之知的发挥,但人的内心与外界事物发生感应,是通过耳目等感官来实现的,耳目等感官是使人实现穷理尽性的目的的关键所在。因此要辩证地看待心性之知与见闻之知的关系。

《中正篇》论中正为道之准则,学者在增进自己的道德水平的过程中,能够达到中正的地步,就可以通晓天下的道理,皆为学问之事。诸章虽多不相统属,然皆意有关联。共六十章。"中正然后贯天下之道"章至"勉,盖未能安也"章,言得正就能认清自己进德的目标,就可以扩充自己的德性,从而使精神达到充实而有光辉的境界,终至于融会贯通;"不尊德性"章至"致曲不贰"章,历言为学之事;"有不知,则有知"章至终篇,言教人之事。

本篇要注意辨析"理"、"义","志"、"意"等词的同异。"理"、"义"意皆为道理,事理。然"理"指事物发展变化的规律,具有普遍性;"义"通"宜",日常行事合乎时宜称"义",因时势之异,一事有一事之宜,故"义"具有特殊性。"志"、"意"皆为人的心理活动,但是"志"是预先确定的追求目标,故其自然与天下公理相合;"意"为人一时感动,因事而发,反映的是个人的想法。

《至当篇》从体用的角度结合日常应用推演前篇未尽之义,以求所行皆合于理。共五十三章。"至当之谓德"章至"未能如玉"章,既言体又言用。德、大德、小德、礼器、诚,皆为本体,福、敦化、川流、器、不器、礼运、乐,皆为应用;"正己而不求于人"章至"道远人则不仁"章,专言体之用;"易简理得则知几"章至终篇,专言用之体。本篇一些语句需要细心体味,如"大者器则小者不器矣",此语由《中庸》"小德川流,大德敦化"、《论语·子张》"大德不逾闲,小德出入可也"而出。"大者器":"大"指大德,大德不逾越规矩,能成性而立其性,如器之有成;"小者不器":小德由大德中出,大德为体,小德为用,大德之体既成,小德之用则无不周,如川流而不息,因而小德不器。"过而不有",与《神化篇》"过化"、《有德篇》"过而不存"语义相同,即应用随物,物过能化而不留不滞。

《作者篇》论古昔圣贤之事,皆为显达在上者推行其经国理民之道之事。共二十一章。"作者七人"章至"可愿可欲"章,言古帝王之事;"周有八士"章至终篇,言春秋时期列国君主、士大夫之事。

《三十篇》主要以孔子及其弟子颜渊、子路等为例,专论教学之道。共三十四章。"三十器于礼"章至"爱人以德"章,专言孔子之学行;"颜子于天下"章至终篇,言颜渊、子路、仲弓之事。本篇多释《论语》之语,然与本旨颇相违,其中有得有失,需要引起注意。

《有德篇》广释《论语》《孟子》之义,谆谆于言动、出处、事亲、处世之道,以开示进德之方。共三十七章。章各一义,不相统属。

《有司篇》言为政之道。共十章。章各一义,不相统属。

《大易篇》广释《周易》精微之意蕴,其中有对大义的阐发,也有精深微妙的言辞,兼及文字训诂,要皆不离于道。共六十三章。"《大易》不言有无"章、"《易》语天地阴阳"章,以《周易》之理批驳诸子之陋;"《易》一物而三才"章至"洁静精微"章,杂引《周易》之语而阐发之;"天下之理得"章至"九四以阳居阴"章,论乾卦;"坤至柔而动也刚"章至"坤先迷不知所从"章,论坤卦;"造化之功"章至"震为萑苇"章,发明《说卦》之理;"——陷溺而不得出为坎"章至终篇,杂言《周易》之理。

《乐器篇》释《诗经》《尚书》之义,首章释《礼记·乐记》之文,因有"乐器"字,故以之名篇。首章即言乐,次章言乐章即《诗》。共三十七章。释《诗经》者二十五章,释《尚书》者七章。其论与《诗经》《尚书》本旨颇有相异之处,得失相半,不可不察。

《王禘篇》杂释《三礼》,多论礼制,兼言《春秋》褒贬之义。共二十四章。所论禘、祫、尝、烝等祭礼,有考据浅易之弊,其他亦多与本意有出入。

《乾称篇》重在阐释天人一体、有无一致之理,其大旨在于探讨"仁"之意蕴,说理深奥,多与《太和篇》相表里。共十七章。首章《乾称父》章,亦称《西铭》,重在阐释仁之本体;末章,亦称《东铭》,重在发明仁之功用。

(三)纵横千古,出入众家

张载《正蒙》一书,以二万五千余言而纵横千古,出入众家。语其大则范围天地,神游太虚;语其小则穷究精微,纤芥不遗。故研读至不易。

窃以为欲明《正蒙》之理,必当穷其源。《正蒙》一书虽首尾贯通,体大思精,自成一家,然细究其文,几无一语无出处。兹以《太和篇》第一章《太和所谓道》为例以窥《正蒙》之涯略：

太和所谓道，中涵浮沈、升降、动静相感之性，是生絪缊、相荡、胜负、屈伸之始。其来也几微易简，其究也广大坚固。起知于易者乾乎！效法于简者坤乎！散殊而可象为气，清通而不可象为神。不如野马、絪缊，不足谓之太和。语道者知此，谓之知道；学《易》者见此，谓之见《易》。主不如是，虽周公才美，其智不足称也已。

"太和所谓道"："太和"语见《周易·乾卦·彖传》："乾道变化，各正性命。保合大和，乃利贞。""大和"即"太和"。"道"语见《礼记·中庸》："和也者，天下之达道也。"

"中涵浮沈、升降、动静相感之性"："动静"语见《周易·系辞上传》："动静有常，刚柔断矣。""相感"语见《周易·咸卦·彖传》："《咸》，感也。柔上而刚下，二气感应以相与。"

"是生絪缊、相荡、胜负、屈伸之始"："絪缊"语见《周易·系辞下传》："天地絪缊，万物化醇。""相荡"语见《周易·系辞上传》："刚柔相摩，八卦相荡。""屈伸"语见《周易·系辞下传》："往者屈也，来者信也，屈信相感而利生焉。"

"其来也几微易简"："几微"语见《周易·系辞下传》："几者，动之微，吉之先见者也。""易简"语见《周易·系辞上传》："易简而天下之理得矣。"

"起知于易者乾乎！效法于简者坤乎！""起知于易者乾乎"语见《周易·系辞上传》："乾以易知"。"效法于简者坤乎"语见《周易·系辞上传》："坤以简能"。又"效法之谓坤"。

"散殊而可象为气"："象"语见《周易·系辞上传》"成象之谓乾"。

"清通而不可象为神"："神"语见《周易·系辞上传》："阴阳不测之谓神"。《周易·说卦》："神也者，妙万物而为言者也。"

"不如野马、絪缊"："野马"语见《庄子·逍遥游》："野马也,尘埃也,生物之以息相吹也。"

"虽周公才美,其智不足称也已"：语见《论语·泰伯》："如有周公之才之美,使骄且吝,其余不足观也已。"

《太和所谓道》章不过区区一百四十余字,然就有十五处引经据典以立论。《太和所谓道》章如此,《太和篇》其他各章亦如此,推而广之,其他十六篇诸章亦如此。

故研读《正蒙》不首明其出处,即无以窥其意蕴,而循其源上下推求其始出之义以探《正蒙》之用意,虽不至涣然冰释,已可略知其大意。

就对儒家经典的征引而言,由于张载对《六经》甚重视,如他称："《诗》、《礼》、《易》、《春秋》、《书》,《六经》直是少一不得。"又"《六经》循环,年欲一观。"又"《诗》、《书》无舛杂。"①故对《周易》《尚书》《诗经》等书征引甚众,于《公羊传》《左传》《礼记》《周礼》等书也屡有称述。

由于张载于儒家学说宗奉孔孟之学,故对记载或称述、阐发孔孟言论的著作引述尤众。

中唐以来,韩愈等弘扬道统,认为孔子得先王之道而传之曾子,曾子传子思,子思传孟子,学乃绝。其说对宋人影响至巨,张载即赞同其说,推崇孔孟而贬抑荀子、扬雄："今之人之灭天理而穷人欲,今复反归其天理。古之学者便立天理。孔、孟而后,其心不传,如荀、扬皆不能知。"故其论及为学尤重孔孟之书："要见圣人,无如《论》、《孟》为要。《论》、《孟》二书于学者大足,只是须涵泳。"又"学者信书,且须信《论语》、《孟子》。"②

---

① 章锡琛点校:《经学理窟》,《张载集》,第277～278页。
② 章锡琛点校:《经学理窟》,《张载集》,第272～277页。

由于认为《礼记》中《大学》《中庸》两篇具出自孔子后学曾子、子思一系，故甚为重视："《礼》虽杂出诸儒，亦若无害义，如《中庸》、《大学》出于圣门，无可疑者。"对《中庸》研读极深："某观《中庸》义二十年，每观每有义，已长得一格。"①

　　另外，《周易》一书由卦画、卦爻辞、传等组成。传统观点认为八卦卦画为伏羲所作，六十四卦卦画及卦爻辞为周文王所作，传包括《彖》《象》《系辞》各两篇，《文言》《说卦》《序卦》《杂卦》各一篇，共十篇，合称十翼，为孔子所作。张载赞同此说。如《周易·豫卦》："六二：介于石，不终日，贞吉。象曰：'不终日贞吉'，以中正也。"②对于"不终日贞吉"，张载认为"言疾正则吉也"，进而称："仲尼以六二以阴居阴，独无累于四，故其介如石，虽体柔顺，以其在中而静，何俟终日，必知几而正矣。"此语出自《周易·系辞下》："君子见几而作。不俟终日。《易》曰：'介于石，不终日，贞吉。'介如石焉，宁用终日，断可识矣。"③

　　故《正蒙》一书主要是引据《易传》《论语》《孟子》《中庸》等书，以阐发其思想。引述《荀子》以及扬雄《法言》的观点甚少。

　　张载视释、道为儒家学说的对立面，如《太和篇》称："彼语寂灭者往而不反，徇生执有者物而不化，二者虽有间矣，以言乎失道则均焉。"《大心篇》称："释氏不知天命而以心法起灭天地，以小缘大，以末缘本，其不能穷而谓之幻妄，真所谓疑冰者欤！"故为批驳释、道二家思想，对其著作颇有引述，其中道家著作有《老子》《庄子》《黄帝内经》等；佛学著作有《楞严经》《金刚经》《华严经》《般若经》《坛经》等。

----

① 章锡琛点校：《经学理窟》，《张载集》，第277页。
② 周振甫译注：《周易译注》，中华书局1991年版，第64~65页。
③ 周振甫译注：《周易译注》，第265页。

对于《孔子家语》《国语》等书,张载认为:"《家语》、《国语》虽于古事有所证明,然皆乱世之事,不可以证先王之法。"故稍有引述,此外对其他著作如《管子》《淮南子》等略有征引。

总之,观《正蒙》一书大旨,主要是以儒家学说为依据,攻驳释、道二家的主张,兼及批驳其他所谓的异端邪说,进而伸张自己的主张,以扶持所谓的"名教"。《宋史》称其治学"以《易》为宗,以《中庸》为体,以孔、孟为法,黜怪妄,辨鬼神。"①可谓甚有见地。

需要引起注意的是,《正蒙》一书虽广引诸书,以阐述自己的主张,然与诸书本旨不合者甚多。如黄百家称:"自《中正篇》至《王禘篇》九篇中,杂说《论语》、《孟子》、《易》、《书》、《诗》、《礼》,虽间有精语,然不得经旨者亦甚多。昔伊川尝有书答先生曰:'所论大概有竭力苦心之象,而无宽裕温柔之气,非明睿所照,而考索至此,故意屡偏而言多窒。'黄东发曰:'横渠所说经,间与近世诸儒未合,似有思之太远者。'"②杨方达称:"《正蒙》多断章取义,每有与本注不同者。"③

《论语·宪问》:"原壤夷俟。子曰:'幼而不孙弟,长而无述焉,老而不死,是为贼。'"④意为原壤无礼于孔子,孔子因此批评他幼少时没有教养,成年后没有德行值得称述,现在老了却不死,还在败常乱俗,因此是贼。而《有德篇》释"老而不死是为贼"为"幼不率教,长无循述,老不安死,三者皆贼生之道也。"意为幼时不服从父兄的教导,成年后不守规矩恣意妄为,老了后不以死为安而欲偷生,这三种情况都是贼害生理的行为。

---

① 脱脱等:《宋史》卷 427《张载传》,中华书局 1977 年版,第 12724 页。
② 黄宗羲辑,全祖望订补,冯云濠、王梓材校正:《宋元学案》卷十七《横渠学案上》,续修四库全书本,第 343 页。
③ 杨方达:《例言》,《正蒙集说》,《续四库全书》本,第 402 页。
④ 杨伯峻译注:《论语译注》,中华书局 1980 年版,第 159 页。

《周易·乾卦·文言》:"君子以成德为行,日可见之行也。"①本意为君子当以成就道德为行动,令其德行彰显,使人每天都能看到他的德行之事。而《大易篇》释"成德为行"为"德成自信,则不疑所行,日见乎外可也。"意为德已成就,因此相信自己,不怀疑自己所做的,可以每天都让人们看到。

《诗经·小雅·都人士》:"彼都人士,台笠缁撮。彼君子女,绸直如发。我不见兮,我心不说。"②"绸直如发"的本意是头发又密又直。而《乐器篇》将此释为"贫者纷缞无余,顺其发而直韬之尔。"意为贫女没有多余的丝绸来束发,就顺着头发直接束起来。

《诗经·唐风·采苓》:"采苓采苓,首阳之巅。人之为言,苟亦无信。舍旃舍旃,苟亦无然。人之为言,胡得焉!"③诗本意为人有向己进谗言,要暂且将其搁置,不遽然相信,则自会得到事情的真相,谗言因此就会停止。而《乐器篇》则引《论语·卫灵公》"吾之于人也,谁毁谁誉?如有所誉者,其有所试矣。"④释为:"《采苓》之诗,舍旃则无然,为言则求所得,所誉必有所试,厚之至也。"意为对人的谗言置之不理,谗言自然就停止了。人捏造谗言是想得到什么,对他不予理睬,他就一无所获。对于他人的赞誉,一定要有所验证,而非遽然舍之。这是极其敦厚的行为。

三 《正蒙》的地位与影响

《正蒙》问世后,宋人对其有褒有贬。如二程、朱熹对《正蒙》一

---

① 周振甫译注:《周易译注》,第 8 页。
② 程俊英译注:《诗经译注》,上海古籍出版社 1985 年版,第 468 页。
③ 程俊英译注:《诗经译注》,第 215 页。
④ 杨伯峻译注:《论语译注》,第 167 页。

书颇有贬词,程颐称:"横渠立言诚有过者,乃在《正蒙》。"①朱熹对《正蒙》从总体上对《正蒙》的评价是"《正蒙》有差分晓底看"。②

朱熹对《正蒙》也有肯定,如其对《正蒙》神化观非常赞同。其论《正蒙·参两篇》"一物两体"章,一则曰:"横渠说得极好,须当子细看。"再则曰:"'神化'二字,虽程子说得亦不甚分明,惟是横渠推出来。"③又称:"伊川谓'鬼神者,造化之迹',却不如横渠所谓'二气之良能。'"认为"程子之说固好,但在浑沦在这里。张子之说分明,便见个阴阳在。"④又:"五行之说,《正蒙》中说得好。"⑤

褒扬《正蒙》者除张载的弟子外,南宋胡宏称张载"著书数万言,极天地阴阳之本,穷神化,一天人,所以息邪说而正人心,故自号其书曰《正蒙》。其志大,其虑深且远矣。"⑥张舜民称张载《正蒙》一书于阴阳变化、仁义道德、死生性命、国家兴衰等问题无不深入探究,就如同先秦时期的孟子和西汉时期的扬雄一样:"横渠张先生载著书万余言,名曰《正蒙》。阴阳变化之端,仁义道德之理,死生性命之分,治乱国家之经,罔不究通。方之前人,其孟轲、扬雄之流乎?"⑦

虽然宋代学者对《正蒙》的认识颇有歧异,然皆对《西铭》甚为推崇。《西铭》为《正蒙·乾称篇》首章文字,《正蒙·乾称篇》首章、

---

① 朱熹编,张伯行集解:《近思录》卷二,中华书局1985年版,第77页。
② 黎靖德编,王星贤点校:《朱子语类》卷九十九,中华书局1986年版,第2532页。
③ 黎靖德编,王星贤点校:《朱子语类》卷九十八,第2511~2512页。
④ 黎靖德编,王星贤点校:《朱子语类》卷六十三,第1548页。
⑤ 黎靖德编,王星贤点校:《朱子语类》卷一,第10页。
⑥ 胡宏著,吴仁华点校:《横渠正蒙序》,《胡宏集》,中华书局1987年版,第162页。
⑦ 晁公武撰,孙猛校证:《郡斋读书志校证》卷十《正蒙书十卷》,上海古籍出版社1990年版,第页451页。

末章文字，原为张载熙宁年间隐居横渠镇授徒时，于其书室东西两牖上所写的铭文，分别称《砭愚》《订顽》，其文传出后，程颐认为容易引起争端，遂将其改名为《东铭》《西铭》。后来两文被张载编入《正蒙》。

论及《西铭》，二程兄弟无不极口称赞。如程颢称《西铭》的主旨是讲"仁之体"，即天地万物为一体，意思极为完备："《订顽》一篇，意极完备，乃仁之体也。"①又表示《西铭》中所阐述的观念自己也体悟到了，但是若说有谁能将此以简明精练的语言准确完整地表达出来，程颢认为不仅他自己做不到，其他人也做不到，只有张载才具备这样的能力。程颢回顾历史，认为自孟子以后，虽然大儒迭出，然而还没有人能够达到张载《西铭》一文所呈现出来的思想高度。并感慨地说："得此文字，省多少言语。"②程颐指出自秦汉以来的学者，能够以简短的文字，将儒家的精义极其纯粹无杂地阐发出来，张载一人而已："《订顽》之言，极纯无杂，秦、汉以来学者所未到。"③又说孟子以后，韩愈的《原道》一文说理大体上颇为分明，但他只是阐释了《中庸》"率性之谓道"之意，却未语及道之所出的"天命之谓性"一语，而《西铭》一文不仅言道，而且言性，从这个意义上说，《西铭》可称得上是《原道》的"宗祖"，因此盛称此文："自《孟子》后，盖未见此书。"④朱熹认为《西铭》自始至终讲的都是万物皆有一共同之理，每一具体事物之理都是这一共同之理的特殊呈现的"理一分殊"问题："《西铭》一篇，始末皆是'理一分殊'。"⑤

明清时期，程朱理学盛行，由于二程推崇《西铭》而贬抑《正

---

① 朱熹编，张伯行集解：《近思录》卷二，第76页。
② 程颢，程颐：《河南程氏遗书》卷二上，《二程集》，第39页。
③ 程颢，程颐：《河南程氏遗书》卷二上，《二程集》，第22页。
④ 程颢，程颐：《河南程氏遗书》卷二上，《二程集》，第37页。
⑤ 黎靖德编，王星贤点校：《朱子语类》卷九十八，第2526页。

蒙》，且《太极图说》《通书》《西铭》朱熹皆有训释，却对《正蒙》一书未有全解，故当时存在着重《西铭》而轻《正蒙》的现象。如明人称"宋有四大文字"，其一即《西铭》①。而"《正蒙》之言人多略之"。②然而有识之士却颇重该书。如王廷相称张载的理气论阐释自然之奥秘，明辨人性之渊源，启发后学之功甚大："阐造化之秘，明人性之源，开示后学之功大矣。"③王夫之认为张载《正蒙》一书以《易》理为依托，确立天道、地道与人道，即宇宙自然与社会人生的运行规律，回归常道以精研事物的义理，穷究几微以存养神性，以维护儒家的伦理道德秩序，使人理性地面对生与死的问题，因此可以说往圣之学非张载不传。孟子因完善了儒家的理论体系，被后人认为其贡献不输治水的大禹，王夫之认为张载解决儒学理论中存在的问题，使之得以贯通，从而使人们走上坦途，故其贡献其实也并不在禹之下："而张子言无非《易》，立天，立地，立人，反经研几，精义存神，以纲维三才，贞生而安死，则往圣之传，非张子其孰与归！呜呼！孟子之功不在禹下，张子之功又岂非疏瀹水之岐流，引万派而归墟，使斯人去昏垫而履平康之坦道哉！"④论及《西铭》，王夫之认为该文驳斥佛教、道教所宣扬的邪迷之说，扭转了人心放纵恣肆的局面，确实是孟子以后未曾有过的现象："辟佛老之邪迷，挽人心之横流，真孟子以后所未有也。"⑤杨方达称《正蒙》一书，以六经、《论语》《孟子》为本，辨析理、气、性、命等问题，其对义理的阐发精致微妙，对存养心性工夫的论述严谨周密："张子手著《正蒙》一书，

---

① 叶向高：《苍霞草》卷八《正蒙释序》，明万历刻本。
② 杨方达：《自序》，《正蒙集说》，《续四库全书》本，第400页。
③ 王廷相著，王孝鱼点校：《王氏家藏集》卷三十三《横渠理气辩》，《王廷相集》，中华书局1989年版，第602页。
④ 王夫之：《序论》，《张子正蒙注》，《船山全书》(12)，岳麓书社1992年版，第12页。
⑤ 王夫之：《张子正蒙注》卷八《乐器篇》，《船山全书》(12)，第315页。

原本六经、《语》、《孟》。辨析理气性命,义理精微,工夫严密。"①刘吴龙称《正蒙》从关于人情事理的基本常识即"下学"出发,向上推求之于天道,其极致是要达到真诚无妄而实现对气化生万物的过程的把握,其严密的程度要求瞬息之间要有天理存养于心中,对一切不合正道、隐伏诡谲的异端邪遁之说进行驳斥。其书宏大而精致,深入而透彻,学者沉潜其中,认真学习,用身心进行体悟,将会给其带来无尽的裨益。至于其阐释六经、《论语》《孟子》之语,不一定都要符合其本义,或沿袭旧说,或创为新论,抑或是有为而发,都不妨碍与本义并存:"然余研观十七篇,自《太和》至《砭愚》,溯诸天道,基于下学,极之于至诚知化,密之于息养瞬存,一切异端邪遁之说辞而辟之。其书大而精,深而切,学者沈潜餍饫,体诸身心,裨益宁有既哉。至说六经、《语》、《孟》,不必尽符本义,则或沿或创,抑或有为而发,无妨并存。"②

通过以上分析可知,《正蒙》一书在中国哲学发展史上有着相当重要的地位,其中《西铭》的地位尤其显赫。自《正蒙》问世后,历代学者对其研读不辍,从而深刻地影响了中国哲学史的发展。

(一)"太虚即气"的气本论

《正蒙》中提出的"太虚即气"的气本论,体现着对中国古代气范畴的继承与发展。"气"字在殷商甲骨文及青铜铭文中已出现。然其并不具有哲学意义。西周晚期人伯阳甫已用气解释地震的生成,认为天地之气要依循其法则运行,否则百姓就要作乱。阳气潜伏在下面而不能出来,阴气逼迫阳气使其不能升腾,于是发生地震:"夫天地之气,不失其序。若过其序,民乱之也。阳伏而不能

---

① 杨方达:《自序》,《正蒙集说》,第400页。
② 刘吴龙:《序》,杨方达:《正蒙集说》,第399页。

出,阴迫而不能蒸,于是有地震。"①春秋战国时期已普遍用来解释各种自然和社会现象。如庄子认为至阴之气寒冷,至阳之气炎热。炎热之气出于天,寒冷之气发于地,二者相互交通融合导致万物化生:"至阴肃肃,至阳赫赫。肃肃出乎天,赫赫发乎地。两者交通成和而物生焉。"②天下万物不过是同一的气的不同存在形态而已:"通天下一气耳。"③但气根源于道,道总括一切,才是宇宙的本原:"阴阳者,气之大者也;道者为之公。"④《淮南子·天文训》认为宇宙产生气,气有边际,清明轻扬的气向上扩散形成天,沉重混浊的气向下凝滞形成地:"宇宙生气,气有涯垠,清阳者薄靡而为天,重浊者凝滞而为地。"阴阳二气和谐而化生万物:"阴阳合和而万物生。"⑤

两汉之际的谶纬之学提出了元气化生天地说,如《礼统》称天地生成万物,而天地是元气生成的:"天地者,元气之所生,万物之所自焉。"⑥《春秋说题辞》认为元气形成天,浑沌模糊没有形体:"元清气为天,浑沌无形体。"⑦然纬书又认为气是有始的,如《易纬乾凿度》认为气之本始为太初:"太初者,气之始也。"⑧王充对元气

---

① 司马迁:《史记》卷四《周本纪》,第145页。
② 郭庆藩辑:《田子方》,《庄子集释》,《诸子集成》(3),上海书店1986年版,第311页。
③ 郭庆藩辑:《知北游》,《庄子集释》,《诸子集成》,第320页。
④ 郭庆藩辑:《则阳》,《庄子集释》,《诸子集成》,第394页。
⑤ 刘安著,高诱注:《淮南子注》卷三《天文训》,《诸子集成》(7),上海书店1986年版,第35~46页。
⑥ 夏剑钦、王巽斋校点:《太平御览》(1),河北教育出版社1994年版,第1页。
⑦ 安居香山、中村璋八辑:《纬书集成》,河北人民出版社1994年版,第858页。
⑧ 安居香山、中村璋八辑:《纬书集成》,河北人民出版社1994年版,第11页。

说予以发展,明确指出万物都是从元气产生的:"万物之生,皆禀元气"①。天与人也都禀承着元气:"天禀元气,人受元精"②。然其又认为元气是由于天地产生的,天地比元气更为根本:"元气,天地之精微也"③。张衡继王充之后,对宇宙生成问题进行探讨,认为元气是无始的,自然存在的,宇宙的发生是以元气为始基的。元气最初的状态只是幽清玄静,寂寞冥默的一体之气,没有形象可言,但是有中外之分,其内部为虚,外部为无,这种状况持续了很久,称为"溟涬",是道的根本。有了道的根本,继而就出现了浑沌不分的没有固定形体的气,这种状况又持续了很久,称为"庞鸿",是道的主干。道的主干既已育成,万物就形成了形体,于是元气开始分化,就有了阴与阳、刚与柔、清与浊之分,由此就形成了天地与万物,称为"天元",这是道的果实④。王符在王充、张衡的元气论基础上,提出完整的看法,认为在天地万物尚未产生的上古时期,元气呈现为浑沌未开的状况,各种精气合并,混为一体,无法控制。这种状况持续了很久,元气自然突然发生变化,有了清浊之分,变成了阴阳二气。阴阳各具实体,遂生成天地,天地阴阳相互感应,遂生成万物与人:"上古之世,太素之时,元气窈冥,未有形兆,万精合并,混而为一,莫制莫御。若斯之久,翻然自化,清浊分别,变成阴阳。阴阳有体,实生两仪,天地壹郁,万物化淳,和气生人,以统理之。"⑤

---

① 王充:《言毒篇》,《论衡》,《诸子集成》(7),上海书店1986年版,第223页。
② 王充:《超奇篇》,《论衡》,《诸子集成》(7),第137页。
③ 王充:《四讳篇》,《论衡》,《诸子集成》(7),第228页。
④ 司马彪撰,刘昭注补:《续汉书》志第十《天文上》,《后汉书》,中华书局1965年版,第3215页。
⑤ 王符著,汪继培笺,彭铎校正:《潜夫论笺校正》卷八《本训》,《新编诸子集成》(1),中华书局1985年版,第365页。

魏晋南北朝时期玄学盛行,元气论被纳入玄学体系。如张湛承认元气为万物的本原,当元气浑沌未分之时,天地万物为一,元气分散之后,才有天地与万物:"夫混然未判,则天地一气,万物一形。分而为天地,散而为万物。"然其又称元气以无为本:"至无者,故能为万变之宗主也。"①道教学者则将元气论纳入其理论体系。约成书于东汉末的《老子道德经河上公章句》承认元气为万物之根源:"元气生万物而不有。"②同时又认为元气生于道,然后分为阴阳二气,阴阳二气生出和气、清气和浊气等三种气,三种气分别形成天、地与人:"道始所生者一也,一生阴与阳也,阴阳生和、清、浊三气,分为天地人也。"③元气生于道的观点在魏晋南北朝为道教学者所继承,如陶弘景称:"道者混然,是生元气。元气成,然后有太极。"④而此期的佛教也把元气论纳入其理论体系中。东晋佛学者道安认为世界事物都是"元气陶化"而成,然其根源在空无:"无在元化之前,空为众形之始。"⑤

唐代柳宗元继承与发展了汉代的元气观论,对玄学、道教与佛教的元气观进行了批判,认为元气在时间上没有终始:"一气回薄茫无穷,其上无初下无终。"⑥在空间上没有边际:"东西南北,其极无方。"天地万物是元气的自我运动的结果,阴、阳与天三者结合,

---

① 张湛注:《天瑞》,《列子》,《诸子集成》(3),上海书店1986年版,第3～9页。
② 王卡点校:《老子道德经河上公章句》卷一《养身第二》,中华书局1993年版,第7页。
③ 王卡点校:《老子道德经河上公章句》卷三《道化第四十二》,第168～169页。
④ 陶弘景:《真诰》卷五《甄命授第一》,中华书局1985年版,第57页。
⑤ 昙济传宗性:《昙济传》,《名僧传抄》,《续藏经》第1辑第2编乙第7套第1册,商务印书馆1923年影印本,第9页。
⑥ 柳宗元:《柳宗元集》卷六《南岳弥陀和尚碑》,中华书局1979年版,第155页。

由元气来统率。元气缓慢地吹动，形成炎热的天气；元气迅速地吹动，形成寒冷的天气。元气的冷热交错运动，产生了天地与万物："合焉者三，一以统同。吁炎吹冷，交错而功。"①刘禹锡则认为空并非是绝对的虚无："空者，形之希微者也"②。

张载为了批驳道教、佛教崇尚虚无的学说，澄清自先秦以来诸子关于宇宙本体论的错误看法，在前代学者关于元气论已取得成就的基础上，提出了"太虚即气"的以气为本的宇宙本体论，即"气本论"，认为世界是由气构成的实有的存在，不存在绝对的虚无，道教和佛教由于割裂了本体与现象之间的关系而鼓吹虚无，是不正确的。认为宇宙间的一切运动变化都是太虚之气所为，太虚之气的本质是至静的，然而由于太虚之气由阴、阳二气构成，而阴、阳二气本身含有相感之性，因此太虚之气必须运动，有运动就必然有聚合，就必然构成万物，万物亦必须运动变化，最终消散为无形的气，归于太虚，太虚之气运动变化的过程就是"道"。在道的作用下，产生了宇宙间的一切。张载关于气的论述，使"气这一范畴的抽象性与思辨性达到了前无古人的哲学高峰。正因如此，中国古典气学发展演变至张载，达到了一个巅峰状态。"③

张载的气本论，对宋明理学的发展产生了深远的影响。如明代的王廷相、韩邦奇、吴廷翰等人通过对其理论的阐释，继承或发展了气本论学说。如王廷相利用《正蒙》的学说对理本论进行了批判，指出天地并非生于无，气为宇宙中唯一的实体："天地未形，惟

---

① 柳宗元：《柳宗元集》卷十四《天对》，中华书局1979年版，第365～372页。
② 刘禹锡：《天论中》，柳宗元：《柳宗元集》卷十六，第448页。
③ 曾振宇：《从张载到王廷相：中国古代气学的超越与回复》，《齐鲁学刊》2010年第3期。

有太空,空即太虚,冲然元气。"①气存在于太虚之中,理由气生,气虽然有散,但仍存在于天地之间,不能消失,因此《正蒙》说"万物不能不散而为太虚"。理以气本,不能独自存在,因此《正蒙》说"神与性皆气所固有。"②认为神是以形为基础的,神必须依靠形而存在,没有形神就无法存在:"夫神必借形气而有者,无形气则神灭矣"③。

明清之际的哲学家王夫之对《正蒙》的气本论有着深入的探讨。张载因主张气清无碍而神,浊则有碍而形而遭到二程、朱熹的批评。王夫之在阐释《正蒙·太和篇》"太虚为清"章时,指出气未聚于太虚之中,希微不可见,因而是清明的,因为气是清明的,故有形象之物皆可入于气中,而气也可入于形象之中,由此表现出气的神妙之处。气聚于太虚之中则重而浊,成为具体有形的个体,于是具有固定形体的物便不能入于重浊之气,而重浊之气也不能入于物,重浊之气与物不能相通,是因为气被形体所凝滞的缘故:"气之未聚于太虚,希微而不可见,故清;清则有形有象者皆可入于中,而抑可入于形象之中,不行而至神也。反者,屈伸聚散相对之谓,气聚于太虚之中则重而浊,物不能入,不能入物,拘碍于一而不相通,形之凝滞然也。"④论及神与形的关系,张载强调了太虚之气清虚神妙而轻视聚而有形,认为太虚中包含的阴阳二气运动变化,神妙难测,彼此感应,故称之为神;世界万物都只是神妙变化的粗糙的

---

① 王廷相著,王孝鱼点校:《雅述上篇》,《王浚川所著书》,《王廷相集》,中华书局1989年版,第849页。
② 王廷相著,王孝鱼点校:《王氏家藏集》卷三十三《横渠理气辩》,《王廷相集》,第603页。
③ 王廷相著,王孝鱼点校:《内台集》卷四《答何柏斋造化论》,《王廷相集》,中华书局1989年版,第963~964页。
④ 王夫之:《张子正蒙注》卷一《太和篇》,《船山全书》第12册,第31页。

结果:"神者,太虚妙应之目。凡天地法象,皆神化之糟粕尔。""万物形色,神之糟粕。"① 王夫之认为神既是阴阳二气产生万事万物的根源:"凡天下之事物,一皆阴阳往来之神所变化。"也是万事万物自身发展变化的根源:"神在形中"。② 神与形是统一的。王夫之通过对清与浊、神与形的辩证关系的剖析,肯定了太虚之气的宇宙本体特征,纠正了张载片面的观点,回答了二程、朱熹的质疑,丰富他自身的学术理念。

清代学者戴震也继承了《正蒙》的气本论思想。认为《正蒙》"言'由气化有道之名',言'化,天道',言'推行有渐为化,合一不测为神',此数语者,圣人复起,无以易也。"③

(二)"一物两体"的辩证法

矛盾的对立统一问题,是中国古代哲学长期探讨的重要问题。如《易·泰卦》就提出事物存在着对立统一,相互依存又相互转化的平与陂、往与复的关系:"无平不陂,无往不复。"④

春秋时期,孔子称:"我叩其两端而竭焉。"⑤史墨曾称:"物生有两"⑥。"两端"、"两"指事物都的两个方面。而老子提出的道的运动是循环的,即"反者'道'之动"的哲学命题⑦,将古代辩证法思想推向第一个高峰时期。老子承认矛盾的普遍性,认为有与无、难

---

① 《正蒙·太和篇》。
② 王夫之:《张子正蒙注》卷九《可状篇》,《船山全书》第 12 册,第 378 页。
③ 戴震:《孟子字义疏证》卷上,《戴震集》,上海古籍出版社 1980 年版,第 284 页。
④ 周振甫译注:《周易译注》,第 47 页。
⑤ 杨伯峻译注:《子罕篇》,《论语译注》,中华书局 1980 年版,第 89 页。
⑥ 杨伯峻编著:《春秋左传注》,中华书局 1981 年版,第 1519 页。
⑦ 陈鼓应:《老子注译及评介》,中华书局 1984 年版,第 223 页。

与易、长与短、音与声、前与后等矛盾对立双方既相互对立又相互依存,是永恒的道理:"有无相生,难易相成,长短相形,高下相盈,音声相和,前后相随,恒也。"①并相互转化,如其指出祸中依傍着福,福中藏伏着祸,谁能知道福祸相互转化的终极结果呢:"祸兮,福之所倚;福兮,祸之所伏。孰知其极?"②但他又认为矛盾的对立都是相对而非绝对的,如他说应答之声与呵斥之声,相差有多少呢?美好与丑恶,相差有多少呢:"唯之于阿,相去几何?美之与恶,相去何若?"③

战国时期,慎到、惠施、庄子发展了老子的矛盾对立面的同一的观念。其中庄子的理论最为丰富。庄子认为一切对立在本质上都是同一的,万物没有不是"彼"的,同样也没有不是"此"的:"物无非彼,物无非是。"所谓的大小、寿夭都是相对的:"天下莫大于秋毫之末,而太山为小;莫寿于殇子,而彭祖为夭。天地与我并生,而万物与我为一。"④《易传》则将矛盾对立统一问题的探讨推向一个新的高度。《易传》提出了"一阴一阳之谓道"的哲学命题,注意到了矛盾对立面的相互作用,认为阴阳两个对立面相互斗争的矛盾运动,推动了事物的发展:"刚柔相推而生变化。"⑤同时也注意到了对立面互相依存的统一关系,认为危险的出现,是由于过去安于其所处的位置而忘记可能出现危险所致。败亡的出现,是由于过去注重保持其存在而忘记可能出现败亡所致。变乱的出现,是由于过去觉得治理有方而忘记可能出现变乱所致:"危者,安其位者也。

---

① 陈鼓应:《老子注译及评介》,第64页。
② 陈鼓应:《老子注译及评介》,第289页。
③ 陈鼓应:《老子注译及评介》,第140页。
④ 郭庆藩辑:《齐物论》,《庄子集释》,《诸子集成》,第31页。
⑤ 周振甫译注:《周易译注》,第232页。

亡者，保其存者也。乱者，有其治者也。"①

矛盾对立统一学说在秦汉以下屡为学者所申说。然直到《正蒙》问世，方才实现重大突破。《正蒙》第一次明确提出"两"、"一"概念。"两"，指阴与阳，矛盾双方的对立；"一"，指阴、阳即对立双方的统一。对立是统一的基础，没有矛盾的对立，就没有双方的统一。没有矛盾双方的统一，其交互作用就无法实现。虚实、动静、聚散、清浊都是对立面的表现形式，其本质都是一个统一体而已："两不立，则一不可见；一不可见，则两之用息。两体者，虚实也，动静也，聚散也，清浊也，其究一而已。"②矛盾的对立统一导致了天地万物的生成："一物两体，气也。一故神，（自注：两在故不测。）两故化。（自注：推行于一。）"③气是一物而涵有阴阳两体者，由于气是矛盾对立的两体统一于一物，故而能够变化莫测。由于气是由矛盾对立的阴阳两体构成，因而变化不已，由一气化生出天地万物。《正蒙》又认为太虚之气纯一、清澈无形，由于阴阳二气中涵有相感之性，遂产生交互作用，因而出现聚合，形成各种有形的现象。有现象的事物中就包含着对立面，有对立，则对立双方之间的作用、性质就一定是相反的。对立双方的作用、性质相反，彼此间就会相互排斥，对立双方有排斥，通过矛盾斗争，双方的关系就一定会出现调整，从而使双方的对立得到和解："气本之虚则湛本无形，感而生则聚而有象。有象斯有对，对必反其为；有反斯有仇，仇必和而解。"④

《正蒙》"一物两体"的辩证法思想极其精湛，"是中国古代哲学

---

① 周振甫译注：《周易译注》，第 256～264 页。
② 《正蒙·太和篇》。
③ 《正蒙·参两篇》。
④ 《正蒙·太和篇》。

中关于对待合一的思想的最高发展。"①

朱熹深受《正蒙》辩证法思想的影响,其论及《正蒙》的神化观称:"'神化'二字,虽程子说得亦不甚分明,惟是横渠推出来。"朱熹利用张载气分阴阳的对立统一关系,解释自己的理本论思想。如其释《正蒙·参两篇》"一物两体"章称"一故神",张载亲注为"两在故不测。"其意是说周行于事物之间的只是一理而已,矛盾对立双方如阴阳、屈伸、往来、上下等,以及它们运行于万事万物之中,所反映的都是理这一个物事,因此说"两在故不测"。"两故化",张载注云"推行于一"。天下之事,只有一理是不能发生变化的,只有通过矛盾对立双方的相互作用方可。比如只有阴阳对立,才能化生出万物。不过虽然是两个,但从本质上来说,也是在推行一理而已。②

叶适利用《正蒙》的辩证法思想,对事物内部的对立面进行了探讨,指出矛盾对立的现象是普遍存在的,但凡是物的构成,都有着阴阳、刚柔、顺逆等矛盾对立的两个方面,一物无不如此,更何况万物。万物皆如此,前后相禅以至于无穷的事物更是如此:"道原于一而成于两。古之言道者必以两。凡物之形,阴、阳、刚、柔、顺、逆、向、背、奇、偶、离、合、经、纬、纪、纲,皆两也。夫岂惟此,凡天下之可言者,皆两也,非一也。一物无不然,而况万物。万物皆然,而况其相禅之无穷者乎!"③

明代王廷相在《正蒙》"一物两体"学说的基础上,提出"阴阳相待"的命题。认为元气由阴阳两个对立面所构成,二者相互依存,

---

① 张岱年:《中国哲学大纲》,中国社会科学出版社1982年版,第121~122页。
② 黎靖德编,王星贤点校:《朱子语类》卷九十八,第2512页。
③ 刘公纯、王孝鱼、李哲夫点校:《水心集》卷七《中庸》,《叶适集》,中华书局1961年版,第732页。

不可分离，同时阴阳两个对立面有主次之别，事物的性质由矛盾的主导一方来决定，万物由元气所化生，故亦如此："阴阳即元气，其体之始，本自相浑，不可离析，故所化生化之物，有阴有阳，亦不能相离，但气有偏胜，遂为物主矣。"①这无疑推进了《正蒙》的学说。

明清之际的方以智对《正蒙》"一物两体"的辩证法思想进行了发挥。认为一切事物都是由矛盾双方构成的，矛盾双方既相互对立，又相互倚恃："虚实也，动静也，阴阳也，形气也，道器也，昼夜也，幽明也，生死也，尽天地古今皆二也。两间无不交，则无不二而一者，相反相因，因二以济，而实无二无一也。"②有统一就一定有对立，对立是在统一的前提下的对立："有一必有二，二皆本于一。"③认为矛盾对立双方相互作用、相互渗透，又相互转化、相互推移，首尾相衔，循环往复，无有穷期："二而一、一而二。分合、合分。可交、可轮。"④

《正蒙》的辩证法思想对王夫之的哲学思想有着重要影响，如王夫之继承了《正蒙》"一物两体"的学说，同时更重视矛盾的同一性，认为矛盾双方的运动变化是以矛盾的同一性为前提的。没有同一性，就没有对立性："非有一，则无两也。"矛盾对立双方只有互相依存、吸引而融为一体，对立双方的功用才能够产生："一之体立，故两之用行。"⑤

---

① 王廷相著，王孝鱼点校：《内台集》卷四《答何柏斋造化论》，《王廷相集》，中华书局1989年版，第964页。
② 方以智著，庞朴注释：《三征》，《东西均注释》，中华书局2001年版，第39～40页。
③ 方以智著，庞朴注释：《反因》，《东西均注释》，第89页。
④ 方以智著，庞朴注释：《张弛》，《东西均注释》，第198页。
⑤ 王夫之：《张子正蒙注》卷一《太和篇》，《船山全书》第12册，第36页。

（三）性二元论

"人性"指决定人之为人的本质特征。论及人性，春秋时期，孔子认为人的本性是相近的，由于后天所处环境与习尚不同才出现差异："性相近也，习相远也。"①战国时期，有代表性的人性论为孟子的性善论与荀子的性恶论。孟子认为人性本善，生而即有体现仁、义、礼、智的"恻隐之心"、"羞恶之心"、"恭敬之心"、"是非之心"。人之所以为恶，是由于耳目等感官为物欲所蒙蔽的缘故②。荀子认为人性本恶，但通过后天的法治和教化可以变恶为善："人之性恶，其善者伪也。"③

汉唐时期关于人性的探讨持续深入。在此期间董仲舒"性三品"说影响最大。董仲舒认为人性包含仁与贪的成分，由此人性可分为上中下三个类型，即先天至善的圣人之性、先天至恶的斗筲之性、善恶相混的中民之性。圣人不需教化、斗筲之人不可教化，只有中人可以通过教化向善转化，因此只有中民之性方可称为性："圣人之性不可以名性，斗筲之性又不可以名性，名性者，中民之性。"④另外西汉末年扬雄提出了"善恶混"说，认为人性既非纯善，也非纯恶，而是善恶混杂，修习、发展善性就为善人，反之则为恶人："人之性也，善恶混。修其善则为善人，修其恶则为恶人。"⑤董

---

① 杨伯峻译注：《阳货篇》，《论语译注》，第181页。
② 焦循：《孟子正义》卷十一《告子上》，《丛书集成》（1），上海书店1986年版，第446页。
③ 王先谦：《荀子集解》卷十七《性恶篇》，《丛书集成》（2），上海书店1986年版，第289页。
④ 苏舆撰，钟哲点校：《实性》，《春秋繁露义证》，中华书局1992年版，第311～312页。
⑤ 汪荣宝撰，陈仲夫点校：《修身》，《法言义疏》，中华书局1987年版，第85页。

仲舒的人性论中经东汉王充、荀悦等的发展，至唐代的韩愈则明确提出了人性分上、中、下的"性三品"说，上品之性天生是善而无恶的，中品之性可以善、可以恶，关键在于如何引导，下品之性天生是恶而无善的："性之品有上中下三：上焉者，善焉而已矣；中焉者，可导而上下也；下焉者，恶焉而已矣。"①

《正蒙》对先秦以来的人性论进行了批判性总结，在气本论的前提下，提出了人性是由天地之性与气质之性构成的性二元论。其天性无不善，气质之性有善有恶，性未成则善恶混之说，折中调合了孟子性善说、荀子性恶说及扬雄善恶混说三者之间的冲突，并对三种学说进行了修正。同时对先秦道家人性论及佛道二教人性论也予以了批判性的继承。"总之，张载对历史上的性论，按其自身体系的需要进行了全面的取舍综合，并用性二元论的形式综贯之，表明了很强的理论思辨能力。经过这一番综合，历史上似乎是水火不相容的种种性论，被纳入了一个和谐一致的理论体系之中。"可以说《正蒙》的性二元论"开创了人性学说的一个新阶段。"②因此"自北宋至清初，大多数的哲学家都是主张性两元的。"③

如倡导理本论的程朱皆以二元论人性。程颢指出人有本然之性，本然之性只有通过气禀即气质之性才能得以呈现，故称："性即气，气即性。"认为本然之性是至善的："善固性也"，但因气禀不同，而呈现出性有善恶之异："有自幼而善，有自幼而恶，是气禀有然也。"程颢又以水为喻，阐发本然之性的至善。认为水之清，只是本然清；性之善，亦是本然善。然水有浊恶，是水流过程中受环境的

---

① 屈守元、常思春主编：《原性》，《韩愈全集校注》，四川大学出版社1996年版，第2686页。
② 程宜山：《张载哲学的系统分析》，学林出版社1989年版，第83页。
③ 张岱年：《中国哲学大纲》，第221页。

影响而出现的,若欲使清,需加以澄治,而使水恢复原初的状态。人之性与水之清一样,其原初是善的:"水之清,则性善之谓也。"①

与程颢通过气禀把握本然之性不同,程颐将性与气割裂为二,认为在气质之性之外,另有一个与之相对的天命之性。如论及性,《孟子·告子上》称告子云"生之谓性",《中庸》称:"天命之谓性"。对此,程颐认为前者讲的是人所禀受的气质之性:"止训所禀受也。"后者指的是天命之性,性即天理:"此言性之理也。"人们日常所说的"天性柔缓"、"天性刚急"等,指的都是气质之性。而天命之性是至善的,强调"天"字,意在彰显天命之性是自然而具足之理:"若性之理也,则无不善,曰天者,自然之理也。"②

朱熹也深受《正蒙》性二元论影响。其论气质之性,称其说始于张载、二程,认为此说"极有功于圣门,有补于后学,读之使人深有感于张程,前此未曾有人说到此。"认为天地之性专指纯然的理,气质之性是理与气相混杂而形成的性,是受到天气地质的影响的本然之性,是本然之性的转化形态。论性不能只论天地之性或气质之性,否则便不完备、明白,只有把天地之性与气质之性合而论之,方才可以:"若不论那气,这道理便不周匝,所以不备。若只论气禀,这个善,这个恶,却不论那一原处只是这个道理,又却不明。"③

程朱通过对天地之性与气质之性的辨析与阐释,确立了理在人性中的崇高地位,"不仅从本体论高度回答了人性善恶的来源,而且从政治上说明了封建等级统治的合理性。"④从而支配思想界

---

① 程颢、程颐:《河南程氏遗书》卷一,《二程集》,第10~11页。
② 程颢、程颐:《河南程氏遗书》卷二十四,《二程集》,第313页。
③ 黎靖德编,王星贤点校:《朱子语类》卷四,第70页。
④ 葛荣晋:《中国哲学范畴史》,黑龙江人民出版社1987年版,第296页。

达数百年之久。

至明代阳明心学兴起,认为心性不二,倡性一元说。对天地之性与气质之性的辨析颇异于程朱理学。王廷相等从气本论的角度,探讨天地之性与气质之性的异同,也倡性一元说。而王夫之通过对天地之性与气质之性的辨析,推演出的性日生论更是别开生面。王夫之认为人性并非是与生俱来一成不变的,而是在后天的生长变化过程中逐渐形成的:"夫性者生理也,日生则日成也。则夫天命者,岂但初生之顷命之哉!"①王夫之也反对性二元论,倡一元论。认为所谓"气质之性"指的是一定气质的性。性不能脱离气质独立自存,必须依赖于气质而存在。天地之气充塞于宇宙,而理就作用于气之中。天地之气聚合而成有形之质,故形质中充满了气;由于气总包含着理,所以此形质的气所包含的理就是此形质的性,故而气质中的性,依然是本然之性:"是气质中之性,依然一本然之性也。"②

四 历代注释《正蒙》著作释要

《正蒙》问世以后,历代注释之作甚众,传世者也甚众。为了便于读者参阅,现将其中的重要著作介绍如下。

(一)朱熹《正蒙》注释

朱熹(1130～1200年),字元晦,一字仲晦,号晦庵、晦翁、紫阳等。祖籍江西婺源,生于福建南平,绍兴十八年(1148年)进士,长

---

① 王夫之:《尚书引义》卷三《太甲二》《船山全书》(2),岳麓书社1988年版,第299页。
② 王夫之:《读四书大全说》卷七《阳货篇》《船山全书》(2),岳麓书社1991年版,第858页。

期任职地方州县，是宋代理学集大成者。主要著作有《四书集注》《通书解说》《伊洛渊源录》《名臣言行录》《资治通鉴纲目》《楚辞集注》《诗集传》《太极图说解》等，后人又编纂有《朱子语类》《朱文公文集》等。

张载去世之后，便有阐释《正蒙》的散论出现，而最早对《正蒙》进行大量解说者，则非南宋理学家朱熹莫属。在朱熹与吕祖谦合编的《近思录》中，涉及《正蒙》的内容有12篇31章，其间多有朱熹的议论或说明，这被认为是朱熹注《正蒙》的起源。而南宋真德秀的《西山读书记》则是最早在《正蒙》的相关章节之后附上朱熹所作的注，涉及内容30多章。在黎靖德所汇编的《朱子语类》中，涉及《正蒙》的内容有17篇89章。元代黄瑞节所编的《朱子成书》中涉及朱熹注解《正蒙》的内容有12篇37章，明代胡广所编的《性理大全》，涉及朱熹注解《正蒙》的内容有12篇41章。"概言之，《正蒙》朱熹注之源流的全部过程可分为三个阶段：首先，南宋朱熹、吕祖谦合编《近思录》，其中所引《正蒙》篇章是《正蒙》朱熹注之起源。其次，南宋真德秀《西山读书记》最早在《正蒙》相关章节后附上朱熹注；《朱子语类》涉及大量有关《正蒙》的内容，是《正蒙》朱熹注之主体来源。第三，元代黄瑞节所编《朱子成书》中《正蒙》是《正蒙》朱熹注之成型；而明代胡广所编《性理大全》中《正蒙》则是《正蒙》朱熹注之完成。到了清代康熙五十八年(1719年)，朱轼重刻《张子全书》时将《性理大全》中'朱子曰'全部引录；而直到1936年，上海中华书局所刊四部备要本《张子全书》时，《正蒙》中才多加了'晦翁朱熹注释，后学朱轼可亭、段志熙百惟仝校'的字样，这也就是我们现在看到的所谓《正蒙》朱熹注。"①

朱熹重在对《正蒙》文字所蕴含的哲理进行阐释，语言晓畅明

---

① 张金兰：《朱熹与〈正蒙〉》，《中国哲学史》2010年第1期。

白,对于理解《正蒙》甚有帮助。如《诚明篇》云:"形而后有气质之性,善反之则天地之性存焉。故气质之性,君子有弗性者焉。"朱熹解释说:"且如只说个仁义礼智是性,世间却有生出来便无形状,是如何?只是气禀如此。若不论那气,这道理便不周匝,所以不备。若只论气禀,这个善,这个恶,却不论那一原处只是这个道理,又却不明。"①其解《太和篇》"气块然太虚"章云:"问'气块然太虚,升降飞扬,未尝止息'。曰:'此张子所谓"虚空即气"也。盖天在四畔,地居其中,减得一尺地,遂有一尺气,但人不见耳。此是未成形者。'问:'虚实以阴阳言否?'曰:'以有无言。及至"浮而上;降而下",则已成形者,若所谓"山川之融结,糟粕煨烬",即是气之渣滓。要之,皆是示人以理。'"②

但是朱熹在解释《正蒙》的过程中,对《正蒙》的思想又有发展,因此有些阐释并非《正蒙》之本意。如《正蒙》在人性论方面,提出天地之性与气质之性构成人性的二重论观点。认为万物皆由气聚而成,故都含有太虚的本质属性即天地之性,同时在气化过程中又都有着相异的特殊本质即气质之性:"形而后有气质之性"③,天地之性与气质之性的结合,就构成人物的本性:"合虚与气,有性之名"④。朱熹对天地之性的看法与《正蒙》同,而论及气质之性则认为是天地之理与气相混杂所致,是天地之性的转化形态:"论天地之性,则专指理言,论气质之性,则以理与气杂而言之。"⑤

---

① 黎靖德编,王星贤点校:《朱子语类》卷四《性理一》,第70页。
② 黎靖德编,王星贤点校:《朱子语类》卷九十八《张子之书一》,第2506页。
③ 《正蒙·诚明篇》。
④ 《正蒙·太和篇》。
⑤ 黎靖德编,王星贤点校:《朱子语类》卷四《性理一》,第67页。

（二）王夫之《张子正蒙注》

王夫之（1619～1692年），字而农，别号姜斋，湖南衡阳人。早年曾从事抗清斗争，失败后退处山林，从事著述。因晚居衡阳石船山，故学者又称其为船山先生。王夫之发愤著述，锲而不舍，达四十年之久，所著书约一百多种，四百多卷，八百多万字。构建了一个庞大的思想体系。

《张子正蒙注》是王夫之重要的哲学著作。该书共九卷，每卷二篇，共十八篇。是对《正蒙》注解之作。

该书对《正蒙》颇有校勘之功，如《天道篇》"天道四时行"章"夫何言哉"句，王夫之称："'夫何言哉'，旧本'夫'作'天'，今正之。"① "正明不为日月所眩，正观不为天地所迁"章，王夫之校"正"字："'正'，《易》作'贞'，宋避庙讳作'正'。"② 不过，虽然该书对《正蒙》文字颇有是正，但其重点却是以注释的形式来阐发《正蒙》的义理。

为了便于理解，《张子正蒙注》每篇前皆有导读，提纲挈领，简明扼要，颇有益于研读《正蒙》之义。如《太和篇》导读云："此篇首明道之所自出，物之所自生，性之所自受，而作圣之功，下学之事，必达于此，而后不为异端所惑，盖即《太极图说》之旨而发其所函之蕴也。"③《参两篇》导读云："此篇备言天地日月五行之理数，理本于一而通极于万变，以因象数而见理之一原。但所言日月疾迟与

---

① 王夫之：《张子正蒙注》卷二《天道篇》，《船山全书》第12册，岳麓书社1992年版，第66页。

② 王夫之：《张子正蒙注》卷二《天道篇》，《船山全书》第12册，第75页。

③ 王夫之：《张子正蒙注》卷一《太和篇》，《船山全书》第12册，第15页。

历家之言异,太祖高皇帝尝讥其非。天象高远,不能定其孰是,而以二曜南北发敛迟疾例之,则阳疾阴迟之说未可执据。愚谓在天者即为理,不可执理以限天。《正蒙》一书,唯此为可疑,善读者存之以待论可也。"①

于每篇的重要章节之间,又有小结,以助研读。或深入阐发某章的意蕴,如王夫之认为《太和篇》"天地之气"章"乃一篇之大旨。贞生死以尽人道,乃张子之绝学,发前圣之蕴,以辟佛、老而正人心者也。"②因此用了七百余字予以阐述。或概述前面内容,如注解完《太和篇》"太和所谓道"章、"太虚无形"章之后,小结称:"此上二章,兼动静、生死而言。动静之几,尽性之事,死生之故,立命之事,而一动一静,一屈一伸,理所必有而通于一,则一也。"③或既归纳前章,又解说后章,如《张子正蒙注》将《太和篇》"昼夜者"章分为两章,即"昼夜者"章与"气本之虚则湛本无形"章,在"昼夜者"章后小结云:"此篇之旨,以存神而全归其从生之本体,故以秋配昼瘅,以春配夜梦。而下章推物欲之所自出,唯不能通夜于昼,而任魂交之纷纭,故有发无敛,流于浊而丧其清,皆随气迁流,神不存而成贞淫交感之势也。"④

该书析理精深,且注重引述经典以解《正蒙》,如其解《太和篇》"日月相推而明生,寒暑相推而岁成"章"神易无方体"句称:"《易·系传》云:'神无方而易无体'。无方者,无方而非其方,无体者,无

---

① 王夫之:《张子正蒙注》卷一《参两篇》,《船山全书》第12册,第45页。
② 王夫之:《张子正蒙注》卷一《太和篇》,《船山全书》第12册,第21页。
③ 王夫之:《张子正蒙注》卷一《太和篇》,《船山全书》第12册,第19页。
④ 王夫之:《张子正蒙注》卷一《太和篇》,《船山全书》第12册,第40页。

体而非其体,屈伸不异明矣。"解"一阴一阳"句称:"《系传》云:'一阴一阳之谓道'。一一者,参伍相杂合而有辨也。卦或五阳一阴,或五阴一阳,乃至纯《乾》纯《坤》,而阴阳并建以为《易》之蕴,亦一阴一阳也,则阴阳之不以屈伸而息亦明矣。"解"阴阳不测"句称:"《系传》云:'阴阳不测之谓神'。不测者,乘时因变,初无定体,非'幽明异政,阴阳分界'如邵子'四方八段'之说,亦非'死此生彼,各有分段'如浮屠之言明矣。"①

由于该书析理透彻,内容丰富,故甚有益于对《正蒙》的理解,但有些方面也须引起重视。如其对一些文字的校勘颇值得商榷。如《参两篇》"凡圜转之物"章"直以地气乘机左旋于中",王夫之称:"'左',当作'右'。"②《神化篇》"谷神不死"章,王夫之称:"'谷',当作'鬼',传写之讹也。"③然其说皆无据。

尤其需要注意的是,作者是借该书来阐发自己的哲学思想,因此其注释往往与《正蒙》本意不合,如张载强调太虚之气的绝对性,认为"至静无感"④,动是相对的,是"静之动也"⑤。然而王夫之在注释中却提出了与《正蒙》主旨相离的动静皆动的命题。其释《太和篇》"造化所成"章"以是知天地变化,二端而已"。称:"一气之中,二端既肇,摩之荡之而变化无穷,是以君子体之,仁义立而百王

---

① 王夫之:《张子正蒙注》卷一《太和篇》,《船山全书》第12册,第38~39页。
② 王夫之:《张子正蒙注》卷一《参两篇》,《船山全书》第12册,第50页。
③ 王夫之:《张子正蒙注》卷二《神化篇》,《船山全书》第12册,第84页。
④ 《正蒙·太和篇》。
⑤ 《正蒙·大易篇》。

不同法,千圣不同功。"①认为运动是绝对的、静止是相对的。故而该书被学者认为是作者自身的代表性著作。因此参考该书时,要留意该书所阐发的是《正蒙》之意,还是作者之异见。

该书有钞本二,其一为康熙二十九年(1690年)朱宏燦校本,其一为康熙四十六年(1707年)衡阳刘氏抄本;印本六:其一为王敔康熙四十六年(1707年)湘西草堂本,"其余则为道光二十八年之衡阳学署本、同治四年之金陵节署本、民国二十二年之上海太平洋书店本,以及一九五六年古籍出版社之繁体字标点本与一九七五年中华书局之简化字标点本。"②1992年岳麓书社出版了由夏剑钦校勘的《张子正蒙注》,该书以以上诸书为底本或参校本,同时又借鉴了相关文献的成果编纂而成,最为完备,读者研读《正蒙》之时,可备参阅。

(三) 王植《正蒙初义》

王植(1685～1770年),字槐三,生卒年不详,河北深泽人,康熙六十年(1721年)进士,长期任职地方州县。后以老病乞归,年八十六而卒。王植少时即潜心于宋儒义理之学,平生著述甚富,除《正蒙初义》外,还著有《濂关三书》《权衡》《四书参注》《韵学》《皇极经世全书解》《道学渊源录》《崇德堂集》《韵学史纲要》等。

《正蒙初义》一书共十七卷,有乾隆中刊本、四库全书本行世。该书对《正蒙》文本颇有剖判,如其认为清人李光地《注解正蒙》于《正蒙》原本文字割裂甚多,不如明人胡广等所纂辑的《性理大全》所收录《正蒙》一书文字为善:"《正蒙》原本篇节苏氏所请定也,窃

---

① 王夫之:《张子正蒙注》卷一《太和篇》,《船山全书》第12册,第42页。

② 夏剑钦:《张子正蒙注编校后记》,王夫之:《张子正蒙注》,《船山全书》第12册,第390～395页。

意原书系张子所手著,篇分十七,则因苏氏之请而为之,所谓辄就其编,会归义例,以类相从,为十七篇者是也。李注于难解之处割裂最多,虽诠注易明,恐失横渠本意,不若《大全》原本为善矣。"对《正蒙》自注有所辨析:"《正蒙》之有自注也,见于《参两》、《神化》、《至当》、《三十》、《乐器》者各一,见于《王禘》者五,《乾称》者四。有意旨未尽自为小注以发之者,有录经文成语而为之注明其意者,当与大文参读,以尽其义。诸家本或有以旧注误作自注者,如《大心篇》'成心者,私意也。''此章言"心"者,亦指私心而言也。''夏虫疑冰,以其不识。'皆杂以集释之说是也。有以讹承讹而强为之解者,如《乾称篇》'舍气有象否'二语,误附次节是也。"①

该书还注重考镜《正蒙》所援引经典注疏之源流,于研读《正蒙》甚有助益:"《正蒙》所援引不出《四书五经》,用字间出老、庄诸子,远乡下邑及初学之士,或寡陋莫知其由来者有之,今为详列篇章,间录原注,庶源流可考,折衷有归焉。至诗笺、书叙、礼疏旧说,张子所用为多,今人习见习闻皆程朱遗泽,遂咤而怪之,不知于时正学初明,义未大畅,但当分别读之,不宜横肆訾议,而学者于此亦可想见程朱之虚心精力,多少甘苦也。"②

该书在注释《正蒙》的过程中,广采从说,断以己意。此书于每篇前皆有大段导读,剖析各章节之关系,论述该篇之大义。每节之后,罗列诸家之说,最后以按语发表己见,折中同异:"诠释《正蒙》于《大全》所收《集释》、《补注》、《集解》外,取明高攀龙、徐德夫、国朝冉觐祖、李光地、张伯行之注,列程朱诸说之后,并采张子《经学理窟》、《语录》、《性理拾遗》三书相发明者附录之,而各以己见参订

---

① 王植:《臆说》,《正蒙初义》,文渊阁四库全书本,第420页。
② 王植:《臆说》,《正蒙初义》,第420~421页。

于后。"①

　　之所以采录《经学理窟》等三书内容，是认为三书内容颇可与《正蒙》相发明："《横渠集》《正蒙》而外，有《经学理窟》一卷、《语录》一卷、《性理拾遗》一卷，其中与《正蒙》相发明者，俱足见先生意旨，而诸家《正蒙》说多考据未详，遂涉仿佛影响之间，今为附录各节之下，庶得相参，以得其真。"采用明人胡广编纂的《性理大全》一书中《正蒙》各篇章节后的宋代先儒诠释《正蒙》之说，是认为诸说析理深刻："先儒说辟《正蒙》者，《大全》多为录入，非惟一书之折衷，实穷理之准的也。今仍之。至诸为朱子所采取者，亦附详于后，用备考焉。"采录高攀龙等众家之说，是为了使学者能别择众说，有所稽考："濂洛关闽，并垂百世。而《正蒙》之传，未若程朱之书之盛者，义蕴宏深，复声句聱牙故也。训释之家或未晰本旨，但执程朱结绪余以杂之。反是，又或食耳信目，但执程朱绪余以诋之。士或瞽守一师，罔知别择，其贻误其细故哉！"因此于采择《性理大全》所收集注解《正蒙》的"集释"、"补注"、"集解"等文字外，又广引众家之说，明人余本《正蒙集解》简称"集解"、吴讷《正蒙补注》简称"补注"、高攀龙《正蒙集注》简称"集注"、徐必达《正蒙发明》简称"发明"，清人冉觐祖《正蒙补训》简称"补训"、李光地《注解正蒙》简称"李注"、张伯行《正蒙释》简称"张注"，"合诸家之说，互参异同，删烦订谬，《正蒙》一书，亦庶几可得其大凡乎。"其采录诸家之说的原则是，若有前后之说，因后说多精于前说，故以后说为主；为了便于初学者研读，每节都要征引诸家之说予以诠释，其方法是根据具体情况或全录所征引的整段文字、或删减所摘录的文字中的部分词句以录之、或用自己语句对所选文字进行加工后录之："诸家之说，大抵前者疏而后者密，前者略而后者详，今于前说未确而后说为之驳正者，

---

① 《〈正蒙初义〉提要》，王植：《正蒙初义》，第413页。

或偶存前说，或专录后说，俱以后说为主。若一节大意立说语意虽训诂之细，亦初学所必需。今于诸家节旨明确者，皆摘一存之，或有未确，则僭补愚见之内顺讲，有可存者，即列节旨后。间于诸家之说，有删繁去复或增减数字而存之者，亦窃效朱子所谓其说有病不欲更就下而安注脚之意而未云有似也。"①

总之，王植《正蒙初义》一书注重考镜《正蒙》文字之源流，并广采众家之说以扩大读者之见闻，甚有益读者研习，尤其是王植于每篇的导读及每一章节后折中同异断以己意的按语，更是值得称许。但是同时也需要注意，王植对《正蒙》引据经典旧说的考辨并不全面，其对诸家之说的摘录只是部分摘录，且多有删减，并往往又杂以己说，使读者很难看到这些观点的全貌，从而在一定程度上给读者了解诸家之说的真义造成了不便。因此，有条件的情况下，应该以《正蒙初义》为指导，回归到诸家的著作，参阅研读。

（四）喻博文《正蒙注译》

喻博文（1930～）陕西富平人。1948年参加革命，1956年考入西北师范学院历史系学习，1959年毕业留校工作，70年代初转入教学科研，先后讲授中国思想史、中国哲学史等课程。1984年调至甘肃省委党校工作。先后任教员、讲师、副教授、教授。长期从事中国哲学史研究，在汉代哲学、宋代理学及《易》学方面颇有造诣。《正蒙注译》是他的代表性著作。

该书由兰州大学出版社1990年出版，该书撰述目的有二，其一是为初学《正蒙》者提供帮助；其二是为从事《正蒙》研究者提供有学术价值的资料。该书所依据的《正蒙》原文为中华书局1978年版《张载集》中的编校本，同时参考其他版本对原文进行了一些

---

① 王植：《臆说》，《正蒙初义》，第421～422页。

校正。该书主要分注释、译文和评论三个部分。就注释部分而言，重点是注明引文的出处，对名物、制度、人物等也一一注出，为便于读者参考，注释中但凡引用古今学者的成果，都标明出处。就译文部分而言，为了符合原文的意思，译文以直译为主，同时注重做到明白晓畅。由于《正蒙》有些章节文词过简，或因语法问题，导致直译难以使读者理解，故著者特根据前后文的意思在直译中补充必要的词句，为了避免与直译文句混淆，特又将所补充文字加以标示。就评论部分而言，为了便于读者把握《正蒙》的思想，该书在每篇之后都附有简要的评析。重点揭示该篇的中心思想，分析段落及其大义，并阐明该篇思想的精华与糟粕所在。同时又将王植《正蒙初义》中在每篇前所加的按语，置于评论之后，以供读者参阅。为了便于读者对《正蒙》的把握，该书又附有附录，附录部分由三部分构成。其一为与张载生平事迹有关的生平、行状等资料；其二为四位古代学者对《正蒙》及其某些篇章的重要评价；其三是著者研究《易》学思想的一篇论文。

该书是18世纪末王植撰述《正蒙初义》后，二百多年来唯一的一部研究注释《正蒙》的著作，颇有承上启下之功。著者长期从事中国哲学史研究，精于训诂，学养深厚，故无论是注释、译文还是评论皆有独到之处，故一问世，就受到了学术界的欢迎。张岱年赞该书"功力宏深"，1991年举行的全国张载暨关学学术讨论会将该书选为参考书之一，1993年又荣获甘肃省社会科学二等奖。2012年甘肃人民出版社出版修订版。

虽然该书颇多独到之处，但因是在新时期对《正蒙》一书进行注译，没有其他注译著作可参据，且当时对《正蒙》一书的学术研究也还相当薄弱，因此该书不可避免地存在着一些不足之处。如正文有错讹,如"若卿大夫以室外老士为贵臣"①当为"若卿大夫以室老士为贵臣"。注释部分遗漏了很多引文的出处,且一些引文颇有错讹,如其引《论语·八佾》:"谢不主皮;为力不同科,古之道貌岸然也。"②当为"古之道也。"对一些关键性的名物、制度或是注释不详,或是略而不论,有些注释还值得商榷。译文部分值得商榷之处更多。如其释"祖庙未毁,教于公宫"为"始祖的庙保留着的时候,对本族将要出嫁的女子,在祖庙内进行教导。"③实则此语出自《礼记·昏义》,意为古代妇人出嫁,若其于诸侯供奉之祖亲未尽,则意味着其与诸侯属于五服以内的亲人,因此在其未嫁前,诸侯使女师在祖庙对其进行教育。

(五)林乐昌《正蒙合校集释》

林乐昌(1949～),山东威海人。1982年毕业于兰州大学哲学系,获哲学学士学位;1988年毕业于陕西师范大学,获哲学硕士学位。现任陕西师范大学哲学系教授,博士生导师。长期致力于中国传统哲学、近世中西哲学会通、马克思主义哲学研究,近年重点研究工作为张载文献整理与宋明理学研究。在《哲学研究》《中国哲学史》等国内外学术刊物发表论文50余篇,出版《正蒙合校集释》等专著数部。

《正蒙合校集释》一书2012年由中华书局出版,该书的体例框架由解题、合校、征引、集释、按语、附录等六部分构成,汇合了《正蒙》南宋以来11个版本加以校勘,搜集了南宋以来19种旧注加以集释,并以按语的形式发表自己的见解。全书共1000千字,是校

---

① 喻博文:《正蒙注译》,《喻博文卷》,第261页。
② 喻博文:《正蒙注译》,《喻博文卷》,甘肃人民出版社2012年版,第262页。
③ 喻博文:《正蒙注译》,《喻博文卷》,第261页。

勘、集释《正蒙》的集大成之作。

首先，汇合多种版本对《正蒙》进行合校。当前《正蒙》通行本是收于中华书局1978年出版的《张载集》中的校定本，通行本"以明万历四十六年沈自彰凤翔府《张子全书》官刻本清初翻刻本为底本，用郿县本、朱轼刻本、《正谊堂丛书》本及《张子抄释》等互校，同时以《周易系辞精义》（古逸丛书本）参校，书中各篇互见的文字也作了内校。"①选本囿于清本，而未涉及明本及宋本。本书则以南宋《诸儒鸣道》所收《横渠正蒙书》八卷为"底本"；以南宋《国朝二百家名贤文粹》所收《正蒙书》二卷，明代胡广等纂修《性理大全书》所收《正蒙》二卷、《西铭》一卷，徐必达《张子全书》所收《正蒙》三卷，沈自彰《张子全书》所收《正蒙》三卷，清代张伯行《张横渠集》所收《西铭》、《东铭》一卷、《正蒙》三卷，贺瑞麟《张子全书》所收《正蒙》三卷等"六种别本为通校本"，以章锡琛点校《张载集》所收《正蒙》，全宋文所收《正蒙》，中华书局本王夫之《张子正蒙注》，岳麓书社《船山全书》本《张子正蒙》注等"四种校本为参校本"②，共合十一种版本进行校勘，从而减少了《正蒙》文字的讹误，篇章分别上也更接近《正蒙》原貌，因而成为精善可靠的新本。

其次，汇集历代诸家之说，以备读者参考。本书共选辑《正蒙》历代注本共十九种、《西铭》（含《东铭》）注本共十二种，历代注本，有对《正蒙》正文每章文字逐句注解者，此可称为"句解"体式，有逐章注解者，此可称为"章解"体式，有"句解"、"章解"混用者，此可称为"混解"体式。在"集释"部分，本书采用的注释方式是"凡遇句解类《正蒙》注本，则将其注文随置于正文相应文句之后；凡遇章解类《正蒙》注本，将其注文分别置于正文相应各章之后；凡遇混解类

---

① 章锡琛点校：《编校说明》，《张载集》，第1页。
② 林乐昌：《例言》，《正蒙合校集释》，中华书局2012年版，第2～3页。

《注本》，则将其注文分别置于正文相应文句和相应各章之后。凡本书《正蒙》文正文分章与历代注本分章有所不同处，则依照实际情况加以调整，力求注本文字与本书《正蒙》分章相对应。"①在集释过程中，凡遇章解、集释时依注本出现年代先后顺序排列各家文字；诸家旧注凡观点雷同及文字近似之说，仅选录其在先者。另外，置于《正蒙》书题之下以及各篇篇题之下的"解题"部分，诸家文字排列顺序与"集释"部分相同。

再次，以按语辨析《正蒙》正文之讹误、诸家之说之同异以及阐发《正蒙》正文之哲理。本书根据章节文字的需要，在"解题"、"合校"、"集释"诸义项下，撰写"按语"，称作"林案"。"'解题'、'集释'中的'林案'文字，置于各家注文末尾。'合校'中的'林按'文字，置于校记文字之后。"②

最后，广泛罗列《正蒙》引典的出处及原文，以供阅读之便。为此"特设'征引'义项，置于'合校'之后"③。所列儒家经典，主要依据中华书局版《十三经注疏》本，其他所涉典籍，也尽可能选用精善版本。

总之，本书可谓是一部精善完备的《正蒙》合校集释成果，其价值远出此前的历代校本、注本之上。但同时该书也存在着一定的问题，如所征引文献或篇名有误、或文字有误；所采录诸家之说，文字多有错讹，句读也颇有讹误，因此研读时要注意查对原文。另外，本书对于所排列的诸家之说，普遍没能做出折中评判等，这应该说是本书的一大缺憾。

---

① 林乐昌：《例言》，《正蒙合校集释》，第7页。
② 林乐昌：《例言》，《正蒙合校集释》，第10页。
③ 林乐昌：《例言》，《正蒙合校集释》，第6页。

五 如何阅读《正蒙》

《正蒙》一书，文辞简要，内容渊深。要想实现对该书的真正理解，需要从以下几个方面着手。

第一，要了解张载生平经历，注意从他的行事操守揣摩其文辞之意旨，熙宁三年(1070年)张载辞官西归，隐居于横渠镇，潜心研究学问，随处放置笔砚，有心得就随手记下来，因而记下了大量的思想火花，体现在《正蒙》中，就是大量的章节自为一意，与上下章节互不统属，如《至当篇》至《王禘篇》等八篇，"杂引四书经传，有连类而及者，亦有逐节一意者"，而如果不了解张载当年撰述《正蒙》时的习惯，就难免会妄解其意，而"若必牵合之以为通贯，反成穿凿附会之谈。"①

第二，要对《正蒙》的思想理路有较为清醒的认识，以实现对该书的宏观掌握。

第三，要对《正蒙》诸篇的整体布局，每一章节的基本情况有较为细致的了解，以实现对该书的具体把控。

第四，要逐字逐句研读《正蒙》一书，注意其所用语句渊源所自，从根本处入手，方能体悟《正蒙》之妙义。杨方达《正蒙集说》就指出："朱子谓《正蒙》精深难测，要其本原不出六经、语、孟，故解是书者，必从注疏经解之说求之，方能有得。"②注解此书应该如此，研读更应该如此，因为只有这样才能"源流可考，折衷有归"③。

第五，要注意参考历代学者为《正蒙》所做的注释。自南宋至

---

① 杨方达：《例言》，《正蒙集说》，《续四库全书》本，第402页。
② 杨方达：《例言》，《正蒙集说》，第403页。
③ 王植：《臆说》，《正蒙初义》，《四库全书》本，第421页。

清朝，为《正蒙》作注者甚众，这些著作或多或少，皆有可取之处。因此在研读《正蒙》的同时，若能参阅这些著作，将会大有裨益。尤其是上文所介绍的数种著作需要认真参读。需要注意的是，参阅之时，要注意择善而从，因为不仅《正蒙初义》等著作存在着欠缺，其他著作可商榷之处更多。如刘玑《正蒙会稿》四卷，该书"平易明晓，然失之浅。"《正蒙释》四卷，是由高攀龙集注、徐必达发明，高攀龙的集注"取诸《会稿》而剪裁之，然失之疏。"徐必达的发明"亦未尽中肯綮"。李光地《注解正蒙》二卷，该书"自出心裁，阐明要旨，多发前人所未发，但备而不详，初学者或未能得其条理。"①

六 校注说明

1. 本注本原文以中华书局 2012 年版林乐昌《正蒙合校集释》的合校本为底本，诸篇分章皆依《正蒙合校集释》的合校本，但每章不加序号，张载自注皆加括号，一些标点也根据文意而有所斟酌。为了便于读者理解《正蒙》的主旨，本注本篇首附有苏昞、范育为《正蒙》所做的序。

2. 注释内容主要包括引文出处、难解字词句、名物、制度、人物及文化常识等。重在疏通文字，力求简明易懂。

3. 注释文字是在参据大量历代注本及近今学术研究成果的基础上，加以裁断而成，故于注文中不再标明出处。

---

① 杨方达：《例言》，《正蒙集说》，第 403 页。

《正蒙》简注

苏昞①序

先生著《正蒙》书数万言。一日,从容请曰:"敢以区别成诵何如?"先生曰:"吾之作是书也,譬之枯株,根本枝叶,莫不悉备,充荣之者,其在人功而已。又如晬盘②示儿,百物具在,顾取者如何尔。"于是辄就其编,会归义例,略效《论语》《孟子》,篇次章句,以类相从,为十七篇。

---

① 苏昞:字季明,陕西武功人,张载弟子。
② 晬盘:旧俗在婴儿周岁日以纸笔等物盛于盘中,任其抓取,以占验其将来之志趣,盛物之盘即是名晬盘。

范 育①序

子张子校书崇文②,未伸其志,退而寓于太白之阴,横渠之阳,潜心天地,参圣学之源,七年③而道益明,德益尊,著《正蒙》书数万言而未出也,间因问答之言,或窥其一二。熙宁丁巳岁④,天子召以为礼官⑤,至京师,予始受其书而质问焉。其年秋,夫子复西归,殁于骊山之下。门人遂出其书,传者浸广,至其疑义独无从取正,十有三年于兹矣。痛乎微言之将绝也!

友人苏子季明离其书为十七篇,以示予。昔者夫子之书盖未尝离也,故有"枯株"、"晬盘"之说,然斯言也,岂待好之者充且择欤?特夫子之所居也。今也离而为书,以推明夫子之道,质万世之传,予无加损焉尔。

惟夫子之为此书也,有《六经》之所未载,圣人之所不言,或者疑其盖不必道。若清虚一大之语,适将取訾于末学,予则异焉。

---

① 范育:字巽之,陕西旬邑人,张载弟子。
② 校书崇文:熙宁二年(1069年)因御史中丞吕公著举荐,张载应召赴京,被任命为崇文院校书,熙宁三年(1070年)辞官西归。
③ 七年:熙宁三年(1070年)至熙宁九年(1076年)。
④ 熙宁丁巳岁:宋神宗熙宁十年,即公元1077年。
⑤ 天子召以为礼官:熙宁九年(1076年)应诏赴京,任同知太常礼院,熙宁十年(1077)冬,辞官西归。

自孔孟没,学绝道丧千有余年,处士横议,异端间作,若浮屠、老子之书,天下共传,与《六经》并行。而其徒侈其说,以为大道精微之理,儒家之所不能谈,必取吾书为正。世之儒者亦自许曰:"吾之《六经》未尝语也,孔孟未尝及也",从而信其书,宗其道,天下靡然同风,无敢置疑于其间,况能奋一朝之辩,而与之较是非曲直乎哉!

子张子独以命世之宏才,旷古之绝识,参之以博闻强记之学,质之以稽天穷地之思,与尧、舜、孔、孟合德乎数千载之间。闵乎道之不明,斯人之迷且病,天下之理泯然其将灭也,故为此言,与浮屠、老子辩,夫岂好异乎哉?盖不得已也。

浮屠以心为法,以空为真,故《正蒙》辟之以天理之大,又曰:"知虚空即气,则有无、隐显、神化、性命通一无二。"老子以无为为道,故《正蒙》辟之曰:"不有两则无一。"至于谈死生之际,曰"轮转不息,能脱是者则无生灭",或曰"久生不死",故《正蒙》辟之曰:"太虚不能无气,气不能不聚而为万物,万物不能不散而为太虚。"夫为是言者,岂得已哉!

使二氏者真得至道之要、不二之理,则吾何为纷纷然与之辩哉?其为辩者,正欲排邪说,归至理,使万世不惑而已。使彼二氏者,天下信之,出于孔子之前,则《六经》之言有不道者乎?孟子常勤勤辟杨朱、墨翟矣,若浮屠、老子之言闻乎孟子之耳,焉有不辟之者乎?故予曰《正蒙》之言不得已而云也。

呜呼!道一而已,亘万世,穷天地,理有易乎是哉!语上极乎高明,语下涉乎形器;语大至于无间,语小入于无朕。一有窒而不通,则于理为妄。故《正蒙》之言,高者抑之,卑者举之,虚者实之,碍者通之,众者一之,合者散之。要之,立乎大中至正之矩。天之所以运,地之所以载,日月之所以明,鬼神之所以幽,风云之所以变,江河之所以流,物理以辨,人伦以正。造端者微,成能者著,知德者崇，就业者广。本末上下，贯乎一道。过乎此者，淫遁之狂言也；不及乎此者，邪诐之卑说也。推而放诸有形而准，推而放诸无形而准，推而放诸至动而准，推而放诸至静而准，无不包矣，无不尽矣，无大可过矣，无细可遗矣，言若是乎其极矣，道若是乎其至矣。圣人复起，无有间乎斯文矣。

元祐丁卯岁①，予居太夫人忧，苏子又以其书属余为之叙，泣血受书，三年不能为一辞。今也去丧而不死，尚可不为夫子言乎？虽然，爝火之微，培塿之尘，恶乎助太阳之光而益太山之高乎？盖有不得默乎云尔，则亦不得默乎云尔。

门人范育谨序。

---

① 元祐丁卯岁：宋哲宗元祐二年，即公元1087年。

太和篇第一

太和所谓道①,中涵浮沉、升降、动静②相感③之性④,是生絪缊⑤、相荡⑥、胜负⑦、屈伸⑧之始。其来⑨也几微⑩易简⑪,其究⑫也广大坚固。起知于易者乾乎!效法于简者坤乎⑬!散殊⑭而可象⑮为气,清通⑯而不可象为神⑰。不如野马⑱、絪缊,不足谓之太和。语道者知此,谓之知道;学《易》者见此,谓之见《易》。主不如是,虽周公才美⑲,其智不足称也已。

[注释]①太和所谓道:太和:至极的和谐。气的运动变化达到至极的和谐就是"道"。见《周易·乾·彖传》:"乾道变化,各正性命。保合大和,乃利贞。"《周易·系辞上传》:"一阴一阳之谓道。"《礼记·中庸》:"和也者,天下之达道也。" ②动静:天绕地转,天动地静。见《周易·系辞上传》:"动静有常,刚柔断矣。" ③相感:相感应而相处。见《周易·咸卦·彖传》:"《咸》,感也。柔上而刚下,二气感应以相与。" ④性:特征、本质。 ⑤絪缊:天地间阴阳二气的相互交融、渗透。见《周易·系辞下传》:"天地絪缊,万物化醇。" ⑥相荡:阴阳二气互相冲激、推荡。见《周易·系辞下传》:"是故刚柔相摩,八卦相荡。" ⑦胜负:指阴阳二气相互斗争的结果。 ⑧屈伸:指阴阳二气胜负的表现形式。见《周易·系辞下传》:"往者屈也,来者信也,屈信相感而利生焉。" ⑨来:由远及近,到来,出现。 ⑩几微:几:征兆;微:细微。事物演化

的初始之象,细微而不可着摸。见《周易·系辞下传》:"几者,动之微,吉之先见者也。" ⑪易简:易:乾创生万物的自然之理;简:坤成就万物的包容涵纳。皆平易、简单。见《周易·系辞上传》:"乾知大始,坤作成物。乾以易知,坤以简能。易则易知,简则易从……易简而天下之理得矣。" ⑫究:终究。 ⑬起知于易者乾乎!效法于简者坤乎:以至易的方式表现其主宰万物之始的,是乾;以至简的方式呈现其成就万物的法则的,是坤。 ⑭散殊:散:分散;殊:异,不同。 ⑮象:具体有形之物;形象。见《周易·系辞下传》:"是故《易》者,象也,象也者,像也。" ⑯清通:清:清明,气的纯粹之状;通:通彻,气的变化无所阻滞。 ⑰神:指气中所蕴含的交替变化,因其难以着摸,故名。 ⑱野马:春日游气,其状如野马奔驰,故名。意指太和之气蓬勃生动。见《庄子·逍遥游》:"野马也,尘埃也,生物之以息相吹也。" ⑲周公才美:周公:西周初期宗室贵族,姬姓,名旦,周文王之子,周武王之同母弟,采邑在周,故称周公。周公先佐周武王灭商,武王去世,成王年幼,他代成王摄政,平定三监之乱,嗣后营建雒邑,继续分封诸侯以控驭东方,制定并推行礼乐制度,以德治国。成王长大后,周公主动归政于成王。才美:才能与品德。见《论语·泰伯》:"如有周公之才之美,使骄且吝,其余不足观也已。"

太虚无形,气之本体①。其聚其散,变化之客形②尔。至静无感③,性之渊源④。有识有知⑤,物交⑥之客感⑦尔。客感客形与无感无形,惟尽性者⑧一之⑨。

[注释]①太虚无形,气之本体:本体:本然的状态。太虚是由气所构成的广袤无垠的客观实在。从空间的角度说,太虚是一个没有止境的空间;从气的角度说,因为有气所以有太虚,无气即无太虚,故太虚就是气的本然状态。见《庄子·知北游》:"若是者外不观乎宇宙,内不知乎太初,是以不过乎昆仑,不游乎太虚。" ②客形:暂时形态。 ③至静无感:太虚之气寂然不动,认识的主体就不与外物相感。 ④性之渊源:认识主体的本性的根源。 ⑤有识有知:主体对外物有认识、感知。 ⑥物交:主体与外物发生的感应关系。 ⑦客感:暂时的感知。 ⑧尽性者:能参透太虚之气的本性的人。

⑨一之：认识到客感客形与无感无形只是太虚之气的不同表现形式，能将二者统一为太虚之气来认识。

天地之气①，虽聚散、攻取②百涂③，然其为理④也顺而不妄⑤。

[注释]①天地之气：阴阳之气。 ②攻取：指阴阳二气的相争与相融。 ③百涂：涂，同"途"。百途，指阴阳二气相感的形式多种多样。 ④理：事物的变化规律。 ⑤顺而不妄：顺：顺从；妄：胡乱。气之相感皆遵循一定的规则，而非杂乱无序。

气之为物，散入无形，适得吾体①；聚为有象，不失吾常②。

[注释]①气之为物，散入无形，适得吾体：吾体：气的本来状况。意为无形之气所聚而为物，物消散后归于无形之气，正得气本然之体。 ②聚为有象，不失吾常：吾常：气固有的本性。意为无形之气聚合而有形象，气与形并无分离，故不失其固有的本然之性。

太虚不能无气，气不能不聚而为万物，万物不能不散而为太虚①。循是出入②，是皆不得已而然也。然则圣人尽道其间③，兼体而不累④者，存神其至矣⑤。彼语寂灭者⑥，往而不反；徇生执有者⑦，物而不化。二者虽有间矣，以言乎失道⑧则均⑨焉。

[注释]①太虚不能无气，气不能不聚而为万物，万物不能不散而为太虚：太虚之气是不以人的意志为转移的客观存在。气由无形聚而为有形的万物，再由有形的万物归于太虚无形之气，呈现为无时无刻、永不停息的循环往复运动过程，也是必然的、必须的，不以人的意志为转移的。运动变化是气自

身的本性。 ②出入:出:指气聚而为万物;入:指万物散而归于无形。 ③尽道其间:在太虚之气的变易之中实现对气的变化规律的掌握。 ④兼体而不累:全面体察气的有形与无形的特性,不拘泥于一方。 ⑤存神其至矣:对气的本性的认知已经达到至高的境界。见《周易·系辞上传》:"神而明之,存乎其人。"《法言·问神》:"圣人存神索至。" ⑥语寂灭者:指佛教。佛教视生为苦难,寂灭是对苦难的解脱,因此主张往而不反,归于无形,成佛超凡。 ⑦徇生执有者:指道教。道教追求长生不死,保持有形的状态。 ⑧失道:迷失正道。 ⑨均:相同。

聚亦吾体,散亦吾体,知死之不亡者,可与言性矣①。知虚空②即气,则有无③、隐显④、神化⑤、性命⑥通一无二⑦,顾聚散、出入、形不形,能推本所从来⑧,则深于《易》者⑨也。若谓虚能生气⑩,则虚无穷,气有限,体用殊绝⑪,入老氏"有生于无"⑫自然之论,不识所谓有无混一之常⑬。若谓万象为太虚中所见之物⑭,则物与虚不相资⑮,形自形,性自性,形性、天人不相待而有⑯,陷于浮屠以山河大地为见病之说⑰。此道不明,正由懵者⑱略知体虚空为性,不知本天道为用⑲,反以人见⑳之小因缘㉑天地。明有不尽㉒,则诬世界乾坤为幻化㉓。幽明不能举其要,遂躐等妄意而然㉔。不悟一阴一阳范围天地㉕、通㉖乎昼夜、三极㉗大中之矩㉘,遂使儒、佛、老、庄混然一途。语天道性命者㉙,不罔㉚于恍惚梦幻㉛,则定以"有生于无",为穷高极微㉜之论。入德之途,不知择术而求,多见其蔽于诐而陷于淫㉝矣。

[注释]①聚亦吾体,散亦吾体,知死之不亡者,可与言性矣:聚是气之聚,散是气之散,无论是聚还是散,气始终存在,因此死并不意味着消亡,只是

转换为另一种形式的存在而已。知道这一道理的人,就可以与他谈论有无为一这一事物的本性了。　②虚空:太虚所处的状态。　③有无:气聚为物,为有;物散为气,为无。　④隐显:隐,指本质;显,指现象。　⑤神化:神乃气自含的能动之性,指气变化的功能;化乃气在神的作用下运动的过程,是神的表现。　⑥性命:性,指气的属性,即规律性、必然性。命,即命令、规定气运行的规则。　⑦通一无二:一切事物,无论是其形态或属性,皆归本于气。气是一切事物的本原与本体。　⑧能推本所从来:能够推断出气之聚散、出入、有形无形等变化之所以产生的根源。　⑨深于《易》者:对《易》学有深入研究的人。　⑩虚能生气:道家之说,认为有生于无,虚无为气产生的根源。　⑪体用殊绝:如果认为虚能生气,则意味着虚是无穷的、绝对的,气是有限的、相对的,从而把本体(体)与现象(用)割裂开来,导致体用二分。　⑫有生于无:见《老子》第四十章:"天下万物生于有,有生于无。"　⑬有无混一之常:气之有形者为有,无形者为无,有与无皆为气的存在形式,在本质上都是一样的。　⑭万象为太虚中所见之物:佛家之说,以太虚本体为真实,万物为幻象。　⑮物与虚不相资:万物与太虚没有内在联系,不相互依存。　⑯形性、天人不相待而有:形自为形,性自为性,形与性、天与人不相依存。从而割裂了本体(性)与现象(形)的关系。　⑰浮屠以山河大地为见病之说:佛教认为人在未出生之前就有眼病,因此人看到的山河大地实为幻象。见《楞严经》卷二:"例汝今日以目观见山河国土及诸众生,皆是无始见病所成。"　⑱懵者:糊涂的人。　⑲略知体虚空为性,不知本天道为用:佛教知道视性的本体为虚空,不知太虚之气以变化为用,一切变化都不离本体而存在。　⑳人见:身体感官及其所具有的功能。　㉑因缘:佛教用语,即原因。"因"是事物的本源,有"因"方有"果",故"因"为引生结果的主要条件、直接原因。然而由"因"得"果",需靠"缘"助力,故"缘"为引生结果的辅助条件、间接原因。二者相互配合产生结果。　㉒明有不尽:智慧不足,不能穷知事物万象。　㉓诬世界乾坤为幻化:歪曲世界天地为虚幻的假象。　㉔幽明不能举其要,遂躐等妄意而然:幽为无形,明为有形,躐等为超越。幽、明是气存在的不同状态,它们之间是可以转化的。佛教不明此理,即欲超越认识阶段而妄自臆度世界为幻象。　㉕一阴一阳范围天地:阴阳二气的矛盾运动统摄着天地万物的变化。

见《周易·系辞上传》:"《易》与天地准……范围天地之化而不过,曲成万物而不遗,通乎昼夜之道而知,故神无方而易无体。一阴一阳之谓道,继之者善也,成之者性也。" ㉖通:通贯。见《周易·系辞上传》:"通乎昼夜之道而知。" ㉗三极:天地人。见《周易·系辞上传》:"六爻之动,三极之道也。" ㉘大中之矩:最根本的准则。 ㉙语天道性命者:指儒家学者。 ㉚罔:困惑。 ㉛恍惚梦幻:指佛教以世界为幻象的思想。见《金刚经》:"一切有为法,如梦幻泡影,如露亦如电,应作如是观。" ㉜穷高极微:高妙精微。 ㉝蔽于诐而陷于淫:蔽:蒙蔽;诐:偏颇;淫:过分;陷:陷溺。意为那些探讨道德性命的人,为释道偏颇、过分的言论所蒙蔽、陷溺。见《孟子·公孙丑上》:"诐辞知其所蔽,淫辞知其所陷。"

气坱然①太虚,升降飞扬,未尝止息,《易》所谓"絪缊",庄生②所谓"生物以息相吹"、"野马"者欤!此虚实、动静之机③,阴阳、刚柔之始。浮而上者阳之清,降而下者阴之浊④,其感遇聚结,为风雨,为雪霜,万品之流形⑤,山川之融结,糟粕⑥煨烬⑦,无非教也⑧。

[注释]①坱然:坱:音央,尘埃,引申为尘土飞扬之意。意为气氤氲盛大,充实饱满之貌。 ②庄生:庄子,名周,战国时期道家的代表人物。 ③机:事物运动变化的原动力。 ④浮而上者阳之清,降而下者阴之浊:阳气轻清上浮,阴气重浊下降。见《淮南子·天文训》:"气有涯垠,清阳者薄靡而为天,重浊者凝滞而为地。"《列子·天瑞》:"轻清者上为天,浊重者下为地。" ⑤万品之流形:品:品类。各种各样的物品变动形成。见《周易·乾卦·象传》:"云行雨施,品物流形。" ⑥糟粕:酿酒剩下的渣滓。 ⑦煨烬:灰烬。 ⑧无非教也:无非是教导人们认识气运动变化的道理。见《礼记·孔子闲居》:"天有四时,春秋冬夏,风雨霜露,无非教也。地载神气,神气风霆,风霆流形,庶物露生,无非教也。"

气聚则离明得施而有形①,气不聚则离明不得施而无形。方其聚也,安得不谓之客②?方其散也,安得遽③谓之无?故圣人仰观俯察,但云"知幽明之故",不云"知有无之故"④。盈天地之间者,法象⑤而已;文理之察⑥,非离不相睹也⑦。方其形也,有以知幽之因;方其不形也,有以知明之故⑧。

[注释]①气聚则离明得施而有形:离:《周易》卦名,"离为目",离明犹言目明。不言目而言离,因是泛指一切有照见外物之机能者,而非专指人的视觉器官。意为气聚为物,能被具有照见外物之机能者所感知,故说有形。见《周易·说卦》:"离也者,明也。"又"离为目"。　②客:客形。　③遽:仓猝。　④故圣人仰观俯察,但云"知幽明之故",不云"知有无之故":世界是由气构成的实有的存在,不存在绝对的虚无。气的存在方式分利用感官无法感知的无形状态即"幽"和可以感知的有形状态即"明",因此圣人深入探讨天文、地理之时,只是说知道幽明的原因,而不说知道有无的原因。见《周易·系辞上传》:"仰以观于天文,俯以察于地理,是故知幽明之故。"　⑤法象:凡所取法仿效之现象或意象。见《周易·系辞上传》:"是故法象莫大乎天地。"《周易·系辞下传》:"仰则观象于天,俯则观法于地。"　⑥文理之察:对天文、地理的考察。　⑦非离不相睹也:不依靠眼睛是无法进行的。　⑧方其形也,有以知幽之因;方其不形也,有以知明之故:气的形与不形是相互依存、相互转化的。因此可以从明以知幽,从幽以知明。

气之聚散于太虚,犹冰凝释于水①,知太虚即气,则无无②。故圣人语性与天道之极,尽于参伍之神③,变易而已。诸子浅妄,有有无之分,非穷理之学也。

[注释]①气之聚散于太虚,犹冰凝释于水:气在太虚中的聚散,就如同冰在水中的凝固与融化一样。　②无无:没有虚无的本体。　③参伍之神:参伍,指揲蓍求卦。意为主导成卦的玄妙之神。见《周易·系辞上传》:"参伍

以变,错综其数。通其变,遂成天下之文;极其数,遂定天下之象。"

太虚为清,清则无碍,无碍故神①;反清为浊,浊则碍,碍则形②。

[注释]①太虚为清,清则无碍,无碍故神:太虚之气由于清明纯粹,流通无碍,因而具有玄妙不测的本性。《老子》第三十九章:"天得一以清。"《吕氏春秋·有度》:"清明则虚。" ②反清为浊,浊则碍,碍则形:清气的反面是浊气,浊气聚结,就有滞碍,因而有形。

凡气清则通,昏①则壅②,清极则神。故聚而有间,则风行而声闻具达③,清之验④欤!不行而至,通之极欤⑤!

[注释]①昏:浊。 ②壅:阻塞、滞碍。 ③风行而声闻具达:气在有形的物体之间,以风的形式流动,风行有声可知气之存在。 ④验:验证。 ⑤不行而至,通之极欤:清明之气通达到极致,就能不行而至。

由太虚,有天之名①;由气化,有道之名②;合虚与气,有性之名③;合性与知觉,有心之名④。

[注释]①由太虚,有天之名:天是由极轻清的太虚之气上浮而形成的。太虚之气清通无碍,充盈于广大无垠的宇宙空间,故称为天。 ②由气化,有道之名:太虚之气运动变化的过程就是道。 ③合虚与气,有性之名:万物皆由气聚而成,故都涵有太虚的本质属性,同时在气化过程中又都有着相异的特殊本质,本质属性与特殊属性的结合,就构成的物的本性。 ④合性与知觉,有心之名:形因气成,同时亦赋予形以成形之理,人与物得此理以为性,然而人虽得气之理以为性,若不通过形体的感官与外部发生感应,则无以尽性,只有将性与知觉合在一起,才能达到这一目的,因此有"心"的称谓。

鬼神者,二气之良能也①。圣者,至诚得天之谓②;神者,太虚妙应之目③。凡天地法象,皆神化之糟粕尔④。

[注释]①鬼神者,二气之良能也:以气言,气已屈而往为归,鬼为归,为阴;气方伸而来为伸,神为伸,为阳。引申为万事万物的屈伸往来。意为万事万物的屈伸往来,是阴阳二气自然而然的神奇作用的结果。　②圣者,至诚得天之谓:圣指的是能够至诚尽性掌握天道的人。　③神者,太虚妙应之目:妙:神妙;应:感应。太虚中包含的阴阳二气运动变化,神妙难测,彼此感应,故称之为神。见《周易·说卦》:"神也者,妙万物而为言者也。"　④皆神化之糟粕尔:世界万物都只是神妙变化的粗糙的结果。

天道不穷,寒暑已;众动不穷,屈伸已①。鬼神之实,不越二端而已矣②。

[注释]①天道不穷,寒暑已;众动不穷,屈伸已:天道:指太虚之气运动变化的过程。天道的运动变化永无止息,是由于寒与暑两方面的循环往复,对立统一;万物运动没有穷尽,是由于屈与伸两方面的循环往复,对立统一。见《周易·系辞下传》:"寒往则暑来,暑往则寒来,寒暑相推而岁成焉。往者屈也,来者信也,屈信相感而利生焉。"　②鬼神之实,不越二端而已矣:鬼神即气之归与伸,其运动变化的实质,不过是阴阳二气的对立统一、循环往复而已。

两不立,则一不可见①;一不可见,则两之用息②。两体③者,虚实也,动静也,聚散也,清浊也,其究一而已④。

[注释]①两不立,则一不可见:两:指阴与阳;一:指阴阳的统一。对立是统一的基础,没有矛盾的对立,就没有双方的统一。　②一不可见,则两之用息:用:作用;息:停止。没有矛盾双方的统一,其交互作用就无法实现。　③两体:对立面。　④其究一而已:虚实、动静、聚散、清浊都是对立面的表现形式,其本质都是一个统一体而已。

感而后有通,不有两则无一①。故圣人以刚柔立本②,乾坤毁则无以见《易》③。

[注释]①感而后有通,不有两则无一:只有阴阳相感,然后才有相通,没有对立就没有统一。 ②以刚柔立本:刚:指卦爻阳爻的刚健;柔:指卦爻阴爻的柔顺。刚与柔是确立阴爻、阳爻的根本,引申为确立天地万物为阴为阳的根本。见《周易·系辞下传》:"刚柔者,立本者也。" ③乾坤毁则无以见《易》:乾为阳,为刚;坤为阴,为柔。乾卦与坤卦,是理解《易》学的基础,乾坤定,形而上的抽象的道理《易》道就确立其中,乾坤毁,就无从看到《易》道,无法把握《易》学的主旨与精神。见《周易·系辞上传》:"'乾坤,其《易》之缊邪?乾坤成列,则《易》立乎其中矣。乾坤毁,则无以见《易》。"

游气纷扰①,合而成质者②,生人物之万殊③。其阴阳两端循环不已者,立天地之大义④。

[注释]①游气纷扰:太虚游离之气,纷繁搅扰。 ②合而成质者:游气感遇聚合而成为实体。 ③生人物之万殊:游气聚合生成人及万物。 ④其阴阳两端循环不已者,立天地之大义:气的阴阳两个对立面之间循环往复的相互作用,确立了天地万物生成变化的根本法则。见《周易·归妹·彖传》:"《归妹》,天地之大义也。"

"日月相推而明生,寒暑相推而岁成。"①神易无方体②,"一阴一阳"③,"阴阳不测"④,皆所谓"通乎昼夜之道"⑤也。

[注释]①日月相推而明生,寒暑相推而岁成:日月相互推移而产生光明,寒暑相互推移而产生年岁。见《周易·系辞下传》:"日往则月来,月往则日来,日月相推而明生焉。寒往则暑来,暑往则寒来,寒暑相推而岁成焉。" ②神易无方体:气自含的能动之性及由此引发的变易,无固定的具体的空间

和形体。见《周易·系辞上传》:"故神无方而易无体。" ③一阴一阳:一阴一阳的对立转化。见《周易·系辞上传》:"一阴一阳之谓道。" ④阴阳不测:阴阳变化不可预测。见《周易·系辞上传》:"阴阳不测之谓神。" ⑤昼夜之道:阴阳变化之道。见《周易·系辞上传》:"通乎昼夜之道而知。"

昼夜者,天之一息①乎! 寒暑者,天之昼夜乎! 天道春秋分而气易②,犹人一寤寐而魂交③。魂交成梦④,百感纷纭,对寤而言,一身之昼夜也⑤;气交为春⑥,万物糅错⑦,对秋而言,天之昼夜也⑧。气本之虚则湛本无形⑨,感而生则聚而有象⑩。有象斯有对⑪,对必反其为⑫;有反斯有仇⑬,仇必和而解⑭。故爱恶之情同出于太虚⑮,而卒归于物欲⑯,倏而生,忽而成,不容有毫发之间⑰,其神矣夫⑱!

[注释]①一息:一呼一吸。 ②气易:阴阳二气的变化。 ③犹人一寤寐而魂交:寤:醒时;寐:睡时;魂交:精神的交错。犹如人一醒一睡间发生的精神交错一样。见《庄子·齐物论》:"其寐也魂交"。 ④魂交成梦:精神交错而产生梦。 ⑤对寤而言,一身之昼夜也:对醒时而言,就如同身体经历了昼夜一样。 ⑥气交为春:阴阳二气交合为春。 ⑦万物糅错:糅:混杂;错:参差。意为万物错综成长变化。 ⑧对秋而言,天之昼夜也:对秋而言,就如同天经历了昼夜一样。 ⑨湛本无形:纯一、清澈无形。 ⑩感而生则聚而有象:象:现象,形象。由于阴阳二气中涵有相感之性,遂产生交互作用,因而出现聚合,形成各种有形的现象。 ⑪有象斯有对:对:对立。有现象的事物中就包含着对立面。 ⑫对必反其为:反:违反。有对立,则对立双方之间的作用、性质就一定是相反的。 ⑬有反斯有仇:仇:斗争、排斥。对立双方的作用、性质相反,彼此间就会相互排斥。 ⑭仇必和而解:和:调和;解:和解。对立双方有排斥,通过矛盾斗争,双方的关系就一定会出现调整,从而使双方的对立得到和解。 ⑮爱恶之情同出于太虚:爱:指调和、统一的感情;恶:指

排斥、对立的感情。爱与恶这两种感情为太虚无形之气同时涵有,故云同出于太虚。 ⑯而卒归于物欲:气聚合为有象之后,太虚之气所涵有的调和、排斥的本性就以物欲的形式表现出来。 ⑰不容有毫发之间:一切事物都处在运动变化之中,永无止息。 ⑱其神矣夫:这是只有玄妙而不可测的神才能做到的。

造化所成,无一物相肖①者,以是知万物虽多,其实一物;其无无阴阳者②,以是知天地变化,二端③而已。万物形色,神之糟粕。"性与天道"云者,易而已矣。心所以万殊者,感外物为不一也。天大无外④,其为感者,絪缊二端⑤而已。

[注释]①肖:像。 ②无无阴阳者:凡物皆有阴阳。 ③二端:指阴阳二气。 ④天大无外:万物都被包含在天内,没有能够存在于天之外的东西。 ⑤絪缊二端:指云烟弥漫、蓬勃展开的阴阳二气。

物之所以相感者,利用出入,莫知其乡①,一万物之妙者欤②!

[注释]①利用出入,莫知其乡:阴阳二气相互作用,出入往来,无不通贯而不可揣知其趋向。见《周易·系辞上传》:"利用出入,民咸用之谓之神。"《孟子·告子上》:"操则存,舍则亡。出入无时,莫知其向。" ②一万物之妙者欤:阴阳二气相感之性贯通于万物而妙于万物。见《周易·说卦》:"神也者,妙万物而为言者也。"

气与志①,天与人,有交胜之理。圣人在上而下民咨,气一之动志也;凤凰仪,志一之动气也②。

[注释]①志:意志。 ②圣人在上而下民咨,气一之动志也;凤凰仪,志

一之动气也;咨:叹息声;一:专一。圣人在上,而下民仍有叹息之声,是由于人未能存神尽圣,导致天胜人的缘故;凤凰来仪之祥瑞出现,是由于人能全神尽性,人胜天的缘故。见《孟子·公孙丑上》:"志一则动气,气一则动志也。"

参两①篇第二

地所以两,分刚柔、男女而效之,法也①;天所以参,一太极、两仪而象之,性也②。

[注释]①地所以两,分刚柔、男女而效之,法也:地数所以为两,是由于天地变化,不过是阴阳二气的矛盾运动而已,凡物皆有阴阳,地数因分刚柔、男女两体以效法之。见《周易·系辞上传》:"效法之谓坤。"又"制而用之谓之法"。 ②天所以参,一太极、两仪而象之,性也:天数所以为三,是由于阴阳二气的矛盾斗争统一于太虚之气,天数因以太极像阴阳二气对立双方的统一,是为一;以两仪像阴阳二气,是为二,一与二合为三。体现着气运动变化的既对立又统一的本质属性。见《周易·系辞上传》:"成象之谓乾。"又:"是故易有太极,是生两仪。"

一物两体,气也①。一故神,(自注:两在故不测②。)两故化,(自注:推行于一③。)此天之所以参④也。

① 参两:参:即参天,乾为天,由三个阳爻构成,故称参天,参为天数,为奇数,且为奇数之初;两:即两地,坤为地,坤由三个阴爻,即六画的偶数构成,六为双数,为两,故称两地,两为地数,为偶数,且为偶数之始。古人常以参两指代奇偶。此处参指事物既对立又统一的内在关系,两指矛盾对立及对立双方的互相作用。见《周易·说卦》:"参天两地而倚数。"

[注释]①一物两体,气也:气是一物而涵有阴阳两体者。 ②两在故不测:由于气是矛盾对立的两体统一于一物,故而能够变化莫测。 ③推行于一:由于气是由矛盾对立的阴阳两体构成,因而变化不已,由一气化生出天地万物。 ④参:即三,气的一物与两体之和。

地纯阴凝聚于中,天浮阳转旋于外①,此天地之常体也。恒星不动,纯系乎天②,与浮阳运旋而不穷者也③。日月五星逆天而行④,并包乎地者也⑤。地在气中,虽顺天左旋⑥,其所系辰象随之⑦,稍迟则反移徙而右尔⑧;间有缓速不齐者⑨,七政⑩之性殊⑪也。月阴精,反乎阳者也,故其右行最速⑫;日为阳精,然其质本阴,故其右行虽缓,亦不纯系乎天,如恒星不动⑬。金、水附日前后进退而行者,其理精深,存乎物感可知矣⑭。镇星地类,然根本五行,虽其行最缓,亦不纯系乎地也⑮。火者亦阴质,为阳萃焉,然其气比日而微,故其迟倍日⑯。惟木乃岁一盛衰,故岁历一辰。辰者,日月一交之次,有岁之象也⑰。

[注释]①地纯阴凝聚于中,天浮阳转旋于外:转旋:即运转。关于宇宙生成,古代主要有盖天说、浑天说、宣夜说等假说,起源皆甚早,而成形于秦汉。其中《周髀算经》持盖天说,认为天圆地方,天如覆盖在上面的笠,地如被覆盖的盘。此外《淮南子·天文训》阐述盖天说时,认为天地在未成形之前,呈浑沌状,其形成之道,在于空旷无垠,空旷无垠产生宇宙,宇宙产生有形体和边际的气,轻清之气上升而为天,重浊之气则凝滞而为地:"清阳者薄靡而为天,重浊者凝滞而为地。"东汉郗萌倡宣夜说,认为天是高远无极没有形质的虚空,日月众星依靠气自然悬浮其中,而非依附于固体的天穹上面。东汉张衡持浑天说,认为浑天如鸡蛋,天如鸡蛋壳,地如蛋黄,各乘气而立,载水而浮,天包围着地,是一个完整的球体。《正蒙》吸收了盖天说阴气凝结、阳气浮动之说,宣夜说天无有形质的天球壳层之说,浑天说的地在天中之说,认为地

是纯阴之气凝聚而成，居于天中；天是由浮阳之气充塞的茫无边际的空间，其本质是运动着的一团气，而地就在气中。　②恒星不动，纯系乎天：系：牵系。恒星不能自动，完全为天所牵系。见《公羊传》庄公七年："恒星者何？列星也。"《谷梁传》庄公七年："恒星者，经星也。"　③与浮阳运旋而不穷者也：恒星随着天体的运转而运转。　④日月五星逆天而行：五星：金星、木星、水星、火星、土星。天是自东向西运行，日月五星是自西向东运行，与天运行的方向相反。　⑤并包乎地者也：地居于运转不止的日月五星的中心，为它们所包围。　⑥地在气中，虽顺天左旋：左旋：即天体自东向西运转。古代方位是上南下北，左东右西，古人认为天体的运行是自东向西的，故云左旋。地在气中，以坤为性，而坤为顺，若乾行不妄，则坤顺必以时，故天左旋，地亦左旋。《春秋·元命苞》："天左旋，地右动。"　⑦其所系辰象随之：地左旋，日月五星为其所牵系，也随其左旋。　⑧稍迟则反移徙而右尔：地左旋的速度不及天与恒星，因此为其牵系的日月五星运转的速度也不及天与恒星，故而看起来似乎是在逆天右行。《白虎通·日月》："天左旋，日月五星右行何？日月五星，比天为阴，故右行。"　⑨间有缓速不齐者：日月五星在运转的过程中，各有迟缓疾速之不同。　⑩七政：日、月与金、木、水、火、土五大行星。见《尚书·虞书·舜典》："在璇玑玉衡，以齐七政。"　⑪性殊：性质各不相同。　⑫月阴精，反乎阳者也，右行最速：由于阴有趋于静的属性，而月又为阴气之精，且与天之浮阳之性相反，故月顺天左旋速度最慢，因此看上去似乎右行最速。　⑬日为阳精，然其质本阴，故其右行虽缓，亦不纯系乎天，如恒星不动：日为阳气之精，但由于其本质属阴性，故其阳性不能与天与恒星相比，因此左旋的速度比月稍快，比天及恒星较慢，看起来似乎是右旋，速度与月相比较为缓慢，也不像恒星那样完全为天所牵系。　⑭金水附日前后进退而行者，其理精深，存乎物感可知矣：金星、水星之所以跟随日前后而行，其道理非常精深，从物类相感的角度看，金星、水星的阴阳属性与日相同，因而呈现这种状态。　⑮镇星地类，然根本五行，虽其行最缓，亦不纯系乎地也：镇星即土星，属地类，其根本在于五行，并非完全为地所牵系，故其左行在七政中最速，看上去似乎右行最缓慢。　⑯火者亦阴质，为阳萃焉，然其气比日而微，故其迟倍日：火星也属阴质，为阳气所荟萃，然而其气比日稀薄，故而其左行速度要快于日,看上去似乎其右行的速度只有日右行速度的一半左右。 ⑰惟木乃岁一盛衰,故岁历一辰。辰者,日月一交之次,有岁之象也:草木一岁一枯荣,而日月一岁交会十二次,一次称一辰,有岁之象。故木星每岁右行一辰,即周天的十二分之一,十二年右行一周天。其左行的速度介于火星与土星之间。

凡圜转之物①,动必有机②。既谓之机,则动非自外也。古今谓天左旋,此直至粗之论尔③,不考日月出没、恒星昏晓之变。愚谓在天而运者,惟七曜而已④。恒星所以为昼夜者,直以地气乘机左旋于中⑤,故使恒星、河汉因(一作回。)北为南,日月因天隐见⑥,太虚无体⑦,则无以验其迁动于外也⑧。

[注释]①圜转之物:指地和日月五星。 ②动必有机:机:机制或动力。圜转之物之所以能够圜转,是受到了其自身所具有的机制或动力的作用的缘故。 ③古今谓天左旋,此直至粗之论尔:古今论天左旋的观点,都非常粗疏。 ④愚谓在天而运者,惟七曜而已:我认为随天而运转的,只有日月五星罢了。 ⑤地气乘机左旋于中:地在中间乘着气左旋。 ⑥故使恒星、河汉因北为南,日月因天隐见:故使人们看到恒星、银河的方位发生变动,日月随天出没。 ⑦太虚无体:太虚是无形的元气,没有形体。 ⑧则无以验其迁动于外也:没有什么可以验证天的外面有什么致动的原因。

天左旋,处其中者①顺之,少迟则反右矣②。

[注释]①处其中者:指日、月、五星。 ②少迟则反右矣:日月五星与天体一道顺着天体运行的方向左旋,但是稍慢一些,故看起来其运行方向似乎变成了右旋,即由西向东运转。

地,物也;天,神也。物无逾神之理,顾有地斯有天,若其配然尔。

地有升降,日有修短①。地虽凝聚不散之物,然二气升降其间,相从而不已也②。阳日上,地日降而下者,虚也③;阳日降,地日进而上者,盈也④。此一岁寒暑之候也⑤。至于一昼夜之盈虚、升降⑥,则以海水潮汐验之为信⑦。然间有小大之差,则系日月朔望,其精相感⑧。

[注释]①地有升降,日有修短:地有升有降,日有长有短。　②地虽凝聚不散之物,然二气升降其间,相从而不已也:地虽然是凝聚不散的物体,然而由于受阴阳二气升降变化的作用影响,而不断升降变化。　③阳日上,地日降而下者,虚也:天以阳气日升,地以阴气日降,导致天地间的距离增大,使太阳与地球的距离也增大,并且导致天地间气的中虚,从而造成昼短夜长且气候相对寒冷的现象。　④阳日降,地日进而上者,盈也:天以阳气日降,地以阴气日升,构成天地间气的充盈。导致天地间的距离缩短,使太阳与地球的距离也缩短,并且导致天地间气的充盈,从而造成昼长夜短且气候相对炎热的现象。　⑤此一岁寒暑之候也:天地间气的盈虚变化就造成了一年间寒暑的推移。　⑥一昼夜之盈虚、升降:地在一昼夜之中也有盈虚、升降的变化。　⑦则以海水潮汐验之为信:地在一昼夜间的变化,可以通过潮汐来验证,潮落是由于地升,潮升是由于地降。　⑧然间有小大之差,则系日月朔望,其精相感:潮汐有小大之差,则是由于日月在朔望之时阴阳二气相互感应而导致的。

日质本阴,月质本阳①;故于朔望之际,精魄反交,则光为之食矣②。

[注释]①日质本阴,月质本阳:日为阳精,其本质为阴;月为阴精,其本质为阳。　②故于朔望之际,精魄反交,则光为之食矣:朔:日月黄经相同,称"朔",又称"合朔",即日月相合,传统历法将日月合朔之日定为每月的第一

日;望:日月黄经相差180°,称"望",即日月相冲。传统历法将日月对冲之日定为每月的第十五日。当日月相会或相对的朔望之时,日月的本质属性,日之阴质与月之阳质,即日月的精魄发生相互作用,产生交食。朔日,月之阳质胜过日之阴质,阴盛阳衰,出现日食;望日,日之阴质胜过月之阳质,阳盛阴衰,出现月食。

亏盈法:月于人为近,日远在外,故月受日光常在于外。人视其终、初如钩之曲,及其中天也如半璧然。此亏盈之验①也。

[注释]①亏盈之验:月球本身不发光,然而由于距离地球比太阳近,故而月球受日光照射那一面常常不会正对着地球,因而造成了如钩之曲、如半璧的不同月相。这就是月相的成因。

月所位者阳,故受日之光,不受日之精①,相望中弦则光为之蚀②,精之不可以二也。

[注释]①月所位者阳,故受日之光,不受日之精:自汉以来解《易》者有同性相感、异性相敌之说,《正蒙》采此说以讲日食,认为月所在的位置是阳位,日之光属阳,日之精属阴。根据同性相感、异性相敌的理论,月能禀受日之光,不能禀受日之精。 ②相望中弦则光为之蚀:中弦:上弦与下弦之中,即月望之时。当日月相望于"中弦"时,由于月不受日精,就会发生日食。

日月虽以形相物,考其道则有施受健顺之差焉①。星月金水受光于火日,阴受而阳施也②。

[注释]①日月虽以形相物,考其道则有施受健顺之差焉:日月虽因形体不同而各为一物,然考察二者的关系,则有着施予与承受、刚健与柔顺的差别。 ②星月金水受光于火日,阴受而阳施也:阴性的月亮、金星、水星从阳

性的火星、太阳那里接受光亮,是阴承受而阳施予的缘故。

阴阳之精,互藏其宅,则各得其所安,故日月之形,万古不变①。若阴阳之气,则循环迭至②,聚散相荡③,升降相求④,絪缊相揉⑤,盖相兼相制,欲一之而不能⑥。此其所以屈伸无方,运行不息,莫或使之⑦,不曰性命之理⑧,谓之何哉!

[注释]①阴阳之精,互藏其宅,则各得其所安,故日月之形,万古不变:月为阴精,其质本阳;日为阳精,其质本阴。阴中有阳,阳中有阴,阴阳二气聚合而有日月,故日月的形状,永远不变。　②若阴阳之气,则循环迭至:阴阳二气,处于循环往复的永恒变化过程之中。　③聚散相荡:或聚或散,相互激荡。　④升降相求:或升或降,相互吸引。　⑤絪缊相揉:相互交融、糅合。　⑥盖相兼相制,欲一之而不能:阴阳二气的运动变化形式不是表现为相互渗透,就是相互制约,只有单一的阴或阳,是不可能的。　⑦此其所以屈伸无方,运行不息,莫或使之:这就是阴阳二气没有外力驱使却变化无常、运行不息的原因。　⑧性命之理:事物发展变化的规律。

"日月得天",得自然之理也,非苍苍之形也①。

[注释]①"日月得天",得自然之理也,非苍苍之形也:"日月得天",意指日月得到天道运动不息的规律,而非指天莽苍的外形。见《周易·恒卦·彖传》:"日月得天而能久照"。

闰余生于朔,不尽周天之气①,而世传交食法②,与闰异术,盖有不知而作者尔。

[注释]①闰余生于朔,不尽周天之气:闰余:农历每年的时日与地球公转一周所用时日相比所差之时日;朔:农历每月初一,此特指农历每年正月初

一,为一岁之始;周天之气:指二十四节气。意为闰余的出现是由于当农历一年过完时,环天一周的节气还没有过完,因此需要设置闰月。 ②交食法:交食:某光源天体与观测者之间,若有另一天体介入,则该天体的亮度就会变暗,这种现象称交食,其中以日食、月食最为引人注目。古人有利用日、月交食的规律来置闰的,称交食法。

阳之德主于遂,阴之德主于闭①。

[注释]①阳之德主于遂,阴之德主于闭:德:指性情功效,性情为阴阳二气自身所有的德性,功效为德性通过物来体现出来。遂,发生成物;闭,收藏自成。

阴性凝聚,阳性发散。阴聚之,阳必散之,其势均散。阳为阴累,则相持为雨而降①;阴为阳得,则飘扬为云而升②。故云物班布太虚者,阴为风驱,余聚而未散者也③。凡阴气凝聚,阳在内者不得出,则奋击而为雷霆④;阳在外者不得入,则周旋不舍而为风⑤。其聚有远近、虚实,故雷风有小大、暴缓⑥。和而散,则为霜雪雨露⑦;不和而散,则为戾气曀霾⑧;阴常散缓,受交于阳,则风雨调,寒暑正⑨。

[注释]①阳为阴累,则相持为雨而降:天空中阴气凝结压制阳气,则相持之下,就会形成雨降下。 ②阴为阳得,则飘扬为云而升:天空中阴气为阳气所吸收,则形成云飘扬上升。 ③故云物班布太虚者,阴为风驱,余聚而未散者也:余:久。飘荡在空中的云是为风所驱动久聚未散的阴气。 ④凡阴气凝聚,阳在内者不得出,则奋击而为雷霆:凡是阴气凝聚,阳气在阴气内无法出来,就会在阴气内奋力搏击而形成雷霆。 ⑤阳在外者不得入,则周旋不舍而为风:如果阳气在外面不能进入阴气之中,就会围绕着阴气不停地旋转而形成风。 ⑥其聚有远近、虚实,故雷风有小大、暴缓:由于阴气的凝聚

有远近虚实等各种状况,因此形成的雷、风也有小大暴缓的差异。 ⑦和而散,则为霜雪雨露:阴阳二气调和而消散,就会形成霜雪雨露。 ⑧不和而散,则为戾气曀霾:阴阳二气不调和而消散,就会形成暴戾之气和阴霾。 ⑨阴常散缓,受交于阳,则风雨调,寒暑正:阴气常消散而趋于和缓,其与阳气相交,则风雨调顺,寒暑正常。

天象者,阳中之阴①;风霆者,阴中之阳②。

[注释]①天象者,阳中之阴:云雨等天象,是阳中之阴活动的结果。 ②风霆者,阴中之阳:风与雷霆,是阴中之阳活动的结果。

雷霆感动虽速,然其所由来亦渐尔①。能穷神化所从来,德之盛者欤②!

[注释]①雷霆感动虽速,然其所由来亦渐尔:雷霆的产生虽然迅速,然而其也是一个逐渐形成的过程。 ②能穷神化所从来,德之盛者欤:能够穷尽事物现象所产生的原因的,是盛德之人。见《周易·系辞下传》:"穷神知化,德之盛也。"

火日外光,能直而施①;金水内光,能辟而受②。受者随材各得③,施者所应无穷④,神与形,天与地之道欤⑤!

[注释]①火日外光,能直而施:火星太阳,其性为阳,光在外显,因此直而能施。 ②金水内光,能辟而受:金星水星,其性虽阴,其质为阳,故内质含光,能够受外光。 ③受者随材各得:受者随其材质各有所得。 ④施者所应无穷:施者随材应对无有穷尽。 ⑤神与形,天与地之道欤:神与形的关系,就如同天与地的关系,神若天道,形若地道;神为施者,形为受者。

"木曰曲直"①,能既曲而反申也;"金曰从革",一从革而不能自反也。水火,气也,故炎上润下与阴阳升降,土不得而制焉②。木金者,土之华实也③,其性有水火之杂④,故木之为物,水渍则生,火燃而不离也⑤,盖得土之浮华于水火之交也⑥。金之为物,得火之精于土之燥⑦,得水之精于水之濡⑧,故水火相待而不相害⑨,铄之反流而不耗⑩,盖得土之精实于水火之际也⑪。土者,物之所以成始而成终也⑫,地之质也⑬,化之终也⑭,水火之所以升降⑮,物兼体而不遗者也⑯。

[注释]①木曰曲直:木可以弯曲和平直。见《尚书·周书·洪范》:"水曰润下,火曰炎上,木曰曲直,金曰从革,土爰稼穑。" ②水火,气也,故炎上润下与阴阳升降,土不得而制焉:水与火,都是气,因此火苗向上,流水润下,与阴阳二气相升降,土难以对它们形成制约。 ③木金者,土之华实也:木与金,是从土里化生出来的,木为土之浮华,金为土之精实。 ④其性有水火之杂:木金得水火之气于土中,因此其性质中既有水的特生又有火的特性。 ⑤故木之为物,水渍则生,火燃而不离也:因此木作为物,受到水的浸润就会生长,火燃而不离散。 ⑥盖得土之浮华于水火之交也:木在水火交融之中,得到土的浮华之性。 ⑦金之为物,得火之精于土之燥:金作为物,于土的干燥中得到火的精华。 ⑧得水之精于水之濡:于土的湿润中得到水之精。 ⑨故水火相待而不相害:因此与水火相互依存而不相互排斥。 ⑩铄之反流而不耗:熔化它反而流动而不损耗。 ⑪盖得土之精实于水火之际也:金在水火交融之时,得到土的精实之性。 ⑫物之所以成始而成终也:土是万物的来源和归宿。 ⑬地之质也:土是凝聚成形的纯阴之气,是地之质。 ⑭化之终也:气化过程的终结。 ⑮水火之所以升降:水火赖以升降其间。 ⑯物兼体而不遗者也:万物赖土以形成其体。

冰者,阴凝而阳未胜也①;火者,阳丽而阴未尽也②。火之炎,人之蒸,有影无形,能散而不能受光者,其气阳也。

[注释]①冰者,阴凝而阳未胜也:冰是阴气凝结而阳气未胜所致。　②火者,阳丽而阴未尽也:火是阳气附丽而阴气未尽所致。

阳陷于阴为水,附于阴为火①。

[注释]①阳陷于阴为水,附于阴为火:阳居于阴内为水,附于阴外为火。

天道篇第三

天道四时行，百物生，无非至教；圣人之动，无非至德。夫何言哉①！

[注释]①天道四时行，百物生，无非至教；圣人之动，无非至德。夫何言哉：天道以寒暑往来，四时更迭的方式运行，导致百物生成，所有这一切无不是极至的教诲；圣人与天合德，其一举一动，皆为妙道精义之发，因此无不是极至的道德。何必一定要说话呢？见《论语·阳货》："子曰：'天何言哉？四时行焉，百物生焉，天何言哉？'"《礼记·礼器》："天道至教，圣人至德。"

天体物不遗①，犹仁体事无不在也②。"礼仪三百，威仪三千"③，无一物而非仁也④。"昊天曰明，及尔出王；昊天曰旦，及尔游衍"⑤，无一物之不体也⑥。

[注释]①天体物不遗：万事万物都是以天作为自己的本体而存在。②犹仁体事无不在也：犹如仁为事之本体，事事都是由仁做出来的，因此事事都有仁在。 ③礼仪三百，威仪三千：礼仪：指《经礼》，即《仪礼》；威仪：指《曲礼》，《仪礼》中具体的条文。《经礼》即《仪礼》，分而为《曲礼》，《曲礼》合而为《经礼》。"三百"、"三千"，指礼仪之多。《经礼》《曲礼》涵盖了所有的礼仪。见《礼记·中庸》。 ④无一物而非仁也：礼文无论大小，无不体现着"仁"。

⑤昊天曰明，及尔出王；昊天曰旦，及尔游衍：曰：语助词；明：光明；王：通

"往";旦:光明;衍:借为延,或曰从容之意。意为人一出入之际、一游逛之顷,都处在上天的注视之下。见《诗经·大雅·板》。　⑥无一物之不体也:从人的一举一动都处在上天的注视之下,可以看出世间没有一个事物不体现着天道。

"上天之载"①,有感必通②;圣人之为,得为而为之也③。天不言而四时行,圣人"神道设教而天下服"④。诚于此,动于彼,神之道欤⑤!(成变化,行鬼神,成、行,阴阳之气而已矣⑥。韩本有此一段。)

[注释]①上天之载:载:事。上天行事,无声无息。见《诗经·大雅·文王》:"上天之载,无声无臭。"　②有感必通:上天行事,若阴阳二气没有发生感应,就寂然不动,若发生感应,天道就一定会得到推行。见《周易·系辞上传》:"感而遂通天下之故"。　③圣人之为,得为而为之也:圣人行事,顺其自然,可以为则为,亦如上天一样,有感必通。　④天不言而四时行,圣人"神道设教而天下服":天不言语,而四时错行。圣人效法天道教化百姓而天人服从。见《周易·观卦·彖传》:"观天之神道,而四时不忒。圣人以神道设教,而天下服矣。"　⑤诚于此,动于彼,神之道欤:诚敬于此,感动于彼,这就是神道。⑥成变化,行鬼神,成、行,阴阳之气而已矣:万物的变化能成,鬼神的功用能行,都是阴阳二气作用的缘故。见《周易·系辞上传》:"凡天地之数五十有五,此所以成变化而行鬼神也。"

天"不言而信",神"不怒而威"①;诚故信,无私故威②。

[注释]①天"不言而信",神"不怒而威":天不言语却真实无伪,神不发怒却很威严。见《礼记·乐记》:"天则不言而信,神则不怒而威。"　②诚故信,无私故威:诚实是天的本性。因为真诚无妄,故信,至公无私,故不怒而威。

天之不测谓神,神而有常谓天①。

[注释]①天之不测谓神,神而有常谓天:天与神皆指最高的形上者太虚,二者互有侧重。神强调的是太虚的不可预测的方面,天强调的是太虚有常的方面。

运于无形之谓道,形而下者不足以言之①。

[注释]①运于无形之谓道,形而下者不足以言之:天以无形的方式运行称为道,形而下的具体现象不足以道称之。见《周易·系辞上传》:"是故形而上者谓之道,形而下者谓之器。"

"鼓万物而不与圣人同忧"①,天道也。圣不可知也②,无心之妙,非有心所及也③。

[注释]①鼓万物而不与圣人同忧:天顺应自然,鼓动万物,使之生成,属"无心"之为。圣人心忧天下,故布德立政以化成天下,属"有心"之为。故天虽鼓动万物却不与圣人一样心忧天下。见《周易·系辞上传》。 ②圣不可知也:圣明的天道不可以私意揣度。 ③无心之妙,非有心所及也:上天无心而为的妙处,非圣人有心而为所能及。

"不见而章",已诚而明也;"不动而变",神而化也;"无为而成",为物不贰也①。已诚而明,故能"不见而章,不动而变,无为而成"。

[注释]①"不见而章",已诚而明也;"不动而变",神而化也;"无为而成",为物不贰也:圣人极诚无妄,与天合德,其明因而无所不照,因此其行事的形迹虽不见,但其功业自然彰明显著。圣人的诚敬的神妙作用促使变化发生,因此不用行动,变化自然发生。圣人唯以诚心待物,因而不必有所作为,就可自然成就功业。见《礼记·中庸》:"博厚配地,高明配天,悠久无疆。如

此者,不见而章,不动而变,无为而成,天地之道,可一言而尽也。"

"富有",广大不御之盛欤!"日新","悠久无疆"之道欤①!

[注释]①"富有",广大不御之盛欤!"日新","悠久无疆"之道与:"富有",指天地广大无止境的盛况啊!"日新",指天道化育万物没有穷尽啊!见《周易·系辞上传》:"富有之谓大业,日新之谓盛德。""夫《易》广矣大矣,以言乎远则不御。"《礼记·中庸》:"博厚配地,高明配天,悠久无疆。"

天之知物①不以耳目心思,然知之之理过于耳目心思。

[注释]①知物:知万物所为之善恶。

天视听以民①,明威以民②,故《诗》、《书》所谓帝天之命③,主于民心而已焉④。

[注释]①天视听以民:天通过民众的视听来把握世情。见《尚书·周书·泰誓》:"天视自我民视,天听自我民听。" ②明威以民:天通过民众的威力显示其威严。见《尚书·虞书·皋陶谟》:"天明威,自我民明威。" ③帝天之命:上帝和上天的命令。 ④主于民心而已焉:民心之所向,即天心之所存,无论是帝命还是天命,皆本于民心、民情。

"化而裁之存乎变"①,存四时之变,则周岁之化可裁②;存昼夜之变,则百刻之化可裁③。"推而行之存乎通"④,推四时而行,则能存周岁之通⑤;推昼夜而行,则能存百刻之通⑥。

[注释]①化而裁之存乎变:化:演化。裁:裁断;存乎:在于;变:变化。对天道的演化做出裁断在于对变化的把握。见《周易·系辞上传》。 ②存四时之变,则周岁之化可裁:存:察,引申为认识。认识四时的变化,就能对一年的演化做出正确的裁断。 ③存昼夜之变,则百刻之化可裁:百刻:一天。认识昼夜的变化,则可对一天的演化做出正确的裁断。 ④推而行之存乎通:推:推动。推动运行在于通畅。⑤推四时而行,则能存周岁之通:推:推究。推究四时运行的道理,则能认识一年的通达。⑥推昼夜而行,则能存百刻之通:推究昼夜运行的道理,则能认识一天的通达。

"神而明之,存乎其人"①,不知上天之载,当存文王②。"默而成之,存乎德行"③,学者常存④德性,则自然默成而信矣。

[注释]①神而明之,存乎其人:见《周易·系辞上传》。明晓天道的神妙之处,在于个人的修养。 ②不知上天之载,当存文王:不知晓上天的行事,应该从与天合德的圣人文王的行事去认识。 ③默而成之,存乎德行:不言语就能成就事物,在于人的德行。见《周易·系辞上传》:"默而成之,不言而信,存乎德行。" ④存:存养,涵养。

存文王,则知天载之神①;存众人,则知物性之神②。谷之神也有限③,故不能通天下之声④;圣人之神惟天⑤,故能周万物而知⑥。

[注释]①存文王,则知天载之神:认识文王的德行,就能知道上天行事的神妙。 ②存众人,则知物性之神:认识众人的言行,就能知道事物本性的神妙。 ③谷之神也有限:谷之神:山谷中央的虚空之神。山谷为有形之物,因此其神妙的作用是有限的。见《老子》第六章:"谷神不死,是谓玄牝。" ④故不能通天下之声:因此不能回应天下所有的声音。 ⑤圣人之神惟天:惟:是,为。圣人明晓天道,其神妙的智慧与天相契合。 ⑥故能周万物而知:因

此能够体察万事万物的道理。见《周易·系辞上传》:"知周乎万物而道济天下。"

圣人有感无隐,正犹天道之神①。

[注释]①圣人有感无隐,正犹天道之神:圣人之心,有感触即发生感应,正如天道之神,有感触即通畅。

形而上者①,得意斯得名,得名斯得象②;不得名,非得象者也③。故语道至于不能象,则名言亡矣④。

[注释]①形而上者:没有具体形体的规律、道理等。　②得意斯得名,得名斯得象:意:意蕴,意义;名:概念;象:形象。体悟到它的意蕴,才能用语言来表述它,然后才能描述出它的形象。　③不得名,非得象者也:不能用语言来表述,就不能得到它的形象。　④故语道至于不能象,则名言亡矣:因此谈论"道"的时候,不能描述其形象,则虽有所论述,也是虚妄而不足信,只如无有而已。

世人知道之自然①,未始识自然之为体尔②。

[注释]①世人知道之自然:世人皆知天道的运行是自然而然的。见《老子》第二十五章:"道法自然。"　②未始识自然之为体尔:却未认识到自然就是天道的本体。

有天德,然后天地之道可一言而尽①。

[注释]①有天德,然后天地之道可一言而尽:天德:即真诚无妄。人若具有真诚无妄的德性,然后关于天地的道理就能简单明了地讲清楚。

贞明不为日月所眩①,贞观不为天地所迁②。

[**注释**]①贞明不为日月所眩:贞:正,本。有极致之明,就不会被日月之明所眩惑。见《周易·系辞下传》:"日月之道,贞明者也。" ②贞观不为天地所迁:深入观察天道运行的道理,就不会被天地的复杂变化所左右。见《周易·系辞下传》:"天地之道,贞观者也。"

神化篇第四

神,天德①;化,天道②。德,其体③,道,其用④,一于气而已⑤。

[注释]①神,天德:天德:即太虚之德,太虚的本性。神是太虚之气的本性。 ②化,天道:天道:即太虚之气运动变化的过程。化是天道运行的方式。 ③德,其体:德是太虚之气的本体。 ④道,其用:道是太虚之气的运用。 ⑤一于气而已:神、化、德、道都统一于气,亦即太虚能变的本性与变化的过程,都统一于气。

"神无方"①,"易无体"②,大且一而已尔③。

[注释]①神无方:神不可揣度,故无方所可寻。 ②易无体:易生生不息,故无形体可执。 ③大且一而已尔:从大的方面看,神与易是一事,方与体为一义。

虚明(一作静。)照鉴,神之明也①;无远近幽深,利用出入,神之充塞无间也②。

[注释]①虚明照鉴,神之明也:清虚通明,照鉴一切,这是天的神妙本性的体现。 ②无远近幽深,利用出入,神之充塞无间也:神明所照,无论远近

幽深，人民无论做任何事情都须臾不能离开它，神明充塞于天地之间，没有留下任何空隙。见《周易·系辞上传》："无有远近幽深，遂知来物。"又："利用出入，民咸用之谓之神。"

天下之动，神鼓之也①。辞不鼓舞，则不足以尽神②。鬼神，往来、屈伸之义③，故天曰神，地曰祇，人曰鬼④。（自注：神示者归之始，归往者来之终。）形而上者，得辞斯得象矣⑤。神为不测，故缓辞不足以尽神⑥；化为难知，故急辞不足以体化⑦。

[注释]①天下之动，神鼓之也：天下万物的运动，都是由于神的鼓动。 ②辞不鼓舞，则不足以尽神：文辞不振奋，就不足以状写神的本质。见《周易·系辞上传》："鼓之舞之以尽神。"《周易·系辞上传》："鼓天下之动者存乎辞。" ③鬼神，往来、屈伸之义：鬼神，是阴阳二气往来、屈伸的意思。 ④故天曰神，地曰祇，人曰鬼：祇：地神。故而阴阳二气在天上的运动变化称为"神"，在地上的运动变化称为"祇"，人生命终结，气散回归太虚称为"鬼"。 ⑤形而上者，得辞斯得象矣：对于没有具体形象的形而上者的把握，需要用恰当的文辞进行描述才能得到它的形象。 ⑥神为不测，故缓辞不足以尽神：缓辞：详细具体的阐释。"神"是难以揣度的，因此用详细具体的文辞是不能准确表达其精妙的意蕴的，详细的阐释只可用来描述"化"。 ⑦化为难知，故急辞不足以体化：急辞：简明扼要的文辞。"化"是难以认识的，因此简明扼要的文辞是不足以反映其特性的，简要的叙述只能用来描述"神"。

气有阴阳，推行有渐为化①，合一不测为神②。其在人也，知义③用利，则神化之事④备矣。德盛者⑤穷神⑥则知不足道，知化⑦则义不足云。天之化也运诸气⑧，人之化也顺夫时⑨；非气非时，则化之名何有，化之实何施！《中庸》曰"至诚为能化"⑩，《孟子》曰"大而化之"⑪，皆以其⑫德合阴阳⑬,与天地同流⑭而无不通也。所谓气也者,非待其蒸郁凝聚,接于目而后知之;苟健、顺、动、止⑮、浩然、湛然⑯之得言,皆可名之象尔。然则象若非气,指何为象?时若非象,指何为时?世人取释氏销碍入空⑰,学者舍恶趋善⑱以为化,此直可为始学遣累⑲者,薄⑳乎云尔,岂天道神化所同语㉑也哉!

[注释]①推行有渐为化:化指阴阳二气互相推移的渐进的过程。 ②合一不测为神:神指阴阳二气合为一体的不可测度的变化。 ③知义:智慧与仁义。 ④神化之事:阴阳二气的运动变化之事。 ⑤德盛者:具有最高道德品质的人。见《周易·系辞下传》:"穷神知化,德之盛也。" ⑥穷神:穷尽"神"的奥秘。 ⑦知化:认识"化"的精义。 ⑧运诸气:通过气的运动变化来实现的。 ⑨顺夫时:通过顺从时势的推移来实现的。 ⑩至诚为能化:天下唯有达到最高的诚的人才能进入化境。见《礼记·中庸》:"唯天下至诚为能化。" ⑪大而化之:充实而有光辉且能融会贯通。见《孟子·尽心上》:"充实而有光辉之谓大,大而化之之谓圣。" ⑫其:指圣人。 ⑬德合阴阳:德性合于阴阳。见《周易·系辞下传》:"阴阳合德"。 ⑭同流:相类似。见《孟子·尽心上》:"夫君子,所过者化,所存者神,上下与天地同流。" ⑮健、顺、动、止:健:刚健;顺:柔顺;动:运动;止:静止。见《周易·说卦》:"乾,健也;坤,顺也;震,动也;巽,入也;坎,陷也;离,丽也;艮,止也;兑,说也。" ⑯湛然:清澈的样子。 ⑰销碍入空:佛教以真空为如来藏,认为太虚之中本无一物,而气从幻起以成诸恶,为障碍真如之根本,人们应该排除这些障碍,而入于空寂。 ⑱舍恶趋善:有学者持性恶说,认为人性本恶,人应该舍弃恶,趋向善。 ⑲遣累:排遣累赘。 ⑳薄:浅薄。 ㉑同语:相提并论。

"变则化",由粗入精也①;"化而裁之谓之变",以著显微也②。谷神不死③,故能微显④而不掩⑤。

[注释]①"变则化",由粗入精也:变则有形可察,为粗;化则不知其所以

然,为精。由变而化,是由粗入精。见《礼记·中庸》:"其次致曲,曲能有诚,诚则形,形则著,著则明,明则动,动则变,变则化。" ②以著显微也:变有形,为著;化无迹,为微。 ③谷神不死:谷神,虚空之神。谷神本自无生,故曰不死。 ④微显:使细微的显露。《周易·系辞下传》:"夫《易》彰往而察来,而微显阐幽。" ⑤掩:掩盖,遮蔽。

鬼神常不死①,故诚不可掩②;人有是心在隐微③,必乘间④而见⑤。故君子虽处幽独,防⑥亦不懈。

[注释]①鬼神常不死:鬼神为天地之功用而造化之迹,其屈伸往来,无一息之停,故常在而不灭。 ②故诚不可掩:故真实无妄之理显然而不可掩盖。见《礼记·中庸》:"《诗》曰:'神之格思,不可度思,矧可射思?'夫微之显,诚之不可掩,如此夫!" ③人有是心在隐微:是心:诚心;隐微:隐秘,细微。见《礼记·中庸》:"莫见乎隐,莫显乎微,故君子慎其独也。" ④乘间:伺隙,趁机。⑤见:通"现"。⑥防:防止邪念。

神化者,天之良能①,非人能。故大而位天德②,然后能穷神知化。

[注释]①天之良能:自然的本能。 ②大而位天德:精神充实光辉而与天合德,居于最崇高的地位。见《周易·乾卦·文言》:"飞龙在天,乃位乎天德。"

大可为也,大而化不可为也①,在熟②而已。《易》谓"穷神知化",乃德盛仁熟之致,非智力能强也③。

[注释]①大可为也,大而化不可为也:使精神达到充实而光辉的境界,用人力是可以实现的。但是既达到充实而有光辉的境界,又能融会贯通,一般人是做不到的。 ②熟:精通,熟练。 ③非智力能强也:不是智慧和人力能勉强做到的。

大而化之,能不勉而大也;不已①而天,则不测而神矣。

[注释]①不已:持续不停,不间断。

先后天而不违①,顺至理以推行,知无不合也。虽然,得圣人之任者②,皆可勉而至,犹不害③于未化尔。大几圣矣,化则位乎天德矣。

[注释]①先后天而不违:无论是先于天时还是后于天时行动,都不违背天意。见《周易·乾卦·文言》:"先天而天弗违,后天而奉天时。"　②得圣人之任者:肩负圣人所当为之事的人。　③不害:不免。

大则不骄,化则不吝①。

[注释]①大则不骄,化则不吝:骄:骄傲;吝:贪婪。见《论语·泰伯》:"如有周公之才之美,使骄且吝,其余不足观也已。"

无我①而后大,大成性②而后圣,圣位天德不可致知③谓神。故神也者,圣而不可知。

[注释]
①无我:无私。②成性:成就本性。见《周易·系辞上传》:"成性存存,道义之门。"③致知:探究认识。

见几①则义明,动而不括则用利②,屈伸顺理则身安而德滋③。"穷神知化",与天为一,岂有我所能勉④哉?乃德盛而自致尔。

[注释]①见几:几:微,征兆。察觉到事物的萌芽、征兆。见《周易·系

辞下传》："君子见几而作。" ②动而不括则用利：括：闭塞，阻滞。行动没有阻碍就会畅达顺利。见《周易·系辞下传》："君子藏器于身，待时而动，何不利之有？动而不括，是以出而有获，语成器而动者也。" ③屈伸顺理则身安而德滋：顺从规律往来屈伸，则身心平安而德性滋长。见《周易·系辞下传》："屈信相感而利生焉。"又："利用安身，以崇德也。" ④勉：勉强。

"精义入神"，事豫吾内，求利吾外也①；"利用安身"，素利吾外，致养吾内也②。"穷神知化"，乃养盛自致，非思勉之能强，故崇德而外，君子未或③致知也。

[注释]①"精义入神"，事豫吾内，求利吾外也："探究精微的义理，达到神妙的境界"，这是说我们遇事内心先有预判，目的是为了做事顺利。见《周易·系辞上》："精义入神，以致用也。"《礼记·中庸》："凡事豫则立，不豫则废。" ②"利用安身"，素利吾外，致养吾内也："妥善处理好各种事情，使自身得以安好。"这是说我们平时要处理好外部的事情，目的是为了保养好我们自身。 ③未或：未曾。

神不可致思①，存②焉可也；化不可助长③，顺焉可也。存虚明，久至德④；顺变化，达时中⑤。仁之至，义之尽也。知微知彰⑥，不舍而继其善，然后可以成之性矣⑦。

[注释]①致思：思虑。 ②存：存养，保存。 ③不可助长：要顺应"化"的自然本性，不可有所作为。见《孟子·公孙丑上》："心勿忘，勿助长也。" ④存虚明，久至德：保存内心的清虚通明，恒久地涵养至高的德性。见《礼记·中庸》："苟不至德，至道不凝焉。" ⑤顺变化，达时中：顺应天道的变化行动，做到随时节制以合乎正道。见《礼记·中庸》："君子之中庸也，君子而时中。" ⑥知微知彰：知道神之微妙、化之彰著。见《周易·系辞下传》："君子知微知彰，知柔知刚，万夫之望。" ⑦不舍而继其善，然后可以成之性矣：坚持不懈地继承它的善，然后就可以成就人的本性了。见《周易·系辞上传》：

"一阴一阳之谓道,继之者善也,成之者性也。"

圣不可知者,乃天德良能①;立心求之,则不可得而知之。

[注释]①圣不可知者,乃天德良能:良能,即神化。圣人不可揣度的原因,是由于其与天合德,居于最崇高的地位,能够穷神知化。

圣不可知谓神,庄生缪妄,又谓有神人焉①。

[注释]①庄生缪妄,又谓有神人焉:庄子谬误虚妄,又称圣人之外有人所不能揣度的神人。见《庄子·逍遥游》:"至人无己,神人无功,圣人无名。"

惟神为能变化①,以其一天下之动也②。人能知变化之道,其必知神之为也③。

[注释]①惟神为能变化:只有神才能促成变化。见《周易·系辞上传》:"知变化之道者,其知神之所为乎?" ②以其一天下之动也:因为天下所有的运动都受神的统摄与支配。见《周易·系辞下传》:"天下之动,贞夫一者也。"
③其必知神之为也:变化所在,即神所在,故而知变化之道者必知神在变化过程中所起的作用。

见易则神其几矣①。

[注释]①见易则神其几矣:了解了事物的变化之道,就能预见到神的隐微。

"知几其神",由经正以贯之,则宁用终日,断可识矣①。几者,象见而未形也②;形则涉乎明,不待神而后知也。"吉之先见"云者,顺性命则所先皆吉也③。知神而后能飨帝飨亲④,见易而后能知神⑤。是故不闻性与天道而能制礼作乐者,末矣⑥。

[注释]①"知几其神",由经正以贯之,则宁用终日,断可识矣:"认识事物的微妙变化可谓达到了神的境界",这是由于将正确的道理始终贯穿到对事物的认识过程之中,因此不需要用过长的时间观察事物发展的过程,就可做出正确的判断。见《周易·系辞下传》:"知几其神乎!君子上交不谄,下交不渎,其知几乎?几者,动之微。吉之先见者也。君子见几而作,不俟终日。《易》曰:'介于石,不终日,贞吉。'介如石焉。宁用终日,断可识矣。"《孟子·尽心下》:"君子反经而已矣。经正,则庶民兴。" ②几者,象见而未形也:"几"是指事物萌生的迹象、征兆已出现,但还没有成形。 ③"吉之先见"云者,顺性命则所先皆吉也:说"吉祥的先兆",是说顺从性命之理行事,则其就会预知吉祥。见《周易·系辞下传》:"几者,动之微。吉之先见者也。"《周易·说卦》:"昔者圣人之作《易》也,将以顺性命之理。" ④知神而后能飨帝飨亲:对神有正确的理解,才能真正祭祀上帝与祖先。见《礼记·祭义》:"唯圣人为能飨帝,孝子为能飨亲。" ⑤见易而后能知神:神不在变易之外,一定要先知道易的阴阳变化之道,才能够对神有正确的把握。 ⑥是故不闻性与天道而能制礼作乐者,末矣:闻:知;末:无。因此对性与天道没有透彻的把握,就能制礼作乐,是不可能的。见《论语·公冶长》:"夫子之言性与天道,不可得而闻也。"

"精义入神",豫之至①也。

[注释]①至:极致。

徇物丧心①,人化物而灭天理者乎②!存神过化③,忘物累而顺性命者乎④!

[注释]①徇物丧心:徇:徇即随,徇物即以身随物;丧心:失去理智。屈从于外物的诱惑,丧失心智。见《尚书·周书·旅獒》:"玩物丧志。"《吕氏春

秋·贵生》：“危身去生以徇物”。　②人化物而灭天理者乎：人化物：人受外物支配，随着外物的变化而变化。人陷溺于物欲，导致天理灭绝。见《礼记·乐记》：“人化物也者，灭天理而穷人欲者也。”　③存神过化：存神：存养精神；过化：应用随物，物过能化而不留不滞。存养精神，应用外物，但不受外物影响。见《孟子·尽心上》：“夫君子所过者化，所存者神。”　④忘物累而顺性命者乎：物累：物之牵累。不受外物所累，顺应天道性命之理行事。见《庄子·天道》：“故知天乐者，无天怨，无人非，无物累，无鬼责。”

敦厚而不化，有体而无用也①；化而自失焉，徇物而丧己也②。"大德敦化"③，然后仁智一而圣人之事备④。性性为能存神⑤，物物为能过化⑥。

[注释]①敦厚而不化，有体而无用也：敦为体之厚，敦厚即仁；化为用之神，即智。能敦厚而不能变化，是有体而无用。　②化而自失焉，徇物而丧己也：丢弃原则来顺应事物的变化而变化，这是屈从外物丧失自我的表现。　③大德敦化：敦：仁爱敦厚；化：化生万物。具有伟大德行的圣人内自敦厚以存神，外能应物而过化。见《礼记·中庸》：“小德川流，大德敦化，此天地所以为大也。”　④然后仁智一而圣人之事备：然后仁德与智慧统一于一身，成为圣人的条件也就完备了。　⑤性性为能存神：性性：即尽性。能尽性而不失其性，则胸中所存者皆神妙，这就是能"存神"。　⑥物物为能过化：物物：每一物皆有其义理，随其理以应之。顺从物之理行事不受其牵累，这就是能"过化"。

无我然后得正己之尽①，存神然后妙应物之感②。"范围天地之化而不过"③，过则溺于空④，沦于静⑤，既不能存夫神，又不能知夫化矣。

[注释]①无我然后得正己之尽：无我：无私；正己：端正自身。自身修养达到无私的境地，修身之道就达到极致了。　②存神然后妙应物之感：存养

神性,就能神妙地应接外物之感。 ③范围天地之化而不过:包括天地的变化而不越中道。见《周易·系辞上传》:"范围天地之化而不过"。 ④空:空虚。佛家的主张。 ⑤静:寂静。道家的主张。

"旁行不流"①,圆神不倚也②;"百姓日用而不知"③,溺于流也。

[注释]①旁行不流:旁:广;流,放纵,无节制。广泛地应对各种事物的变化而不放纵。见《周易·系辞上传》:"旁行而不流,乐天知命,故不忧"。 ②圆神不倚也:圆融神妙无偏隘。见《周易·系辞上传》:"是故蓍之德,圆而神。" ③百姓日用而不知:百姓每天都在按照这些道理办事,却不认识这些道理。见《周易·系辞上传》:"百姓日用而不知,故君子之道鲜矣。"

义以反经为本,经正则精①;仁以敦化为深②,化行则显③。

[注释]①义以反经为本,经正则精:义:处事符合道德规范;反:复,还,返回;经:常,日用常行之道。处事应以回归常道为根本,回复常道则处事得宜而体会到义的精微意蕴。见《孟子·尽心下》:"君子反经而已矣。经正,则庶民兴"。《公羊传》桓公十一年:"权者反于经,然后有善者也。" ②仁以敦化为深:仁:内心的修养,仁德。仁德的涵泳以敦厚入于化境为深刻。见《周易·系辞上传》:"安土敦乎仁,故能爱。" ③化行则显:化运行则仁德就会被彰显出来。

义入神,动一静也;仁敦化,静一动也。仁敦化则无体,义入神则无方①。

[注释]①义入神,动一静也;仁敦化,静一动也。仁敦化则无体,义入神则无方:存于中者为静,见诸行动者为动,故义主动,神主静。行义达到神妙的境地,遂由动而入静,以至于达到无方所可循之妙。仁为内心的修养,主

静；化为外显的运动,主动。仁德的修养达到极致就入于化境,遂由静入于动,以至于达到无形体可循的境地。见《周易·系辞上传》:"故神无方而易无体"。

动物篇第五

动物本诸天,以呼吸为聚散之渐①;植物本诸地,以阴阳升降为聚散之渐②。物之初生,气日至而滋息③;物生既盈,气日反而游散④。至之谓神,以其伸也;反之为鬼,以其归也⑤。

[注释]①动物本诸天,以呼吸为聚散之渐:天是由浮阳之气充塞的茫无边际的空间,地外就是天,而动物生于地上,故动物以天为根本,通过呼吸来实现其从生到死的历程。《周易·乾卦·文言》:"本乎天者亲上,本乎地者亲下,则各从其类也。" ②植物本诸地,以阴阳升降为聚散之渐:地受阴阳二气升降变化的作用影响,而不断升降变化。植物扎根于地中,故以地为根本,以阴阳二气的升降来实现其从萌生到消亡的历程。 ③物之初生,气日至而滋息:万物刚萌生时,气一天天地聚集而滋长生息。 ④物生既盈,气日反而游散:万物生长到满盈之时,气开始一天天地返回而散入太虚。 ⑤至之谓神,以其伸也;反之为鬼,以其归也:气聚集使物生长到满盈称为神,因为它显示了伸展的功能;气消散使物走向衰亡称为鬼,因为它回归到了气的本原状态。见《礼记·祭义》:"众生必死,死必归土,此之谓鬼。"

气于人,生而不离,死而游散者谓魂;聚成形质,虽死而不散者谓魄①。

[注释]①气于人,生而不离,死而游散者谓魂;聚成形质,虽死而不散者谓魄:气对于人而言,人生而不离开其形体,人死则游散于体外,这种气称作魂;聚成人的形体,人虽死仍不消散,这种气称为魄。见《左传》昭公七年:"人生始化曰魄,既生魄,阳曰魂。用物精多,则魂魄强,是以有精爽,至于神明。"

海水凝则冰,浮则沤,然冰之才,沤之性,其存其亡,海不得而与焉①。推是足以究死生之说②。

[注释]①海水凝则冰,浮则沤,然冰之才,沤之性,其存其亡,海不得而与焉:沤:水泡;才:能;性:理。海水凝聚就形成冰,浮动就形成水泡,然而冰与沤的才能与性质,冰与沤的形成或消失,凡此种种事情,海都不得参与其中。 ②推是足以究死生之说:由此推论就足以探究人的死生存亡问题。人生死于太虚之中,就如冰沤存亡于海中一样,冰沤虽不外于海而存在,然冰之凝释、沤之浮散,是海水自然变动的结果,海并不参与其运动变化。如同气在太虚之中,气聚则有象而生,气散则无形而死,人的生与死都是气自然聚散所致,太虚并无参与到气的运动变化之中。佛家、道家认为冥冥之中有神人主导着人的生死,是错误的。

有息者①根于天,不息者②根于地。根于天者不滞于用③,根于地者滞于方④,此动植之分也。

[注释]①有息者:息:气息,呼吸。指动物。 ②不息者:指植物。 ③根于天者不滞于用:天阳而动,动物得天之动,因此有多种多样的活动功能。 ④根于地者滞于方:地阴而静,植物得地之静,因此滞留在一定区域内而不得运动。

生有先后,所以为天序①;小大、高下相并而相形焉,是谓天秩②。天之生物也有序,物之既形也有秩③。知序然后经正④,知秩然后礼行⑤。

[注释]①生有先后,所以为天序:天序:序同"叙",自然的次序。物之出生有先有后,所以就形成了自然的先后次序。见《尚书·虞书·皋陶谟》:"天叙有典,敕我五典五惇哉!" ②小大、高下相并而相形焉,是谓天秩:相并:相互聚合;相形:相互比较;天秩:自然的品秩。万物相互聚合、相互比较,有大小、高低等天然的差异,这称为天秩,即自然的品秩。见《尚书·虞书·皋陶谟》:"天秩有礼,自我五礼有庸哉!" ③天之生物也有序,物之既形也有秩:天生万物皆有不可变易的次序,万物成长起来后又自然形成了差异。 ④知序然后经正:序先于秩,秩从序出,而序是天生的,自然形成而不可变易的。圣人根据万物自然形成之理,确定万物的次序。因此懂得了自然之序,就知道了君臣、父子、兄弟、夫妇、朋友之伦序的不可逾越,然后就可以贯彻正确的道理。 ⑤知秩然后礼行:天始生万物,只有长幼之次序,及其生长成形出现差异后,圣人以万物自然形成之理,制定万物之伦序与品秩。因此知道体现万物差异的品秩是自然形成并由圣人确定的,就知道了确定尊卑、上下、亲疏关系的品秩的重要性,然后就能依照维护等级秩序的礼制行事。

凡物能相感者,鬼神施受之性也①;不能感者,鬼神亦体之而化矣②。

[注释]①凡物能相感者,鬼神施受之性也:能相感者:指动物。鬼神作为阴阳二气屈伸运动性能,普遍地存在于万物之中,凡是能够发生相互感应的物类,都是因为鬼神施与与接受的性能在发挥作用。 ②不能感者,鬼神亦体之而化矣:不能感者:指植物。不能发生相互感应的物类,鬼神同样发挥着施受的功能而助其演化。

物无孤立之理①,非同异、屈伸、终始以发明之,则虽物非物也②。事有始卒乃成③,非同异、有无相感,则不见其成④,不见其成则虽物非物⑤。故一"屈伸相感而利生焉"⑥。

[注释]①物无孤立之理:孤立:偏阴偏阳。事物无孤立存在的道理。②非同异、屈伸、终始以发明之,则虽物非物也:发明:发挥,把内在的性能表现出来。若没有同异、屈伸、终始等相对立的关系的运动,将其内在的性质与能力展现出来,则虽以事物称之,也并非真正的事物。 ③事有始卒乃成:事物有始有终才算完成。 ④非同异、有无相感,则不见其成:若非有同异、有无等对立双方相互发生感应,就看不到事物的完成。 ⑤不见其成则虽物非物:见不到事物的完成,则虽以事物称之,也并非真正的事物。 ⑥故一"屈伸相感而利生焉":一:皆。故事物都是通过"屈伸等对立关系的相互感应发生变化,从而产生利益。"

独见独闻,虽小异,怪也,出于疾与妄也①;共见共闻,虽大异,诚也,出阴阳之正也②。

[注释]①独见独闻,虽小异,怪也,出于疾与妄也:个别人的见闻,虽与人们平时的见闻小有不同,也是奇怪的事物,因为这种所谓的见闻是由于人患病或有妄诞的想法所产生的。 ②共见共闻,虽大异,诚也,出阴阳之正也:众人的见闻,虽与人们平时的见闻有大的不同,也是真实存在的,因为这种见闻是出于阴阳二气的正常变化。

贤才出,国将昌;子孙才,族将大。

人之有息,盖刚柔相摩、乾坤阖辟之象也①。

[注释]①人之有息,盖刚柔相摩、乾坤阖辟之象也:阖辟:闭合与开启。人之有呼吸,就同如阴阳二气在天地间相互摩擦、闭合与开启的样子。见《周易·系辞上传》:"是故刚柔相摩,八卦相荡。"又"是故阖户谓之坤,辟户谓之乾。"

寤,形开而志交诸外也①;梦,形闭而气专乎内也②。

寤所以知新于耳目③，梦所以缘旧于习心④。医谓"饥梦取，饱梦与。"⑤凡寤梦所感，专语气于五藏之变⑥，容⑦有取焉尔。

[注释]①寤，形开而志交诸外也：寤：醒，睡醒；形：指身体。人睡醒的时候，身体与外界进行感应的功能开启，意识自觉地与外物相交接。见《庄子·齐物论》："其寐也魂交，其觉也形开。" ②梦，形闭而气专乎内也：人在睡梦中，身体与外界进行感应的功能关闭，气集中在体内运行。 ③寤所以知新于耳目：人睡醒时，通过耳目等器官从外界获取新的知识。 ④梦所以缘旧于习心：缘：循，顺；习心：习熟于心的经验。人在睡梦中，通过习熟于心的经验教训循习旧有的知识。 ⑤医谓"饥梦取，饱梦与。"：医书称"饥饿时会梦见索取食物，肚子饱时会梦见施与食物。"见《黄帝内经·素问·脉要精微论》："甚饱则梦予，甚饥则梦取。"《黄帝内经·灵枢·淫邪发梦》："甚饥则梦取，甚饱则梦予。" ⑥凡寤梦所感，专语气于五藏之变：寤梦：指梦。凡是人在睡梦中发生的各种感触，医书中专门讲到这些现象与气在五脏中的变化有关。 ⑦容：应当。

声者，形气相轧而成①。两气者，谷响雷声之类②；两形者，桴鼓叩击之类③；形轧气，羽扇、敲矢之类④；气轧形，人声、笙簧之类⑤。是皆物感之良能⑥，人皆习之而不察者尔。

[注释]①声者，形气相轧而成：声音，是形体与气相互摩擦而产生的。 ②两气者，谷响雷声之类：两种气流相互摩擦发出的声音，如山谷中响起的雷声之类就是。 ③两形者，桴鼓叩击之类：两种形体相互摩擦发出的声音，如用鼓槌敲击鼓发出响声之类就是。 ④形轧气，羽扇、敲矢之类：形体摩擦气流发出的声音，如摇动羽扇、发射响箭发出的声音之类就是。 ⑤气轧形，人声、笙簧之类：气流摩擦形体发出的声音，如人叫喊、吹笙簧之类就是。 ⑥物感之良能：物体之间本能的相互感应。

形也,声也,臭①也,味②也,温凉也,动静也,六者莫不有五行之别,同异之变③,皆帝则之必察者欤④!

[**注释**]①臭:气味。物质使鼻子得到某种嗅觉的特性。 ②味:味道。物质使舌头得到某种味觉的特性。 ③六者莫不有五行之别,同异之变:事物所具有的形体、声音、气味、味道、温凉、动静等六种属性,每一种都有五行的区别,同异的变化。 ④皆帝则之必察者欤:这些都是上帝化育万物的原则,必须明白了解的。《诗经·大雅·皇矣》:"不识不知,顺帝之则。"

诚明篇第六

诚明所知,乃天德良知①,非闻见小知而已。

[注释]①诚明所知,乃天德良知:因真诚无妄得以明察一切,由此获得的认识,是天赋的德性在发挥作用,使人不用思虑就可以得到。见《礼记·中庸》:"自诚明,谓之性;自明诚,谓之教。诚则明矣,明则诚矣。"《孟子·尽心上》:"所不虑而知者,其良知也。"

天人异用,不足以言诚①;天人异知,不足以尽明②。所谓诚明者,性与天道不见乎小大之别也③。

[注释]①天人异用,不足以言诚:人的行动与天的运行不相统一,就谈不上达到了"诚"的境界。 ②天人异知,不足以尽明:人的认识与天理相异,就不足以做到明察一切。 ③所谓诚明者,性与天道不见乎小大之别也:所说的修养达到诚明境界的人,与天合德,其性与天道无异用、无异知,因而也就没有大小之区别。

义命合一存乎理①,仁智合一存乎圣②,动静合一存乎神③,阴阳合一存乎道④,性与天道合一存乎诚⑤。

[注释]①义命合一存乎理:义:行为符合正义或道德规范;命:自然的规

律、法则。义与命虽有不同,其实讲的都是理,从这个意义上讲,义与命又是相同的,因此义与命统一于理。 ②仁智合一存乎圣:仁德是本体,智慧是作用,二者统一于圣人。见《孟子·公孙丑上》:"仁且智,夫子既圣矣乎。" ③动静合一存乎神:动根于静,静根于动,动而无动,静而无静,动静相倚,感应不测,体现了神的功能。因此动与静统一于神。 ④阴阳合一存乎道:一阴一阳,运行不息,称作道,因此阴与阳统一于道。 ⑤性与天道合一存乎诚:诚为天道,人由诚而明,其性亦天道。因此性与天道统一于诚。

天所以长久不已之道,乃所谓诚①。仁人孝子所以事天诚身,不过不已于仁孝而已②。故君子诚之为贵③。

[注释]①天所以长久不已之道,乃所谓诚:天长久不停运行的原因,在于真实无妄的诚的存在。见《周易·恒卦·象传》:"天地之道,恒久而不已也。"《礼记·中庸》:"故至诚无息,不息则久。" ②仁人孝子所以事天诚身,不过不已于仁孝而已:仁人、孝子用来敬事上天提高自身道德修养的手段,不过是不停止地践履仁与孝的道德规范罢了。见《礼记·中庸》:"夫孝者,善继人之志,善述人之事者也。"又"诚身有道,不明乎善,不诚乎身矣。" ③故君子诚之为贵:因此君子重视践履诚的连续性和不间断性。见《礼记·中庸》:"是故君子诚之为贵。"

诚有是物,则有终有始;伪实不有,何终始之有!故曰"不诚无物"①。

[注释]①诚有是物,则有终有始;伪实不有,何终始之有!故曰"不诚无物":事物确实真实地存在,才会有始有终;虚妄的事物确实不存在,怎么会有开始和终了!因此说"没有'诚'就没有事物"。见《礼记·中庸》:"诚者,物之始终,不诚无物。"

"自明诚",由穷理而尽性也①;"自诚明",由尽性而穷理也②。

[注释]①"自明诚",由穷理而尽性也:"自明诚",意思是通过探究事物之理,从而发挥人的天性。 ②"自诚明",由尽性而穷理也:"自诚明",意思是通过发挥人的天性而明了事物的道理。

性者万物之一源,非有我之得私也①。惟大人为能尽其道②,是故立必俱立③,知必周知④,爱必兼爱⑤,成不独成⑥。彼自蔽塞而不知顺吾理者⑦,则亦末如之何矣。

[注释]①性者万物之一源,非有我之得私也:性,即天命,是万物共同的本源,并非上天独付于人而人得私有。见《礼记·中庸》:"天命之谓性。" ②惟大人为能尽其道:只有大德之人才能充分发挥性的功用。见《礼记·中庸》:"率性之谓道。" ③立必俱立:自己立身必定让他人也能立身。见《论语·雍也》:"夫仁者,己欲立而立人,己欲达而达人。"《论语·泰伯》:"兴于《诗》,立于礼,成于乐。"《论语·季氏》:"不学礼,无以立。"《论语·尧曰》:"不知礼,无以立也。"《左传》昭公七年:"礼,人之干也,无礼,无以立。" ④知必周知:自己有所认识,必定要使这种认识成为大家的认识。见《周易·系辞上传》:"知周乎万物而道济天下,故不过。" ⑤爱必兼爱:爱自己的亲人必定使他人都得到这种爱。 ⑥成不独成:自己有所成就,也要帮助他人,使其能有所成就。 ⑦彼自蔽塞而不知顺吾理者:那些自己被淫辞邪说所蒙蔽而不知道顺从我们所讲的道理行事的人。

天能为性,人谋谓能①。大人尽性,不以天能为能而以人谋为能②,故曰:"天地设位,圣人成能。"③

[注释]①天能为性,人谋谓能:自然的本能形成人的天性,人之谋划称为才能。见《周易·系辞下传》:"天地设位,圣人成能。人谋鬼谋,百姓与能。" ②大人尽性,不以天能为能而以人谋为能:大德之人能够充分发挥其本性,但是不以天赋的本能为才能,而是以充分发挥人的聪明才智为才能。

③故曰"天地设位,圣人成能":因此说:"天地设置上下之位,圣人仿效天地来成就他的才能。"见《周易·系辞下传》。

尽性,然后知生无所得,则死无所丧①。

[注释]①尽性,然后知生无所得,则死无所丧:充分发挥了人物的本性,然后知道生死不过是气之聚散罢了,生是气之聚,死是气之散,无论是生还是死,气始终都在,因此生并没有得到什么,死并没有失去什么。

未尝无之谓体,体之谓性①。

[注释]①未尝无之谓体,体之谓性:未尝无:指太虚。太虚为气之本体,又是性。见《老子》第三十八章:"万物虽贵,以无为用,不能舍无以为体也。"

天所性者通极于道①,气之昏明不足以蔽之②。天所命者通极于性③,遇之吉凶不足以戕之④。不免乎蔽之戕之者,未之学也。性通乎气之外,命行乎气之内⑤。气无内外,假有形而言尔⑥。故思知人不可不知天⑦,尽其性然后能至于命⑧。

[注释]①天所性者通极于道:通:通达;极:极致。天所赋予人的自然本性,纯粹至善,与太虚之道是相同的,因此与太虚之道通达无间。 ②气之昏明不足以蔽之:人气质的昏明不足以遮蔽它。 ③天所命者通极于性:天命即性,因此天赋予人的命运与天赋予人的自然本性并无不同。 ④遇之吉凶不足以戕之:天赐的命运虽有定数,然穷通寿夭皆有其理。天赋予人以性,即是赋予了人顺受之道,因此命中遭遇吉凶之事,并不能影响到人穷理尽性。 ⑤性通乎气之外,命行乎气之内:人受性于天,故性通于形气之外;天赐人以命,故命运行于形气之内。 ⑥气无内外,假有形而言尔:气本无内外之别,气分内外是依据有形体的气而说的。 ⑦故思知人不可不知天:故而要

想知道人的性命之理,不可不知天理。见《礼记·中庸》:"思知人,不可以不知天。" ⑧尽其性然后能至于命:充分发挥人的本性,然后能够认识并把握自己的命运。

知性知天①,则阴阳、鬼神皆吾分内尔②。

[注释]①知性知天:知性:知人之本性为天道所成;知天:充分发挥人的本性而把握天之神妙的道理。见《孟子·尽心上》:"尽其心者,知其性也。知其性,则知天矣。" ②则阴阳、鬼神皆吾分内尔:阴阳:即气;鬼神:即气之屈与伸,为气之功用。知性知天,人之本性与天道相贯通,就掌握了阴阳二气变化的道理,就可参赞天地之化育,承担起宇宙变化的责任。于是宇宙内的事,皆成自己分内之事。

天性在人,正犹水性之在冰,凝释虽异,为物一也①。受光有小大、昏明,其照纳不二也②。

[注释]①天性在人,正犹水性之在冰,凝释虽异,为物一也:天之性存在于人,就如同水之性存在于冰一样,冰有凝聚消散之异,人有生死聚散之异,冰无论是凝聚还是消散,水之性始终都存在,人无论是生还是死,天之性始终都存在。 ②受光有小大、昏明,其照纳不二也:照:照物;纳:即受光。物所受的光虽有小大、昏明之异,但照耀物与物所接纳的都是光。犹如人命于天,虽因禀气之不同而有智愚、贤不肖之别,但天所赋予、人所受纳的理却是一样的。

天良能本吾良能,顾为有我所丧尔①。(自注:明天人之本无二②。)

[注释]①天良能本吾良能,顾为有我所丧尔:有我:有私欲。天之性存在于人,因此天的本然之能本是人的本能,但是由于人执著于私欲而丧失了这种本能。 ②明天人之本无二:说明天性与人性的本源是相同的。

上达反天理,下达徇人欲者欤①!

[注释]①上达反天理,下达徇人欲者欤:上:本为上,指德义;下:末为下,指财利;反,同"返",失而复之之意。追求上进的人通过不断地提高道德修养从而恢复其天性,自甘堕落的人顺从私欲行事。见《论语·宪问》:"君子上达,小人下达。"《礼记·乐记》:"人化物也者,灭天理而穷人欲者也。"

性其总,合两也①;命其受,有则也②。不极总之要,则不至受之分③,尽性穷理而不可变,乃吾则也④。天所自不能已者,谓命⑤;不能无感者,谓性⑥。虽然,圣人犹不以所可忧而同其无忧者⑦,有相之道存乎我也⑧。

[注释]①性其总,合两也:总:通,汇集,聚合;其:万物;两:指天地之性与气质之性。性为万物之源,统率万物,包括天地之性与气质之性。 ②命其受,有则也:受:禀受;则:准则。命出于天,为万物所禀受,有其一定的准则。 ③不极总之要,则不至受之分:不深入探究性统率万物之理,就不能把握万物所受之命的准则。 ④尽性穷理而不可变,乃吾则也:始终如一地发挥人的天性,探究事物的道理,这是我坚持的准则。 ⑤天所自不能已者,谓命:天所不能停止的叫做"命"。 ⑥不能无感者,谓性:不能不发生感应的称为"性"。 ⑦圣人犹不以所可忧而同其无忧者:面对需要忧虑的事情,圣人还不能像上天一样无所忧虑。见《周易·系辞上传》:"鼓万物而不与圣人同忧。" ⑧有相之道存乎我也:圣人深知自己负有教化百姓的责任。《诗经·大雅·生民》:"诞后稷之穑,有相之道。"

湛一,气之本①;攻取,气之欲②。口腹于饮食,鼻舌于臭味,皆攻取之性也。知德者属厌而已③,不以嗜欲累其心④,不以小害大、末丧本焉尔⑤。

[注释]①湛一,气之本:澄清纯粹,是气的本性。 ②攻取,气之欲:致

力于获取,是气的欲望的体现。 ③知德者属厌而已:属厌,满足。知道天理者满足于需要而已。 ④不以嗜欲累其心:不会因为这些欲望连累了其善良的本心。 ⑤不以小害大、末丧本焉尔:不会因为小的利益而损害大的利益,不会因为逐末而丧本。

心能尽性,"人能弘道"也;性不知检其心,"非道弘人"也①。

[注释]①心能尽性,"人能弘道"也;性不知检其心,"非道弘人"也:弘:光大。检:制约。人心有知觉,故能够充分地将天性发挥出来,因此说"人能光大道";性即天道,无所作为,不能制约人心,因此说"不是道能光大人"。见《论语·卫灵公》:"人能弘道,非道弘人。"

尽其性,能尽人物之性①。至于命者,亦能至人物之命②。莫不性诸道,命诸天③。我体物未尝遗,物体我知其不遗也④。至于命⑤,然后能成己成物,不失其道⑥。

[注释]①尽其性,能尽人物之性:全尽在己所禀受之天性,则也能全尽人物所禀受之天性。见《礼记·中庸》:"能尽其性,则能尽人之性。能尽人之性,则能尽物之性。" ②至于命者,亦能至人物之命:认识了自己的天赋之命,也能帮助人物认识自己的天命。 ③莫不性诸道,命诸天:人物之性莫非天道,人物之命莫非天命。 ④我体物未尝遗,物体我知其不遗也:我在全尽物之天性时没有遗漏,物在帮助我全尽我之天性的时候,我知道其也不会遗漏。见《礼记·中庸》:"体物而不可遗。" ⑤至于命:推及天命。 ⑥然后能成己成物,不失其道:然后能够成就自己、成全事物,而不失天道本性。

以生为性,既不通昼夜之道①,且人与物等②,故告子之妄不可不诋③。

[注释]①以生为性,既不通昼夜之道:昼夜之道,即是阴阳之理、天理,在人即为性。天理流行不息,则有气之聚散离合,万物之生灭。告子以天生的资质为性,既是以性随形而生灭,性因形而发,形不自性成,显见其并不通晓性,既不通昼夜之道。见《孟子·告子上》:"告子曰:'生之谓性。'" ②且人与物等:以生为性,人将不通性命之理,与物无异。 ③诋:呵斥,指责。

性于人无不善,系其善反不善反而已①,过天地之化②,不善反者也;命于人无不正③,系其顺与不顺而已④,行险以侥倖⑤,不顺命者也。

[注释]①系其善反不善反而已:系:在于。在于其是否善于修持其原来的善性罢了。见《孟子·尽心下》:"尧舜,性者也;汤武,反之也。" ②过天地之化:过:逾越;天地之化:即性。逾越天性,入于佛老空虚、寂静之域,自谓见性,实不足以尽性。见《周易·系辞上传》:"范围天地之化而不过。" ③命于人无不正:命对于人而言没有不正的。见《孟子·尽心下》:"莫非命也,顺受其正。是故知命者,不立乎岩墙之下。尽其道而死者,正命也;桎梏死者,非正命也。" ④系其顺与不顺而已:在于其是否能够顺应天命依理行事罢了。 ⑤行险以侥倖:为了达到目的,不惜铤而走险,期望侥幸取得成功。见《礼记·中庸》:"故君子居易以俟命,小人行险以徼幸。"

形而后有气质之性①,善反之则天地之性存焉②。故气质之性,君子有弗性者③焉。

[注释]①形而后有气质之性:天命流行赋予万物,此即天地之性。气聚成形后,又形成所谓的气质之性。见《孟子·尽心下》:"口之于味也,目之于色也,耳之于声也,鼻之于臭也,四肢之于安佚也,性也。" ②善反之则天地之性存焉:善于提高自己的道德修养则天地之性就能得到保全。 ③弗性者:不认为是人的本性。

人之刚柔、缓急、有才与不才,气之偏也①。天本参和不偏②。养其气,反之本而不偏,则尽性而天矣③。性未成则善恶混④,故亹亹而继善者,斯为善矣⑤。恶尽去则善因以亡⑥,故舍曰善而曰"成之者性"。

[注释]①人之刚柔、缓急、有才与不才,气之偏也:人的气质之性有刚柔、缓急、才否之区别,这是由于气的偏颇造成的。 ②天本参和不偏:天地之性是合太极、阴、阳三者为一,没有偏颇。 ③养其气,反之本而不偏,则尽性而天矣:气本无偏颇,因为形所拘执而有偏颇,因此人应该培养自己的气,回归本性而去除偏颇,这样就能充分发挥本性而与天合一。 ④性未成则善恶混:人之性未养成,则善恶相混淆。见《法言·修身》:"人之性也,善恶混。"
⑤故亹亹而继善者,斯为善矣:亹亹:勤勉不倦。因此需要勤勉不倦地继承培养善,才会有真正的善。见《诗经·大雅·文王》:"亹亹文王,令闻不已。"《周易·系辞下传》:"成天下之亹亹者。"《周易·系辞上传》:"继之者善也,成之者性也。" ⑥恶尽去则善因以亡:善是相对于恶而言的,恶尽被除去,则善之名也就不存在了。

德不胜气,性命于气①;德胜其气,性命于德②。穷理尽性,则性天德,命天理。气之不可变者,独死生修夭而已③。故论死生则曰"有命",以言其气也④;语富贵则曰"在天",以言其理也⑤。此大德所以必受命,易简理得而成位乎天地之中也⑥。所谓天理也者,能悦诸心⑦,能通天下之志之理也⑧。能使天下悦且通,则天下必归焉。不归焉者,所乘所遇⑨之不同,如仲尼与继世之君也⑩。"舜禹有天下而不与焉"⑪者,正谓天理驯致⑫,非气禀当然⑬,非志意所与也⑭;必曰"舜禹"云者,余非乘势则求焉者也⑮。

[注释]①德不胜气,性命于气:人的道德修为不能克制其所禀受的偏颇之气,则性不可反,命不可回,而一听偏颇之气的支配。 ②德胜其气,性命于德:人的道德修为能克制其所禀受的偏颇之气,则其性有善无恶,命有吉无凶,而皆服从于德的支配。 ③气之不可变者,独死生修夭而已:人能穷理尽性,则德胜于气,其性为天德,其命为天理。性为天德而偏颇之气不足以遮蔽之,命为天理而命中遭遇的吉凶之事不足以戕害之。气之所不能被改变的,只有死与生、长寿与夭折罢了。 ④故论死生则曰"有命",以言其气也:因此论及人的生死则说"有命",这是从人所禀受的气的角度说的。因为气聚而有形体,由此形成的强弱的体质是不可改变的,理亦无能为力。见《论语·颜渊》:"死生有命,富贵在天。" ⑤语富贵则曰"在天",以言其理也:论及富贵则说"在天",这是从人所受的理的角度说的。因为人除了死生寿夭不可改变外,其他都是可以改变的。如富贵就可以理致之。 ⑥此大德所以必受命,易简理得而成位乎天地之中也:这就是为什么说有崇高德行之人必定会秉承自然的命运;掌握天地变化的易简之理,就能受命于天地之中。见《礼记·中庸》:"故大德者必受命。"《周易·系辞上传》:"易简而天下之理得矣。天下之理得,而成位乎其中矣。" ⑦能悦诸心:能使人心感到愉悦。见《周易·系辞下传》:"能说诸心"。 ⑧能通天下之志之理也:能够贯通天下所有的志向与道理。见《周易·系辞上传》:"唯深也,故能通天下之志。" ⑨所乘所遇:所乘之势与所遇之时。 ⑩如仲尼与继世之君也:如孔子是圣人,遇到的却是诸侯国昏庸的继承者,使其志不得推行,因此天下臣民不归顺于他。见《孟子·万章上》:"继世而有天下"。 ⑪舜禹有天下而不与焉:不与:不参与,引申为不据为私有。见《论语·泰伯》:"巍巍乎舜禹有天下也,而不与焉。" ⑫天理驯致:驯致:顺着推求。舜禹顺应时势,通过奉行天理,使天下之人感到愉悦,天下之理得到贯通,从而自然获得天子之位。见《周易·坤卦·象传》:"驯致其道"。 ⑬非气禀当然:气禀:气数,命运。并非是他们天生就有作天子的命。 ⑭非志意所与也:并非由于他们主观意愿想作天子就作了天子。 ⑮余非乘势则求者也:余:舜禹之外,其余的人。舜禹之外的其他君主都不是顺应时势,通过奉行天理而求得天子之位的。见《孟子·公孙丑上》:"虽有智慧,不如乘势"。

利者为神,滞者为物①。是故风雷有象,不速于心②;心御见闻,不弘于性③。

[注释]①利者为神,滞者为物:无往而不通就是神,滞碍不通就是物。 ②是故风雷有象,不速于心:风雷无形有象,不免为物所滞;心有感即通,不行而止。因此风雷虽然迅捷,却也赶不上心感通的速度。 ③心御见闻,不弘于性:御:止。心受到耳目有限的见闻的限制,性即理,无所不包,因此心不及性弘大。

上智下愚,习与性相远既甚而不可变者也①。

[注释]①上智下愚,习与性相远既甚而不可变者也:极智慧的人与愚昧无知的人,由于他们各自的习惯与本性差距极大,因此不能够相转化。见《论语·阳货》:"子曰:'性相近也,习相远也。'子曰:'惟上知与下愚不移。'"

纤恶必除,善斯成性矣①;察恶未尽,虽善必粗矣②。

[注释]①纤恶必除,善斯成性矣:细小的恶都必须除去,善才能成为天命之性。 ②察恶未尽,虽善必粗矣:恶如果没有清除尽,虽然已经是善了,但一定不纯粹。

"不识不知,顺帝之则"①,有思虑知识,则丧其天②矣。君子所性,与天地同流易行而已焉③。

[注释]①不识不知,顺帝之则:顺:遵循;则:法则。好像不知不觉,自然遵循上帝的法则。见《诗经·大雅·皇矣》。 ②天:天性。 ③君子所性,与天地同流易行而已焉:易:异也。君子的本性,与天地之性相类似,与天地之行动相异罢了。见《孟子·尽心上》:"夫君子,所过者化,所存者神,上下与天地同流,岂曰小补之哉!"

"在帝左右",察天理而左右也①。天理者,时义②而已。君子教人,举天理以示之而已③。其行己也,述天理而时措之也④。

[注释]①"在帝左右",察天理而左右也:在:察;帝:指天理。"在帝左右",意思是考察天理,并按照天理行事。见《诗经·大雅·文王》。 ②时义:顺时合宜。见《周易·豫卦·彖传》:"豫之时义大矣哉。" ③举天理以示之而已:举出体现天理的事情展示给人罢了。见《孟子·万章上》:"天不言,以行与事示之而已矣。" ④其行己也,述天理而时措之也:述:遵循;时措:因时制宜。其自身的行为,遵循天理而因时制宜。见《论语·子路》:"行己有耻。"《礼记·中庸》:"故时措之宜也。"

和乐①,道之端乎! 和则可大,乐则可久②。天地之性,久大而已矣。

[注释]①和乐:平和乐观。见《礼记·乐记》:"心中斯须不和不乐,而鄙诈之心入之矣。" ②和则可大,乐则可久:平和则心胸开阔,乐观则健康久长。见《周易·系辞上传》:"可久则贤人之德,可大则贤人之业。"

莫非天也①,阳明胜则德性用,阴浊胜则物欲行②。领恶者而全好者,其必由学乎③!

[注释]①莫非天也:阳气的清明、阴气的重浊,皆是天理。 ②阳明胜则德性用,阴浊胜则物欲行:在阴阳二气的斗争中,清明的阳气占据主导地位则天地之性发挥作用,重浊的阴气占据主导地位则物欲流行。 ③领恶者而全好者,其必由学乎:领:治;好:善。去除人性中的恶的因素,而达到完全的善性,一定要从学习得来。见《礼记·仲尼燕居》:"敢问礼也者,领恶而全好者与?"《礼记·中庸》:"故君子尊德性而道问学。"

不诚不庄,可谓之尽性穷理乎①?性之德也未尝伪且慢②,故知不免乎伪慢者,未尝知其性也。

[注释]①不诚不庄,可谓之尽性穷理乎:诚:真诚,指内心;庄:庄重,指身体。诚且庄,与礼相合,而后可以穷理尽性,不真诚不庄重,是称不上尽性穷理的。见《礼记·曲礼》:"非礼不诚不庄。" ②伪且慢:伪:虚伪,不真诚;慢:轻慢,不庄重。

勉而后诚庄,非性也。不勉而诚庄,所谓"不言而信,不怒而威"者欤①!

[注释]①不勉而诚庄,所谓"不言而信,不怒而威"者欤:不言而信:指内心的真诚,诚则信;不怒而威:指外表的庄重,庄则威。不用勉强就能真诚、庄重,这就是所说的"不言而信,不怒而威"的人。见《礼记·乐记》:"天则不言而信,神则不怒而威。"

生直理顺,则吉凶莫非正也①;不直其生者,非幸福于回②,则免难于苟③也。

[注释]①生直理顺,则吉凶莫非正也:人之生能不邪枉诈伪,顺理而为,则无论是吉祥还是凶灾对人都属正常的命运。 ②幸福于回:幸福:侥幸得福;回:曲,邪。通过邪曲的手段侥幸获得幸福。见《诗经·小雅·鼓钟》:"淑人君子,其德不回。"《诗经·大雅·旱麓》:"恺弟君子,求福不回。" ③苟:苟且。见《礼记·曲礼上》:"临难毋苟免。"

"屈信相感而利生",感以诚也;"情伪相感而利害生",杂之伪也。至诚则顺理而利,伪则不循理而害。顺性命之理,则所谓吉凶,莫非正也;逆理则凶为自取,吉其险幸也。

"莫非命也,顺受其正"①,顺性命之理,则得性命之正,灭理穷欲,人为之招也。

[注释]①莫非命也,顺受其正:吉凶祸福无不是天命,应该顺理而行,接受天之正命。见《孟子·尽心上》:"莫非命也,顺受其正。"

大心篇第七

大其心则能体天下之物①，物有未体，则心为有外②。世人之心，止于见闻之狭。圣人尽性③，不以见闻梏其心，其视天下无一物非我④，孟子谓尽心则知性知天以此⑤。天大无外，故有外之心不足以合天心。见闻之知，乃物交而知⑥，非德性所知⑦；德性所知，不萌于见闻。

[注释]①大其心则能体天下之物：大：开拓，扩展；体：体察，探究。充分扩展人的心使其合于天道，天大无外，心与天合，则心大亦无外，因此能够体察天下万物之理。见《管子·内业》："大心而敢，宽气而广。"《荀子·不苟》"君子大心则天而道。" ②物有未体，则心为有外：有事物之理未被体察，说明心并未与天相合，有存在于心的体察之外之物。 ③尽性：充分发挥本性。 ④无一物非我：所有的事物与自己都是一体的。 ⑤孟子谓尽心则知性知天以此：孟子称充分发挥心的作用就可通晓人的本性与根源的原因就在于此。见《孟子·尽心上》："尽其心者，知其性也。知其性，则知天矣。" ⑥物交而知：人的耳目等感觉器官与事物接触而获得的认识。见《孟子·告子上》："耳目之官不思而蔽于物，物交物则引之而已矣。" ⑦德性所知：不是通过见闻而是通过心的体察而得到的知识。见《礼记·中庸》："故君子遵德性而道问学"。

由象识心①,徇象丧心②。知象者心③。存象之心,亦象而已④,谓之心可乎?

[注释]①由象识心:理虽存于内心而实寓于事物现象中,没有事物现象心之理就无法显现,因此要通过现象认识心中所存之理。 ②徇象丧心:顺从事物现象的变化探讨事理,不知道发挥心的作用,就会玩物丧志,丧失心的根本。 ③知象者心:象为物,其理存于心,因此知道现象中所寓之理的是心。 ④存象之心,亦象而已:心存象之理而超然象外,若心中存有现象,则心也不过是现象罢了。

人谓己有知,由耳目有受也;人之有受,由内外之合也①。知合内外于耳目之外,则其知也过人远矣。

[注释]①人之有受,由内外之合也:受:获得,得到。人的天性本自有知,人之所以能从外界获得知识,是由于人的内心与外界事物发生相互感应的缘故,耳目等感官只是实现内外相感的媒介而已。

天之明莫大于日①,故有目接②之,不知其几万里之高也;天之声莫大于雷霆,故有耳属③之,莫知其几万里之远也;天之不御④莫大于太虚,故心知廓⑤之,莫究其极也。人病其以耳目见闻累其心,而不务尽其心,故思尽其心者,必知心所从来⑥而后能。

[注释]①天之明莫大于日:天空中明亮的物体没有超过太阳的。见《周易·系辞上传》:"悬象著明莫大乎日月。" ②接:观察。 ③属:倾听。见《诗经·小雅·小弁》:"耳属于垣。" ④不御:御:止。无止境,无边际。见《周易·系辞上传》:"以言乎远则不御。" ⑤廓:开拓,扩充。 ⑥心所从来:天生人,其太虚不御之理即赋予人,而存于人之心,天之太虚,无所不包,故心之理亦无所不包,此为心之由来。

耳目虽为性累,然合内外之德①,知其为启之之要也②。

[注释]①耳目虽为性累,然合内外之德:内:指心性;外:指物之法象。耳目等感官获得的见闻之知虽影响心所具有的德性之知的发挥,然而人的内心与外界事物发生感应,是通过耳目等感官来实现的。 ②知其为启之之要也:知道耳目等感官是使人实现穷理尽性的目的的关键所在。

成吾身者,天之神也①。不知以性成身②,而自谓因身发智③,贪天功为己力④,吾不知其知也。民何知哉?因物同异相形⑤,万变相感⑥,耳目内外之合⑦,贪天功而自谓己知尔。

[注释]①成吾身者,天之神也:成就人身的,是天的神妙功能。 ②不知以性成身:不知道人是因为天地之性而成为人。 ③而自谓因身发智:而自认为人是通过身体的耳目等感官发展智慧成为人。 ④贪天功为己力:强占天之功劳作为自己的功劳。见《左传》僖公二十四年:"窃人之财犹谓之盗,况贪天之功以为己力乎?" ⑤因物同异相形:通过事物的同异比较获得认识。 ⑥万变相感:通过事物的变化感应获得认识。 ⑦耳目内外之合:通过耳目等感官与外界事物的接触获得认识。

体物体身,道之本也①。身而体道,其为人也大矣②。道能物身故大③,不能物身而累于身,则藐乎其卑矣④。

[注释]①体物体身,道之本也:体:本体。道为物之本体、人身之本体,这是道的本性所在。 ②身而体道,其为人也大矣:身:人身,耳目官能。通过人身的耳目官能充分发挥道的功能,这样的人就能成为精神充实而崇高的人。 ③道能物身故大:人能将身作为一物,一听命于道,为道所用,故而精神充实而崇高。 ④不能物身而累于身,则藐乎其卑矣:不能将人身的耳目

官能用于弘扬道上,而是陷溺于嗜欲之中,使自身受到牵累,那样的人是藐小而卑贱的。

能以天体身,则能体物也不疑①。

[注释]①能以天体身,则能体物也不疑:天大无外,无物不体,人能以天之理为身之理,则身与天同,亦大而无外,因而毫无疑问也能体察万物。

成心忘,然后可与进于道①。(自注:成心者,私意也。)

[注释]①成心忘,然后可与进于道:成心:成见,偏见。忘却私心杂念,然而才能进而入于"道"。见《庄子·齐物论》:"夫随其成心而师之,谁独且无师乎?"

化则无成心矣①。成心者,意②之谓欤!

[注释]①化则无成心矣:化:神化,能够因时制宜,变化无方。人的修为达到出神入化的境界就没有偏私之心了。 ②意:私意。

无成心者,时中①而已矣。

[注释]①时中:随时节制以合乎正道,即"化"之实。见《礼记·中庸》:"君子之中庸也,君子而时中。"

心存①,无尽性之理,故"圣不可知谓神"②。(自注:此章言心者,亦指私心为言也。)

[注释]①心存:心:成心,私心。成心未忘。 ②圣不可知谓神:圣人的精神境界到了不可揣测的境界称为神。见《孟子·尽心下》:"圣而不可知之

之谓神。"

以我视物则我大①，以道体物我则道大②。故君子之大也大于道③，大于我者容不免狂而已④。

[注释]①以我视物则我大：从自我的角度体察事物之理，因万物皆备于我，故我比物大。见《孟子·尽心上》："充实而有光辉之谓大，大而化之之谓圣。" ②以道体物我则道大：事物与我皆以道为本体，是我亦为物而听命于道，故道大于我。 ③故君子之大也大于道：大于道：即道为大。因此君子之所以伟大是因为其践行的道的伟大。 ④大于我者容不免狂而已：大于我：即我为大。自以为伟大的人不免陷入狂妄的境地。

烛天理如向明①，万象无所隐；穷人欲如专顾影间②，区区于一物之中尔③。

[注释]①烛天理如向明：烛：洞悉，明察。明察天理如同趋向光明。 ②穷人欲如专顾影间：追求满足个人的私欲就如同只注意阴暗的地方。 ③区区于一物之中尔：局限于一个事物之中。

释氏不知天命而以心法起灭天地①，以小缘大，以末缘本②，其不能穷而谓之幻妄③，真所谓疑冰者④欤！（自注：夏虫疑冰，以其不识。）

[注释]①释氏不知天命而以心法起灭天地：儒家认为天命皆实理，故天地皆实形。佛家不懂天命，以空寂为心法，认为心生种种法生，心灭种种法灭，因此认为天地有起灭。见《华严经》："三界所有，唯是一心。"《般若经》："种种世法皆由心生。"《坛经·般若品》："万法尽在自心。" ②以小缘大，以末缘本：小与末，指心；大与本，指天；缘，指因缘。佛家以人心之起灭，皆属幻妄，因而以实有的天地为幻妄。 ③其不能穷而谓之幻妄：不能穷：言不能知

天命之理;谓之幻妄:指以心法起灭天地。 ④疑冰者:夏虫不见冰,因此怀疑冰的存在,比喻佛家不知天反而怀疑天地为幻妄。见《庄子·秋水》:"夏虫不可以语以冰者,笃于时也。"

释氏妄意天性①,而不知范围天用②,反以六根之微因缘天地③。明不能尽④,则诬天地日月为幻妄,蔽其用于一身之小,溺其志于虚空之大⑤。此所以语大语小,流遁失中⑥。其过也,尘芥六合⑦;其蔽于小也,梦幻人世⑧。谓之穷理可乎?不知穷理而谓之尽性可乎?谓之无不知可乎?尘芥六合,谓天地为有穷也⑨;梦幻人世,明不能究所从也⑩。

[注释]①释氏妄意天性:佛家以私意揣度天性。 ②而不知范围天用:范围:意为裁成;天用:即化育。不能如圣人裁成天地之化育。 ③反以六根之微因缘天地:六根:佛家以眼、耳、鼻、舌、身、意为色、声、香、味、触、法之根;因缘:牵合,比附。反而以天地附会六根之说,认为太虚之有天地日月,犹如人性之有六根。六根无非幻妄,则天地日月也是幻妄的。 ④明不能尽:不能明察穷究天地之理。 ⑤蔽其用于一身之小,溺其志于虚空之大:以六根因缘天地,使其能力被自身有限的认识所蒙蔽;妄意天性,使其意志陷溺于无边的虚空之中。 ⑥此所以语大语小,流遁失中:所以其所讲的无论是大道理还是小道理,都脱离了正道。 ⑦其过也,尘芥六合:六合:指上下四方。其言虚空过于大,则称六合为虚空中的微尘、芥子。 ⑧其蔽于小也,梦幻人世:其言人世过于小,则称一切有为法,如梦幻泡影。 ⑨谓天地为有穷也:是说天地是有边际的。 ⑩明不能究所从也:不能明察穷究人世之所从来。

中正篇第八

中正然后贯天下之道①,此君子之所以大居正②也。盖得正则得所止③,得所止则可以弘而至于大④。乐正子、颜渊,知欲仁⑤矣。乐正子不致⑥其学,足以为善人、信人⑦,志于仁无恶而已;颜子好学不倦,合仁与智,具体⑧圣人,独未至圣人之止尔⑨。

[注释]①中正然后贯天下之道:中正:中,指无过与不及;正,指不偏不倚,得当。学者在增进自己的道德水平的过程中,能够达到中正的地步,然后就可以通晓天下的道理。 ②大居正:推崇遵循正道。见《公羊传》隐公三年:"君子大居正。" ③得正则得所止:得正就能认清自己进德的目标。 ④得所止则可以弘而至于大:认清自己进德的目标就可以扩充自己的德性,从而使精神达到充实而有光辉的境界。 ⑤知欲仁:有志于仁德。 ⑥致:致力。 ⑦足以为善人、信人:足能够做一个善良和诚实的人。见《孟子·尽心下》:"浩生不害问曰:'乐正子何人也?'孟子曰:'善人也,信人也。'" ⑧具体:总体的各部分都具备。见《孟子·公孙丑上》:"子夏、子游、子张皆有圣人之一体;冉牛、闵子、颜渊,则具体而微。" ⑨独未至圣人之止尔:唯独没有达到圣人所达到的境界。

学者中道而立①,则有位以弘之②。无中道而弘③,则穷大而失其居④,失其居则无地以崇其德,与不及者同。此颜子所以克己研几⑤,必欲用其极⑥也。未至圣而不已,故仲尼贤其进⑦;未得中而不居⑧,故惜夫未见其止⑨也。

[注释]①学者中道而立:学者无过与不及,以中道立身。见《孟子·尽心上》:"中道而立,能者从之。" ②则有位以弘之:有位:指居于中道。学者立于中道则崇德有基,从而可以逐渐达到充实而光辉的精神境界。 ③无中道而弘:没有以中道立身而扩充仁德。 ④则穷大而失其居:就会因一味地穷究道之广大而失去其所居的中道。见《周易·序卦》:"穷大者必失其居。" ⑤克己研几:克己:克制、约束自己;研几:穷究精微之理。见《论语·颜渊》:"克己复礼为仁。"《周易·系辞上传》:"夫易,圣人之所以极深而研几也。" ⑥用其极:用中道之极。见《礼记·大学》:"是故君子无所不用其极。" ⑦故仲尼贤其进:故而孔子赞扬颜渊是一个不断追求进步的人。见《论语·雍也》:"贤哉,回也!"《论语·子罕》:"子谓颜渊曰:'惜乎!吾见其进也,未见其止也。'" ⑧不居:不停止。 ⑨未见其止:颜渊早夭,故不及至于至善。因此孔子感叹没有看到颜渊停止下来。见《论语·子罕》:"子谓颜渊曰:'惜乎!吾见其进也,未见其止也。'"

大中至正之极,文必能致其用①,约必能感而通②。未至于此,其视圣人恍惚前后③,不可为之像④,此颜子之叹⑤乎!

[注释]①文必能致其用:所掌握的各种文献知识一定能够发挥它们的作用。 ②约必能感而通:以礼约束自身一定能够感通天下。 ③恍惚前后:忽然在前,忽然在后。意为总是难以赶上圣人的节奏。 ④不可为之像:无法把握其形象。 ⑤颜子之叹:颜渊的叹息。见《论语·子罕》:"颜渊喟然叹曰:'仰之弥高,钻之弥坚。瞻之在前,忽焉在后。夫子循循然善诱人,博我以文,约我以礼。欲罢不能。既竭吾才,如有所立卓尔。虽欲从之,末由也

已。"

"可欲之谓善"①,志仁则无恶也②。诚善于心之谓信③,充内形外之谓美④,塞乎天地之谓大⑤,大能成性之谓圣⑥,天地同流⑦,"阴阳不测之谓神"。

[注释]①可欲之谓善:可欲:道德之美,人之所欲。没有任何可憎恶的地方称为"善"。见《孟子·尽心下》:"可欲之谓善,有诸己之谓信,充实之谓美,充实而有光辉之谓大,大而化之之谓圣,圣而不可知之之谓神。" ②志仁则无恶也:有志于仁德就不会为恶。见《论语·里仁》:"苟志于仁矣,无恶也。" ③诚善于心之谓信:实有此善于心称为"信"。 ④充内形外之谓美:充实于内心的善通过形象显现出来称为"美"。 ⑤塞乎天地之谓大:善充塞于天地之间称为"大"。 ⑥大能成性之谓圣:大能成为人的本性称为"圣"。 ⑦天地同流:与天地之性相类似。见《孟子·尽心上》:"夫君子,所过者化,所存者神,上下与天地同流"。

高明不可穷,博厚不可极,则中道不可识①,盖颜子之叹也。

[注释]①高明不可穷,博厚不可极,则中道不可识:高明:高大光明;博厚:广博深厚;不可:不能。高明与博厚皆中道之所在,故皆为圣人至诚之功用,高明不能穷尽,博厚不能究极,自然不能把握中道。《礼记·中庸》:"故至诚无息。不息则久,久则征。征则悠远,悠远则博厚,博厚则高明。博厚,所以载物也;高明,所以覆物也;悠久,所以成物也。博厚配地,高明配天,悠久无疆。如此者,不见而章,不动而变,无为而成。天地之道,可一言而尽也:其为物不贰,则其生物不测。天地之道:博也,厚也,高也,明也,悠也,久也。"

君子之道,成身成性①以为功者也;未至于圣,皆行而未成之地尔。

[注释]①成身成性:成就自身与本性。见《礼记·哀公问》:"不能乐天,不能成其身。"《周易·系辞上传》:"成性存存,道义之门。"

大而未化①,未能有其大,化而后能有其大。

[注释]①大而未化:充实而有光辉但未能融会贯通。见《孟子·尽心上》:"充实而有光辉之谓大,大而化之之谓圣"。

知德以大中为极,可谓知至矣①。择中庸而固执之②,乃至之之渐也。惟知学然后能勉③,能勉然后日进而不息可期矣④。

[注释]①知德以大中为极,可谓知至矣:知道德性以大中为极致,可称得上是认识到了自己努力的目标了。见《周易·乾卦·文言》:"知至至之,可与几也。" ②择中庸而固执之:选择并坚定不移地奉行无所偏倚的中庸之道。见《礼记·中庸》:"择乎中庸,而不能期月守也。"又:"诚之者,择善而固执之者也。" ③惟知学然后能勉:只有知道德性的极致为大中,才能勤勉。 ④能勉然后日进而不息可期矣:能够勤勉不已,做到天天都在进步,则达到德性的极致就是可预期的了。

体正则不待矫而弘①。未正必矫,矫而得中,然后可大。故致曲于诚者,必变而后化②。

[注释]①体正则不待矫而弘:人的本性若正,则不需要矫正,自然就会充实而有光辉。 ②故致曲于诚者,必变而后化:因此矫正人的偏私之性于真诚,一定要使他的偏私之性发生改变,然后使他进入融会贯通的境界。见《礼记·中庸》:"其次致曲,曲能有诚,诚则形,形则著,著则明,明则动,动则变,变则化。唯天下至诚为能化。"

极其大而后中可求①，止其中而后大可有②。

[注释]①极其大而后中可求：充分发挥人的本性，精神达到极其充实而光辉，然后才能求得中道。　②止其中而后大可有：达到中道然后充实而光辉的精神才能得以保持。

大亦圣之任，虽非清和一体之偏，犹未忘于勉而大尔①。若圣人，则性与天道无所勉焉②。

[注释]①大亦圣之任，虽非清和一体之偏，犹未忘于勉而大尔：清：清高；和：和顺。学至于大，已具圣人之规模，凡圣人所能为者，彼皆能为之，这样的人性情中虽然没有清高和顺一类的偏向，然而不得称之为"圣"者，是因为其犹有勉强而大之意在。见《孟子·万章下》："伯夷，圣之清者也；伊尹，圣之任者也；柳下惠，圣之和者也；孔子，圣之时者也。孔子之谓集大成。"　②若圣人，则性与天道无所勉焉：像圣人无所勉强就自然实现了性与天道的合一。

无所杂①者清之极，无所异②者和之极。勉而清，非圣人之清；勉而和，非圣人之和。所谓圣者，不勉不思而至焉者也③。

[注释]①杂：混杂。　②异：乖异。　③不勉不思而至焉者也：不用努力奋斗、不用思虑就能达到清和境界的人。见《礼记·中庸》："诚者，不勉而中，不思而得，从容中道，圣人也。"

勉，盖未能安①也；思，盖未能有②也。

[注释]①未能安：未能不勉而达于中道。　②未能有：未能不思就得到。

不尊德性,则学问从而不道①;不致广大,则精微无所立其诚②;不极高明,则择乎中庸失时措之宜矣③。

[注释]①不尊德性,则学问从而不道:尊:恭敬奉持之意;德性:人所受于天之正理,即天理。不尊奉德性,则虽然讲习讨论众事于学问,却不能走上正道。见《礼记·中庸》:"故君子尊德性而道问学。" ②不致广大,则精微无所立其诚:不致力于追求心之广大,使心为私意所蒙蔽,就无法通过探究精微的义理树立起真诚。见《礼记·中庸》:"致广大而尽精微。" ③不极高明,则择乎中庸失时措之宜矣:不推极天道之高明以洞察天理之自然,则虽然行动一定遵照中正之道,仍然会与时势相违而错失适宜的机会。见《礼记·中庸》:"极高明而道中庸。"

绝四①之外,心可存处②,盖必有事③焉,而圣不可知④也。

[注释]①绝四:断绝意、必、固、我等四种偏颇的思想方法。见《论语·子罕》:"子绝四:毋意、毋必、毋固、毋我。" ②心可存处:心可存放东西的地方。 ③必有事:一定是安放中正之道。见《孟子·公孙丑上》:"必有事焉而勿正,心勿忘,勿助长也。" ④圣不可知:圣人的精神境界不可揣度。见《孟子·尽心下》:"圣而不可知之之谓神。"

不得已,当为而为之,虽杀人皆义也①;有心为之,虽善皆意也②。正己而物正,大人也③;正己而正物,犹不免有意之累也④。有意为善,利之⑤也,假之⑥也;无意为善,性之⑦也,由之⑧也。有意在善,且为未尽,况有意于未善耶!仲尼绝四,自始学至成德,竭两端之教也⑨。

[注释]①不得已,当为而为之,虽杀人皆义也:当人处于不得不做的时候,应该做的就要做,虽然是杀人也是符合道义的。 ②有心为之,虽善皆意

也:有意做的事情,由于并非是迫不得已而为之,所做虽是善事但也都是出自私意,并不符合道义。 ③正己而物正,大人也:通过端正自己的本性而使万物的本性都自动端正,这是精神充实而丰盈的大人所能做到的。 ④正己而正物,犹不免有意之累也:端正自己的本性并努力端正他物的本性以使其端正,此举虽善,但仍然免不了受到私意的牵累。 ⑤利之:以善为利,利善之功,非出于道义。 ⑥假之:假善之名,非出于道义。 ⑦性之:做善事是受本性的驱使。 ⑧由之:做善事是根据天性自然去做的。 ⑨竭两端之教也:竭尽事情的始终、本末等两个方面的教育。见《论语·子罕》:"我叩其两端而竭焉。"

不得已而后为,至于不得为而止,斯智矣夫!

意,有思也;必,有待也;固,不化也;我,有方也①。四者有一焉,则与天地为不相似。

[注释]①意,有思也;必,有待也;固,不化也;我,有方也:意,即私意,欲有所得而萌生思绪的意思;必,即期必,期望一定达到目的的意思;固,即执滞,固执不化的意思;我,即私己,局限于一己之私的意思。

天理一贯①,则无意、必、固、我之凿②。

[注释]①天理一贯:将天理贯穿于自己的一切行动之中,尽去一己之私欲。②凿:穿凿附会。

意、必、固、我,一物存焉,非诚也;四者尽去,则直养而无害①矣。

[注释]①直养而无害:以浩然之正气培养自己的身心而不被私心所妨害。见《孟子·公孙丑上》:"其为气也,至大至刚,以直养而无害,则塞于天地

之间。"

妄去然后得所止①。得所止,然后得所养而进于大矣②。无所感而起,妄也③;感而通,诚也。计度而知,昏也④;不思而得,素也⑤。

[注释]①妄去然后得所止:妄:虚罔,不实。去掉妄念然后才能知道追求的目标。 ②然后得所养而进于大矣:然后知道自己要培养的德性,从而使自己的精神达到充实而丰盈的境界。 ③无所感而起,妄也:人心寂然,感而遂通,心无所感而意忽欲为之,就是"妄"。 ④计度而知,昏也:计度:计谋揣度。凭空揣度而获得对事物的认知,这是昏聩的表现。 ⑤不思而得,素也:不经过思虑就能得到对事物的认知,这是人先天的本性使然。

事豫则立,必有教以先之①;尽教之善,必精义以研之②。精义入神③,然后立斯立,动斯和矣④。

[注释]①必有教以先之:欲事情成功,必须要先进行教育。见《礼记·学记》:"建国君民,教学为先。" ②尽教之善,必精义以研之:想让人尽得所教之理,就必须对精微的义理进行深入研究。 ③精义入神:探究精微的义理,达到神妙的境界。见《周易·系辞下传》:"精义入神,以致用也。" ④然后立斯立,动斯和矣:然后一让他们立足于社会,他们就自会立足于社会;一动员他们,他们就自会同心协力。见《论语·子张》:"夫子之得邦家者,所谓立之斯立,道之斯行,绥之斯来,动之斯和。"

志道,则进据者不止矣①;依仁,则小者可游而不失和矣②。

[注释]①志道,则进据者不止矣:志:有志于;道:所当践行的人伦日用之常理;进据:进入并占据。有志于道,就会进据于德并不断地向前迈进。见

《论语·述而》:"志于道,据于德。" ②依仁,则小者可游而不失和矣:依:服从,不违背;小:指艺,即礼、乐、射、御、书、数等六种技艺,皆蕴涵至理。依据仁而行事,则可玩物适情,游憩于六艺而不背离正道。见《论语·述而》:"依于仁,游于艺。"

志学然后可与适道①,强礼然后可与立②,不惑然后可与权③。

[注释]①志学然后可与适道:志学:笃志好学;适:归从。笃志好学,然后才能与其探讨践行正道之事。见《论语·子罕》:"可与共学,未可与适道;可与适道,未可与立;可与立,未可与权。" ②强礼然后可与立:强:坚守不移。坚守礼制,然后才能与其探讨依礼行事之事。见《礼记·学记》:"九年知类通达,强立而不反,谓之大成。" ③不惑然后可与权:权:变。尽性知天不被迷惑,然而才能与其探讨通权达变之事。见《论语·为政》:"四十而不惑"。

博文以集义①,集义以正经②,正经然后一以贯天下之道③。

[注释]①博文以集义:集义:积善,欲事事皆合于义。广博地学习文献知识,是为了使事事皆合于义。见《论语·雍也》:"君子博学于文。"《孟子·公孙丑上》:"是集义所生者,非义袭而取之也。" ②集义以正经:正经:正道,常道。事事皆与义合是为了掌握正道。 ③一以贯天下之道:以一贯的原则对待天下的事物。《论语·里仁》:"吾道一以贯之。"

将穷理而不顺理①,将精义而不徙义②,欲资深且习察③,吾不知其智也。

[注释]①将穷理而不顺理:打算穷究天理,但是不按照天理行事。见《周易·说卦》:"昔者圣人之作《易》也,将以顺性命之理。" ②将精义而不徙义:义:通"宜",正当的道理,适宜的事情或办法。打算精研义,但是不知道实

行义。见《周易·系辞上传》:"精义入神,以致用也。"《论语·述而》:"闻义不能徙。" ③欲资深且习察:资深:积累深厚;习察:学习省察。想穷理之极致而用之不竭并且精义之极致而无微不入。见《孟子·离娄下》:"君子深造之以道,欲其自得之也。自得之,则居之安;居之安,则资之深;资之深,则取之左右逢其原,故君子欲其自得之也。"《孟子·尽心上》:"行之而不著焉,习矣而不察焉,终身由之而不知其道者,众也。"

智、仁、勇,天下之达德①,虽本之有差②,及所以知之成之则一也③。盖谓仁者以生知、以安行此五者④,智者以学知、以利行此五者⑤,勇者以困知、以勉行此五者⑥。

[注释]①智、仁、勇,天下之达德:达:通达。智、仁、勇,是天下通行的道德。见《礼记·中庸》:"天下之达道五,所以行之者三,曰君臣也、父子也、夫妇也、昆弟也、朋友之交也。五者,天下之达道也。知、仁、勇三者,天下之达德也,所以行之者一也。或生而知之,或学而知之,或困而知之,及其知之一也。或安而行之,或利而行之,或勉强而行之,及其成功一也。" ②虽本之有差:本:指初始;差:等差。虽然三者在初始阶段有生知、学知、困知及安行、利行、勉行之差别。 ③及所以知之成之则一也:人所以认识并修持完成这三种德性的道路是一样的,即都是通过君臣、父子、夫妇、兄弟、朋友等五达道来实现的。 ④仁者以生知、以安行此五者:生知:生而知之;安行:自然践行。有仁德的人对于此五达道是生而知之、自然践行之。 ⑤智者以学知、以利行此五者:学知:学而知之;利行:为了利益而践行。有智慧的人对于此五达道是学而知之、为了利益而践行之。 ⑥勇者以困知、以勉行此五者:困知:为了解决困难而求得认识;勉行:需要努力才能实行。勇敢的人对于此五达道是遇到困难之后为了解决困难才知道的、通过努力才践行的。

中心安仁,无欲而好仁,无畏而恶不仁,天下一人而已,惟责己一身当然尔①。

[注释]①中心安仁,无欲而好仁,无畏而恶不仁,天下一人而已,惟责己一身当然尔:内心安置着仁德,因而没有私欲、无所畏惧,喜好仁德、厌恶不仁,天下仅有少数人能做到这样,因此要想达到这一境界,只有严格要求自己,这是理所当然的事。见《礼记·表记》:"中心安仁者,天下一人而已矣。"又:"无欲而好仁者,无畏而恶不仁者,天下一人而已矣。是故君子议道自己,而置法以民。"

行之笃者,敦笃①云乎哉?如天道不已而然,笃之至也。

[注释]①敦笃:敦厚笃实,奋发自强于必为。

君子于天下,达善达不善,无物我之私①。循理者共悦之②,不循理者共改之③。改之者,过虽在人如在己,不忘自讼④;共悦者,善虽在己,盖取诸人而为⑤,必以与之焉⑥。善以天下⑦,不善以天下⑧,是谓达善达不善。

[注释]①达善达不善,无物我之私:善不善与天下同,没有属于他人或是属于我之区别。 ②循理者共悦之:凡是循理而为的善行,就与大家一起共同喜悦它。 ③不循理者共改之:凡是不循理而为的恶行,就与大家一起共同改正它。 ④自讼:自我检讨。 ⑤盖取诸人而为:吸取了他人的优点才做出来的。 ⑥必以与之焉:一定要将功劳归于他人。 ⑦善以天下:善是天下共同的善。 ⑧不善以天下:不善是天下共同的不善。

善人云者,志于仁而未致其学,能无恶而已,"君子名之必可言也"①如是。

[注释]①君子名之必可言也:君子用词有他的理由,一定能够明白说出来。《论语·子路》:"故君子名之必可言也,言之必可行也。"

善人,欲仁而未致其学者也。欲仁,故虽不践成法①,亦不陷于恶,有诸己也②。不入于室由不学③,故无自而入圣人之室也。

[注释]①成法:既定之法。 ②有诸己也:其自身仁德的本性在发挥作用。 ③不入于室由不学:不入于圣人之室得窥圣人之学是由于不学习。见《论语·先进》:"由也升堂矣,未入于室也。"又:"子张问善人之道。子曰:'不践迹,亦不入于室。'"

恶不仁,故不善未尝不知①;徒好仁而不恶不仁,则习不察,行不著②。是故徒善③未必尽义,徒是④未必尽仁;好仁而恶不仁,然后尽仁义之道。

[注释]①恶不仁,故不善未尝不知:厌恶不仁德,就会对这样的事情非常敏感,自己若有不善就一定会知道。见《论语·里仁》:"我未见好仁者,恶不仁者。好仁者,无以尚之;恶不仁者,其为仁矣,不使不仁者加乎其身。"《周易·系辞下传》:"有不善未尝不知,知之未尝复行也。" ②则习不察,行不著:则是习以为常却不知其所以然,照着去做却不知其当然。《孟子·尽心上》:"行之而不著焉,习矣而不察焉。" ③徒善:仅仅坚持善。 ④徒是:仅仅是坚持对的。

"笃信好学"①,笃信不好学,不越为善人、信士而已。"好德如好色"②,好仁为甚矣。"见过而内自讼"③,恶不仁而不使加乎其身,恶不仁为甚矣。学者不如是,不足以成身,故孔子未见其仁,必叹曰"已矣夫",思之甚也。

[注释]①笃信好学:信念坚定,勤奋好学。见《论语·泰伯》:"笃信好学,守死善道。" ②好德如好色:爱好仁德同爱好美色那样痴迷。见《论语·子罕》:"吾未见好德如好色者也。"《论语·卫灵公》:"已矣乎!吾未见好德如

好色者也。" ③见过而内自讼：见到他人有过错就内心自责。见《论语·公冶长》："已矣乎！吾未见能见其过而内自讼者也。"

孙其志①于仁则得仁，孙其志于义则得义，惟其敏②而已。

[注释]①孙其志：孙，通"逊"，顺，谦逊。志：心志，想法。见《尚书·商书·说命下》："惟学逊志，务时敏。" ②敏：敏疾。

博文约礼，由至著入至简，故可使不得叛而去①。温故知新，多识前言往行以畜德②，绎旧业而知新，盖思昔未至而今至，缘旧所见闻而察来，皆其义也③。

[注释]①博文约礼，由至著入至简，故可使不得叛而去：至著者文，至简者礼，广泛地阅读文献以丰富其知识，用礼仪加以约束以规范其行为。由著入简，则著者不虚，简者有据，所以能使人不会离经叛道而去。见《论语·雍也》："君子博学于文，约之以礼，亦可以弗畔矣夫！" ②温故知新，多识前言往行以畜德：温故知新，广泛地学习前人的经验教训以积蓄德性。见《论语·为政》："温故而知新，可以为师矣。"《周易·大畜卦·象传》："君子以多识前言往行，以畜其德。" ③皆其义也：都是温故知新的意思。

责己者，当知天下国家无皆非之理①。故学至于不尤人，学之至也②。

[注释]①责己者，当知天下国家无皆非之理：处世有失误、不当之处，岂是别人都错，我都正确。责己自省的人，要认识到天下之广、国家之大，无人人皆非的道理。 ②故学至于不尤人，学之至也：因此求学若达到有问题只去自身找原因，不归咎于他人的境地，就是到了求学的最高境界。

闻而不疑则传言之,见而不殆则学行之①,中人之德也。闻斯行②,好学之徒也。见而识其善而未果于行③,愈于不知者尔。"世有不知而作者"④,盖凿也,妄也,夫子所不敢也,故曰"我无是也"。

[注释]①闻而不疑则传言之,见而不殆则学行之:殆:疑惑。对于听说而能确信的道理就传布它,对于见到的没有可怀疑的地方的事情就学习施行它。见《论语·为政》:"多闻阙疑,慎言其余,则寡尤;多见阙殆,慎行其余,则寡悔。" ②闻斯行:听说是正确的道理,自己不加辨析就急于施行。 ③见而识其善而未果于行:未果:没有实现。看见并能认识到这是善的,然而却未能施行这种善。 ④世有不知而作者:世间有不知其理却率意妄为的人。见《论语·述而》:"盖有不知而作之者,我无是也。多闻,择其善者而从之;多见而识之,知之次也。"

以能问不能,以多问寡①,私淑艾以教人②,隐而未见③之仁也。

[注释]①以能问不能,以多问寡:有能力却向无能力的人请教,知识丰富却向知识匮乏的人请教。见《论语·泰伯》:"以能问于不能,以多问于寡,有若无,实若虚,犯而不校,昔者吾友尝从事于斯矣。" ②私淑艾以教人:私涉艾:私自学习他人的优点。私下里学习他人的善行并以此教育人。见《孟子·尽心上》:"君子之所以教者五。有如时雨化之者,有成德者,有达财者,有答问者,有私淑艾者。此五者,君子之所以教也。" ③隐而未见:见:通"现"。隐秘而不显露。见《周易·乾卦·文言》。

为山平地①,此仲尼所以惜颜回未至②,盖与互乡之进也③。

[注释]①为山平地:孔子以堆土成山为喻,认为做事应该停止的时候就

停止,应该前进的时候就前进。见《论语·子罕》:"譬如为山,未成一篑,止,吾止也;譬如平地,虽覆一篑,进,吾往也。"②此仲尼所以惜颜回未至:孔子以堆土成山为喻,说山已将成而功亏一篑,这是孔子在怜惜颜回接近圣人却因为早夭而未能达到圣人的境界。见《论语·子罕》:"子谓颜渊,曰:'惜乎!吾见其进也,未见其止也。'"③盖与互乡之进也:互乡:春秋时地名。孔子以堆土成山为喻,说平地为山仅覆一筐土。这大概是赞许互乡人的进步。见《论语·述而》:"互乡难与言,童子见,门人惑。子曰:'与其进也,不与其退也,唯何甚!人洁己以进,与其洁也,不保其往也。'"

学者四失①:为人则失多②,好高则失寡③,不察则易④,苦难则止⑤。

[注释]①学者四失:做学问的人常有四种过失。见《礼记·学记》:"学者有四失,教者必知之。人之学也,或失则多,或失则寡,或失则易,或失则止。" ②为人则失多:治学是为了向人夸耀的人的过失在于贪多不化。见《论语·宪问》:"古之学者为己,今之学者为人。" ③好高则失寡:好高骛远的人不屑于从事博学文籍之事,其过失在于知识狭窄、寡少。 ④不察则易:不喜明察义理的人容易率意径行,其过失在于轻易妄为。 ⑤苦难则止:畏惧苦难的人常常逡巡畏缩缺乏勇往直前的勇气,其过失在于半途而废。

学者舍礼义,则饱食终日,无所猷为①,与下民一致,所事不逾②衣食之间、燕游之乐尔。

[注释]①猷为:猷:谋,计划;为:作为。见《尚书·周书·洪范》:"有猷,有为,有守。"②逾:越过。

以心求道,正由以己知人①,终不若彼自立彼②,为不思而得也。

[注释]①以心求道,正由以己知人:由:若。心外无道,道外无心,心道

为一,道本为心之所有,以心求道,是求之于外,就如同以己知人,仅能得其仿佛。　②彼自立彼:人率性而体悟内心的道。

考求迹合以免罪戾者,畏罪之人也①,故曰"考道以为无失"②。

[注释]①考求迹合以免罪戾者,畏罪之人也:考:稽考。研究古道,使自己的言行与之相合,以避免犯下罪过的人,由于他们仅是追求形迹与古道相合,而非真正本道义而为,因此他们是畏惧罪过的人。　②考道以为无失:道:古道。考求先王之道,以免出现过失。见《礼记·表记》。

儒者穷理,故率性可以谓之道①。浮图不知穷理而自谓之性②,故其说不可推而行。

[注释]①儒者穷理,故率性可以谓之道:理具于性,儒者穷理则可以尽性,因此顺着性而行,皆合于理,这可称为道。见《周易·说卦》:"穷理尽性以至于命。"《礼记·中庸》:"天命之谓性,率性之谓道。"　②浮图不知穷理而自谓之性:浮图:指佛教。佛教不知穷究天地之理以见性,一切指为障碍而自以顿悟为性,其说尚清静虚无而绝君臣、父子、夫妇之道。

致曲不贰,则德有定体①;体象诚定,则文节著见②;一曲致文,则余善兼照③;明能兼照,则必将徙义④;诚能徙义,则德自通变⑤;能通其变,则圆神无滞⑥。

[注释]①致曲不贰,则德有定体:矫正偏私使与其心性相一致,则德就有了定形之体。见《礼记·中庸》:"其次致曲,曲能有诚,诚则形,形则著,著则明,明则动,动则变,变则化。唯天下至诚为能化。"　②体象诚定,则文节著见:体成即有象,内在的体与外在的象确实得以确定,则德性就会在礼仪上明白呈现。　③一曲致文,则余善兼照:通过对一个偏私行为的矫正,使德性

通过礼义得以明白呈现,则其余的善也都能明白显现。 ④明能兼照,则必将徙义:能够明达事理,就会知道己之偏私,彼之德义,则一定会徙而从之。 ⑤诚能徙义,则德自通变:至诚而至于实行义,则其德自然能够不为偏私所局限而时措合宜变通不穷。 ⑥能通其变,则圆神无滞:能变通不穷,则体圆用神而无滞碍。

有不知则有知①,无不知则无知②。是以鄙夫有问,仲尼竭两端而空空③。《易》无思无为,受命乃如响④。圣人一言尽天下之道⑤,虽鄙夫有问,必竭两端而告之⑥。然问者随才分各足⑦,未必能两端之尽也。

[注释]①有不知则有知:人于事理有所不知,则多学而识之,是以有知。 ②无不知则无知:人于事理自觉无不知,则不求其知,好像是无知一样。 ③仲尼竭两端而空空:孔子于知识空空然若无知状,然有鄙夫问学于他,他从终始、本末、上下、精粗等正反两个方面行解释,可谓无所不尽,显现出了渊博的学识。见《论语·子罕》:子曰:"吾有知乎哉?无知也。有鄙夫问于我,空空如也。我叩其两端而竭焉。" ④《易》无思无为,受命乃如响:如同《易》一样,《易》全体乎吉凶悔吝之理,以待物至而应之。当其没有与物发生感应时,寂然不动,没有思维没有行动,若空空然;当其接受到人的命令,其反应就如同回声一样迅速,知无不尽,若竭两端然。见《周易·系辞上传》:"易无思也,无为也,寂然不动,感而遂通天下之故。"又:"问焉而以言,其受命也如响。" ⑤圣人一言尽天下之道:圣人言简意赅,一句话就可以讲尽天下之道,本不必对事理进行细致的阐述。 ⑥虽鄙夫有问,必竭两端而告之:然而,虽然是普通人向孔子求教,孔子也一定要从正反两个方面进行深入的探讨然后告诉他。 ⑦然问者随才分各足:孔子答疑,力求讲尽精粗之理,然而向孔子求教者才分有高下,领会有浅深,对于孔子的回答只能是各随其所取而自足,并不能完全领会孔子的深意。

教人者必知至学之难易,知人之美恶①,当知谁可先传此,谁将后倦此②。若洒扫应对,乃幼而逊弟之事,长后教之,人必倦弊。惟圣人于大德③有始有卒,故事无大小,莫不处极④。今始学之人,未必能继⑤,妄以大道教之,是诬⑥也。

[注释]①教人者必知至学之难易,知人之美恶:教育人必须知道所教的学业有难有易,所教之人素质有优劣之异。见《礼记·学记》:"君子知至学之难易而知其美恶。" ②当知谁可先传此,谁将后倦此:应当知道可以先向谁传授这种学问,谁在后面的学习中会对这种学问产生厌倦情绪。见《论语·子张》:"子游曰:'子夏之门人小子,当洒扫应对进退,则可矣,抑末也。本之则无。如之何?'子夏闻之,曰:'噫!言游过矣!君子之道,孰先传焉?孰后倦焉?譬诸草木,区以别矣。君子之道,焉可诬也?有始有卒者,其惟圣人乎!'" ③大德:大节。见《论语·子张》:"大德不逾闲,小德出入可也。" ④处极:处理达到极致。 ⑤继:指继承圣人之事。 ⑥诬:欺骗。

知至学之难易,知德①也;知其美恶,知人也。知其人且知德,故能教人使入德②,仲尼所以问同而答异③以此。

[注释]①知德:知道所传授知识的浅深、精粗。 ②入德:入于圣人之道。③问同而答异:孔子教育学生,注重因材施教,常常学生所问虽同但孔子的回答却不同。

"蒙以养正"①,使蒙者②不失其正,教人者之功也。尽其道,其惟圣人乎!

[注释]①蒙以养正:见《周易·蒙卦·彖传》:"蒙以养正,圣功也。"②蒙者:蒙昧未明之人。

洪钟未尝有声,由扣乃有声①;圣人未尝有知,由问乃有知。

[注释]①洪钟未尝有声,由扣乃有声:洪钟:大钟;扣:以物击之。见《礼记·学记》:"善待问者如撞钟,扣之以小者则小鸣,扣之以大者则大鸣。"

"有如时雨之化者"①,当其可②,乘其间③而施之,不待彼有求④、有为⑤而后教之也。

[注释]①有如时雨之化者:有如及时的雨水滋润万物一样。见《孟子·尽心上》:"君子之所以教者五。有如时雨化之者,有成德者,有达财者,有答问者,有私淑艾者。此五者,君子之所以教也。" ②可:合适的时间。 ③间:适当的机会。 ④有求:因疑求解。 ⑤有为:因事求教。

志常继则罕譬而喻,言易入则微而臧①。

[注释]①志常继则罕譬而喻,言易入则微而臧:譬:比喻,比方;喻:知晓,明白。受教者善于体会师长的意思,那么师长在讲授中就是少作比喻也能知晓。教育者言辞简洁明了,易为受教者所接受,则不需夸大其说而善自明。见《礼记·学记》:"善教者,使人继其志。其言也约而达,微而臧。罕譬而喻,可谓继志矣。"

"凡学,官先事,士先志"①,谓有官者先教之事,未官者使正其志焉。志者,教之大伦②而言也。

[注释]①凡学,官先事,士先志:见《礼记·学记》。 ②大伦:大节。

道以德者①,运于物②外,使自化也。故谕③人者,先其意而逊其志可也④。盖志意两言,则志公而意私⑤尔。

[注释]①道以德者:道,同"导"。以道德教育感化人。见《论语·为

政》:"道之以政,齐之以刑,民免而无耻。道之以德,齐之以礼,有耻且格。"②物:法制禁令。 ③谕:教谕,教导。 ④先其意而逊其志可也:逊:顺。妥当的做法是在其私意未发之前以道德教育引导其志向。见《礼记·祭义》:"君子所谓孝者,先意承志,喻父母于道者。"《尚书·商书·说命下》:"惟学逊志务敏。" ⑤志公而意私:志是预先确定的追求的目标,故其自然与天下公理相合;意为人一时感动,因事而发,反映的是个人的想法,故志、意有公私之别。

能使不仁者仁,仁之施厚矣,故圣人并答仁智以"举直错诸枉"①。

[注释]①举直错诸枉:提拔正直的人,使其居于邪恶的人之上。见《论语·颜渊》:"樊迟问仁。子曰:'爱人。'问知。子曰:'知人。'樊迟未达,子曰:'举直错诸枉,能使枉者直。'"

以责人之心责己则尽道,所谓"君子之道四,丘未能一焉"①者也;以爱己之心爱人则尽仁,所谓"施诸己而不愿,亦勿施于人"者也;以众人望人则易从,所谓"以人治人改而止"者也;此君子所以责己、责人、爱人之三术也。

[注释]①君子之道四,丘未能一焉:君子之道有四,孔丘一个方面也未能做好。见《礼记·中庸》:"故君子以人治人,改而止。忠恕违道不远,施诸己而不愿,亦勿施于人。君子之道四,丘未能一焉。所求乎子以事父,未能也。所求乎臣以事君,未能也。所求乎弟以事兄,未能也。所求乎朋友先施之,未能也。"

有受教之心,虽蛮貊可教①;为道既异,虽党类难相为谋②。

[注释]①有受教之心,虽蛮貊可教:若有接受教育之心,虽然是野蛮未开化之人也是可以教育感化的。见《论语·卫灵公》:"言忠信,行笃敬,虽蛮貊之邦,行矣。"又:"有教无类。" ②为道既异,虽党类难相为谋:所遵循的道不同,即使是同类也难以共同谋划事情。见《论语·卫灵公》:"道不同,不相为谋。"

大人①所存,盖必以天下为度②。故孟子教人,虽货色之欲③,亲长之私④,达诸天下而后已。

[注释]①大人:大德之人。 ②度:胸襟,器量。 ③货色之欲:对财物、美色的欲望。见《孟子·梁惠王下》:"王如好货,与百姓同之,于王何有?……王如好色,与百姓同之,于王何有?"④亲长之私:孝敬父母、亲爱子女的私心。见《孟子·离娄上》:"人人亲其亲,长其长,而天下平。"

子而孚化之①,众好者翼飞之②,则吾道行矣。

[注释]①子而孚化之:子:鸟卵,喻指受教育者,即百姓;孚化:禽鸟伏卵育雏,比喻教育者诚心爱养受教育者。教育者要像鸟孵化小鸟一样,悉心关爱受教育者。见《周易·中孚卦·象传》:"孚,乃化邦也。"②众好者翼飞之:众好者:幼小而美好的鸟,比喻受教育之人中德才俱佳者;翼飞:哺育而长其翼,教之学习飞行。比喻教育者着力辅助优秀的受教育者不断前进。见《左传》哀公十六年:"胜如卵,余翼而长之。"

至当篇第九

至当①之谓德,百顺之谓福②。德者福之基,福者德之致,无入而非百顺③,故"君子乐得其道"④。

[注释]①至当:当:恰当。所行皆合于理。 ②百顺之谓福:百顺:百无乖逆,无往不顺。各方面都顺畅就是福。见《礼记·祭统》:"福者备也,备者百顺之名也。" ③无入而非百顺:入:往。以德致福,无往而不通顺。 ④君子乐得其道:君子以得到致福之道为快乐。见《礼记·乐记》:"君子乐得其道,小人乐得其欲。"

循天下之理①之谓道,得天下之理之谓德②,故曰"易简之善配至德"③。

[注释]①天下之理:理为事物发展变化的规律,理之在天下,为所有人共有之理,非此有而彼无。 ②得天下之理之谓德:认识并掌握了天下之理称为"德"。见《礼记·乐记》:"德者,得也。" ③易简之善配至德:善:至善之理,天下之理;至德:天德,创始万物的太虚之德。平易简约的至善之理比配极其崇高的天德。见《周易·系辞上传》。

"大德敦化",仁智合一,厚且化也;"小德川流",渊泉时出之也①。"大德不逾闲,小德出入可也"②,大者器则小者不器矣③。

[注释]①"大德敦化",仁智合一,厚且化也;"小德川流",渊泉时出之也:"大德敦化",意为圣人合仁德与智慧为一,敦厚充实并且发生感化;"小德川流",意为圣人小的德行如同渊泉那样应时流出以化育万物。见《礼记·中庸》:"小德川流,大德敦化,此天地所以为大也。" ②大德不逾闲,小德出入可也:逾:逾越;闲:界限。见《论语·子张》。 ③大者器则小者不器矣:大者器:大德不逾越规矩,能成性而立其性,如器之有成;小者不器:小德由大德中出,大德为体,小德为用,大德之体既成,小德之用则无不周,因而小德不器。

"德者,得也",凡有性质而可有者也①。

[注释]①凡有性质而可有者也:性:理,本性;质:气质,形体。凡得天之理为有性,得天之气为有质者,都可以有其德。

"日新之谓盛德"①,过而不有②,不凝滞于心③,知之细④也。浩然无害,则天地合德⑤;照无偏系,则日月合明⑥;天地同流,则四时合序⑦;酬酢不倚,则鬼神合吉凶⑧。天地合德,日月合明,然后能无方体⑨;能无方体,然后能无我。

[注释]①日新之谓盛德:与日俱新迁流不滞称为盛德。见《周易·系辞上传》。 ②过而不有:应用随物,物过能化而不留不滞。 ③不凝滞于心:心不为外物之迹所牵累。 ④知之细:察理精细。 ⑤浩然无害,则天地合德:以浩然之正气培养自己的身心而不被私心所妨害,就能与天地的好生之德相合。见《孟子·公孙丑上》:"其为气也,至大至刚,以直养而无害,则塞于天地之间。"《周易·乾卦·文言》:"夫大人者,与天合其德,与日月合其明,与四时合其序,与鬼神合其吉凶。" ⑥照无偏系,则日月合明:明察一切,无所

偏私,就能与日月的普照相合。 ⑦天地同流,则四时合序:与天地一同运行而不息,就能与四时的顺序相合。 ⑧酬酢不倚,则鬼神合吉凶:应对交往没有偏颇之弊,就能与鬼神福善祸恶相合。 ⑨无方体:无固定的、具体的空间和形体。见《周易·系辞上传》:"故神无方而易无体。"

礼器则藏诸身,用无不利①。礼运云者,语其达也②;礼器云者,语其成也③。达与成,体与用之道④。合体与用,大人之事备矣。

[注释]①礼器则藏诸身,用无不利:礼器:以礼为治身之器。人学习并掌握了礼,行事就会无不顺利。 ②礼运云者,语其达也:达:畅通,晓达。"礼运"的意思是礼运行天下,畅通晓达,无所限隔。《礼记·礼运》:"故礼达而分定。" ③礼器云者,语其成也:"礼器"的意思是礼作为治身之器见诸行事而各成其事。 ④达与成,体与用之道:礼的通畅运行与成就事物,体现的是本体与功用的道理。

礼器不泥于小者①,则无非礼之礼,非义之义。盖大者器则出入,小者莫非时中也②。子夏谓"大德不逾闲,小德出入可也",斯之谓尔。

[注释]①礼器不泥于小者:以礼成物不拘泥于小节。 ②盖大者器则出入,小者莫非时中也:涉及大节则需要用礼予以规范,小节的处理则随时合宜就可以。

礼器则大矣,修性而非小成者欤①;运则化矣②,达顺而乐亦至焉尔。

[注释]①礼器则大矣,修性而非小成者欤:能悉知礼并加以运用,大人之事也就完备了,以礼来恢复天性不是让人只有小的成就啊。见《礼记·学

记》："七年视论学取友,谓之小成。"②运则化矣：礼得到运行就会发生变化。

"万物皆备于我"①,言万物皆有素于我②也;"反身而诚",谓行无不慊③于心,则"乐莫大焉"。

[注释]①万物皆备于我：万事万物的道理都存在于我的心中。见《孟子·尽心上》："万物皆备于我矣。反身而诚,乐莫大焉。" ②有素于我：与生具生,素具于我。 ③慊：满足,满意。

未能如玉,不足以成德①;未能成德,不足以孚②天下。"修己以安人"③,修己而不安人,不行乎妻子④,况可忾于天下⑤！

[注释]①未能如玉,不足以成德：品德如果未能达到如玉一般无瑕的地步,就不能说是成就了伟大的品德。《诗经·秦风·小戎》："言念君子,温其如玉。"《礼记·聘义》："夫昔者,君子比德于玉焉"。 ②孚：孚化,化育天下。 ③修己以安人：修养自己以使人安乐。见《论语·宪问》。 ④妻子：妻子儿女。 ⑤忾于天下：忾：满,至。至于天下。见《礼记·哀公问》："君行此三者,则忾乎天下矣,大王之道也。"

"正己而不求于人"①,不愿乎外②之盛者欤！

[注释]①正己而不求于人：端正自己而不妄求于他人。见《礼记·中庸》。 ②不愿乎外：行有不得,皆反省自身,不寄希望于外物。

仁道有本①,近譬诸身,推以及人,乃其方也。必欲博施济众,扩之天下,施之无穷,必有圣人之才,能弘其道。

[注释]①仁道有本：实行仁道要以心为本。见《论语·雍也》："子贡曰：'如有博施于民而能济众,何如？可谓仁乎？'子曰：'何事于仁！必也圣乎！

尧舜其犹病诸！夫仁者,己欲立而立人,已欲达而达人。能近取譬,可谓仁之方也已。'"

制行以己,非所以同乎人①。

[注释]①制行以己,非所以同乎人:制定道德和行为规范要按照自己的要求,而不是顺从他人的意见。见《礼记·表记》:"是故圣人之制行也,不制以己。"

必物之同者,己则异矣①；必物之是者,己既非矣②。

[注释]①必物之同者,己则异矣:物:他人。一定要他人赞同自己的主张,那就是同在他人而异在自己了。 ②必物之是者,己既非矣:一定要他人认为自己所作所为正确,那就是自己不正确了。

能通天下之志者①,为能感人心②,圣人同乎人而无我③,故和平天下,莫盛于感人心。

[注释]①能通天下之志者:能通达天下人的意志的人。见《周易·同人卦·彖传》:"惟君子能通天下之志。" ②为能感人心:就是因为能够以仁德感动人心。见《周易·咸卦·彖传》:"圣人感人心而天下和平。" ③圣人同乎人而无我:圣人通达天下人的意志,与人意志相通而无一己之私。

道远人则不仁①。

[注释]①道远人则不仁:仁者,人之所以为人之理,即道。为道而远离人,则失其仁,即是不仁。见《礼记·中庸》:"道不远人。"

易简理得则知几①,知几然后经可正②。天下达道五,其生民之大经③乎！经正则道前定④,事豫立,不疑其所行⑤,利用安身之要莫先焉。

［注释］①易简理得则知几：掌握了平易简约的天地之理,就能够察知事物萌生的征兆。见《周易·系辞上传》："易简而天下之理得矣。"《周易·系辞下传》："知几其神乎？" ②知几然后经可正：认识事物的微妙变化,由此可知善之当行,不善之当去,使君臣、父子、夫妇之常道,悉当于理而无不正。见《孟子·尽心下》："君子反经而已矣。经正,则庶民兴。" ③生民之大经：经：常,日用常行之道。百姓赖以立身的根本的伦常之道。 ④经正则道前定：使常行之道悉当于理而无不正,则可以提前确定行事要遵循的道。 ⑤不疑其所行：不怀疑其所做的。见《周易·坤卦·文言》："则不疑其所行也"。

性天经然后仁义行①,故曰"有父子、君臣、上下,然后礼义有所错"②。

［注释］①性天经然后仁义行：知道人的本性出于天道自然,然后仁义就能够得到顺利推行。见《孝经·庶人章》："夫孝,天之经也。"《左传》昭公二十五年："夫礼,天之经也。" ②有父子、君臣、上下,然后礼义有所错：错：通"措",施行,推行。有了父子、君臣、上下等伦常关系,然后礼义才能有所实行。见《周易·序卦》："有天地然后有万物,有万物然后有男女,有男女然后有夫妇,有夫妇然后有父子,有父子然后有君臣,有君臣然后有上下,有上下然后礼义有所错。"

仁通极其性①,故能致养而静以安②；义致行其知③,故能尽文而动以变④。

［注释］①仁通极其性：通极：通达无间。仁为心之德,与人的心性通达无间。 ②故能致养而静以安：故能使人的天性得到涵养而达到宁静与安定的境地。见《周易·说卦》："坤也者,地也,万物皆致养焉。"《论语·雍也》："知者动,仁者静。" ③义致行其知：知：天性中自然之知。推行所知之义到极致。 ④故能尽文而动以变：尽文：充分发挥礼的功用。故能够充分发挥

礼义的功用而达到随时变动以适应变化的境地。

义,仁之动也①,流于义者于仁或伤②;仁,体之常也③,过于仁者于义或害④。

[注释]①义,仁之动也:义是仁的作用。 ②流于义者于仁或伤:流:无节制。不加节制地行义,因断制太过,对仁有时会造成损伤。 ③仁,体之常也:仁是义的本体。 ④过于仁者于义或害:过分强调仁,因慈爱太过,对义有时会造成妨害。

"立不易方"①,安于仁而已乎!

[注释]①立不易方:立身正道不改变。见《周易·恒卦·象传》:"君子以立不易方。"

安所遇而敦仁①,故其爱有常心,有常心则物被常爱也。

[注释]①安所遇而敦仁:安于所处的境遇而敦笃其仁。见《周易·系辞上传》:"安土敦乎仁,故能爱。"

大海无润①,因暍者有润②;至仁无恩③,因不足者有恩④。乐天安土⑤,所居而安,不累于物也。

[注释]①大海无润:大海中的水非是为了滋润他物才有的。 ②因暍者有润:暍:伤暑,中暑。因为受暑热折磨的人对水有需求,使海水显得有滋物的功能。 ③至仁无恩:具有最高仁德的人,其心至公,本无意施恩于人。 ④因不足者有恩:因为有人存在着不足之处,对至仁之人有需求,才使至仁之人显得有恩德。 ⑤乐天安土:乐于听从上天的安排,安于所处的境遇。见《周易·系辞上传》:"乐天知命,故不忧;安土敦乎仁,故能爱。"

爱人然后能保其身①,(自注:寡助则亲戚畔之②。)能保其身则不择地而安。(自注:不能有③其身,则资④安处以置之。)不择地而安,盖所达者大矣;大达于天,则成性成身⑤矣。

[注释]①爱人然后能保其身:能仁爱他人者,人亦亲爱之,因此能使其自身得到保护。见《礼记·哀公问》:"古之为政,爱人为大;不能爱人,不能有其身;不能有其身,不能安土;不能安土,不能乐天;不能乐天,不能成其身。" ②寡助则亲戚畔之:失道就会缺少帮助的人,就是亲属也会背叛他。见《孟子·公孙丑下》:"得道者多助,失道者寡助。寡助之至,亲戚畔之。" ③有:保有。 ④资:凭借。 ⑤成性成身:成就本性与自身。见《礼记·哀公问》:"不能乐天,不能成其身。"《周易·系辞上传》:"成性存存,道义之门。"

上达则乐天①,乐天则不怨;下学则治己②;治己则无尤③。

[注释]①上达则乐天:透彻了解了天理就会乐于接受天命。见《论语·宪问》:"子曰:'莫我知也夫!'子贡曰:'何为其莫知子也?'子曰:'不怨天,不尤人,下学而上达。知我者其天乎!'" ②下学则治己:学习待人处世的学问就会主动约束自己。 ③无尤:不责备人。

不知来物①,不足以利用②;不通昼夜③,未足以乐天。圣人成其德,不私其身,故乾乾自强④,所以成之于天尔。

[注释]①来物:未来的事情。见《周易·系辞上传》:"其受命也如响,无有远近幽深,遂知来物。" ②利用:利于所用;使事物发挥效能。见《周易·系辞下传》:"利用安身,以崇德也。"《尚书·虞书·大禹谟》:"正德,利用,厚生,惟和。" ③昼夜:阴阳变化之道。见《周易·系辞上传》:"通乎昼夜之道而知"。 ④乾乾自强:自强不息。见《周易·乾卦》:"九三:君子终日乾乾"。

《周易·乾卦·象传》:"君子以自强不息。"

君子于仁圣①,为不厌,诲不倦,然且自谓不能②,盖所以为能也。能不过人,故与人争能,以能病人③;大则天地合德④,自不见其能也⑤。

[注释]①仁圣:仁德与圣德。见《论语·述而》:"子曰:'若圣与仁,则吾岂敢?抑为之不厌,诲人不倦,则可谓云尔已矣。'" ②能:能力,才能。 ③以能病人:病:批评,指责。以己之长较人之短,指责别人没有能力。 ④大则天地合德:进入至大的境界则与天地合一。见《周易·乾卦·文言》:"夫大人者,与天地合其德。" ⑤自不见其能也:圣人与天地合德,大公无私,有若无,实若虚,他的能力自然不会显现出来。

君子之道达诸天①,故圣人有所不能②;夫妇之智淆诸物③,故大人有所不与④。

[注释]①达诸天:与天合德,透彻了解了天理。 ②圣人有所不能:圣人与天合德,其道广大而隐微,当其没有与物发生感应时,寂然不动,没有思维、行动,若空空然,显得有做不到的地方。见《礼记·中庸》:"君子之道,费而隐。夫妇之愚,可以与知焉;及其至也,虽圣人亦有所不知焉。夫妇之不肖,可以能行焉;及其至也,虽圣人亦有所不能焉。" ③夫妇之智淆诸物:淆:搅乱,混杂;夫妇:指普通人。普通人的智慧体现在对琐碎事物的剖判上。 ④故大人有所不与:大人:即圣人,对天称"圣人",对普通人称"大人"。圣人关注于道之大者,对于有些日常琐碎事理的剖判,圣人是不参与的。

匹夫匹妇,非天之聪明①不成其为人;圣人,天聪明之尽者②尔。

[注释]①天之聪明:聪明:视听;听到的和看到的;引申为智慧才智。天

赐的聪明。见《尚书·虞书·皋陶谟》："天聪明,自我民聪明。"《尚书·商书·说命中》："惟天聪明。" ②天聪明之尽者:将上天赐予的聪明才智发挥到极致的人。

大人者,有容①物,无去②物;有爱物,无徇③物;天之道然。天以直养万物④,代天而理物者,曲成⑤而不害其直,斯尽道矣。

[注释]①容:包容。 ②去:抛弃,排斥。 ③徇:顺从。 ④天以直养万物:直:公平正直。天道无心而成化,一本于理,公平正直地养育万物。 ⑤曲成:想方设法使有成就;委曲成全。见《周易·系辞上传》："曲成万物而不遗。"

志大则才大、事业大①,故曰"可大"②,又曰"富有"③;志久则气久、德性久④,故曰"可久"⑤,又曰"日新"⑥。

[注释]①志大则才大、事业大:人的道德水平的高低、事业成就的大小都取决志向的大小。志向远大,为了实现自己的抱负,就会努力问学,因此才能就会日益增进,才能卓异,就能实现理想,成就伟大的事业。 ②可大:可以取得伟大的成功。见《周易·系辞上传》："有功则可大……可大则贤人之业。" ③富有:广大悉备,无所不有。见《周易·系辞上传》："富有之谓大业"。 ④志久则气久、德性久:能够持之以恒地坚持自己的理想,行动就会坚持下去,德性也会持久。 ⑤可久:可以持久。见《周易·系辞上传》："有亲则可久……可久则贤人之德"。 ⑥日新:日日更新。见《周易·系辞上传》："日新之谓盛德"。

清为异物,和为徇物①。

[注释]①清为异物,和为徇物:清:清高;和:随和。清高就是与外物相异,随和就是屈从外物。见《孟子·万章下》："伯夷,圣之清者也;伊尹,圣之

任者也;柳下惠,圣之和者也;孔子,圣之时者也。孔子之谓集大成。"

知金和而玉节之则不过①,知运而贞一之则不流②。

[注释]①知金和而玉节之则不过:金:指钟等金属类乐器;玉:指磬等玉质乐器。奏乐者知道要先以金和其声,以玉节其韵,这样乐声才不会紊乱。见《孟子·万章下》:"集大成也者,金声而玉振之也。金声也者,始条理也。玉振之也者,终条理也。始条理者,智之事也。终条理者,圣之事也。"《周易·系辞上传》:"知周乎万物而道济天下,故不过。" ②知运而贞一之则不流:贞一:正于一;守正专一。智慧运用于事物,并始终以正确的原则予以规范,这样事情就不会散漫无束。见《周易·系辞下传》:"天下之动,贞夫一者也。"

道①所以可久、可大,以其肖天地而不离也②;与天地不相似,其违道也远矣。

[注释]①道:圣人之道。 ②以其肖天地而不离也:肖:相似;离:违背。因为它效法天地之道,没有违背它。见《周易·系辞上传》:"与天地相似,故不违。"

久者一之纯①,大者兼之富②。

[注释]①久者一之纯:圣人之道能够长久,是因它不杂私伪,一贯纯正。②大者兼之富:圣人之道气象宏大,是因为它兼收并蓄,包罗万象。

大则直不绞①,方不刿②,故不习而无不利③。

[注释]①大则直不绞:绞:急切。圣人之道广大则正直而不急躁。见《论语·泰伯》:"直而无礼则绞"。 ②方不刿:刿:伤。方正有棱角而不伤人。见《老子》第五十八章:"是以圣人方而不割,廉而不刿。"《礼记·聘义》:"廉而不刿,义也。" ③故不习而无不利:习:熟悉。因此对于事情虽然不熟

悉,然而处理起来无不顺利。《周易·坤卦》:"六二:直、方、大,不习,无不利。"

易简然后能知险阻①,易简理得然后一以贯天下之道②。易简故能悦诸心③,知险阻故能研诸虑④,知几为能以屈为伸⑤。

[注释]①易简然后能知险阻:懂得平易与简约的天地之理,然后就能够知道天下的艰险与困阻。见《周易·系辞下传》:"夫乾,天下之至健也,德行恒易以知险;夫坤,天下之至顺也,德行恒简以知阻。" ②易简理得然后一以贯天下之道:掌握了平易简约的天地之理,然后以统一的原则贯通之。见《周易·系辞上传》:"易简而天下之理得矣。"《论语·里仁》:"吾道一以贯之。" ③易简故能悦诸心:天地之平易简约,因此能使人心感到愉悦而乐意接受。见《周易·系辞下传》:"能说诸心"。 ④知险阻故能研诸虑:知道天下的险阻,因此能够研究各种思虑。见《周易·系辞下传》:"能研诸侯之虑。" ⑤知几为能以屈为伸:察知事物萌生的征兆是为了在行动中能够以退让的方式求得进步。见《周易·系辞下传》:"知几其神乎?"《周易·系辞下传》:"尺蠖之屈以求信也。"

"君子无所争"①,彼伸则我屈,知也;彼屈则吾不伸而伸矣,又何争!

[注释]①君子无所争:君子没什么可争之事。见《论语·八佾》。

无不容然后尽屈伸之道①,至虚则无所不伸矣②。"君子无所争",知几于屈伸之感而已③。"精义入神"④,交伸于不争之地⑤,顺莫甚焉,利莫大焉。

[注释]①无不容然后尽屈伸之道:能够做到包容一切,然后就可以充分

发挥屈伸进退之道。　②至虚则无所不伸矣:达到极度的清虚就没有什么地方不能伸展了。　③知几于屈伸之感而已:从事情的发展变化中揣度到了事情的征兆罢了。　④精义入神:探究精微的义理,达到神妙的境界。见《周易·系辞下传》:"精义入神,以致用也。"　⑤交伸于不争之地:交伸:伸即伸,屈亦无非伸。无所不伸,无论是处于何种境地,皆无入而不自得。

"天下何思何虑"①,明屈伸之变,斯尽之矣。

[注释]①天下何思何虑:天下人想什么考虑什么。见《周易·系辞下传》。

胜兵之胜,胜在至柔①,明屈伸之神尔。

[注释]①胜在至柔:胜在以柔克刚,以屈为伸。

敬斯有立①,有立斯有为②。

[注释]①敬斯有立:庄敬自持才能立身于世间。　②有立斯有为:能立身于社会才能有所作为。

"敬,礼之舆也"①,不敬则礼不行。

[注释]①敬,礼之舆也:敬,是礼的载体。见《左传》僖公十一年。

"恭敬、撙节、退让以明礼"①,仁之至也,爱道之极也。

[注释]①恭敬、撙节、退让以明礼:撙,通"撙",有所抑而不敢肆;节:有所制而不敢过。恭敬、抑制、退让等行为是用来明礼的。见《礼记·曲礼上》:"君子恭敬、撙节、退让以明礼。"

己不勉明①,则人无从倡,道无从弘,教无从成矣。

[注释]①己不勉明:明:明礼。自己不知道勉力以明礼。

礼①:直斯清,桡斯昏②,和斯利,乐斯安③。

[注释]①礼:意为礼是以正直为本体,以和乐为功用。 ②直斯清,桡斯昏:直:正直无私;桡:通"挠",屈曲,曲折。正直无私就能内心洁清而礼明,挠曲而不直,私欲横行,礼就会昏乱而不明。见《尚书·虞书·舜典》:"夙夜惟寅,直哉惟清。" ③和斯利,乐斯安:行之和顺从容就会有利,和至则乐因而安定。《礼记·乐记》:"乐则安,安则久。"

将致用者,几不可缓①;思进德者,徙义必精②;此君子所以立多凶多惧之地,乾乾德业,不少懈于趋时③也。

[注释]①将致用者,几不可缓:致用:付诸实用。打算成就事业的人,要见到征兆就开始行动,不可行动迟缓。见《周易·乾卦·文言》:"知至至之,可与几也。" ②思进德者,徙义必精:想提高道德修养的人,实行义一定要精到。见《周易·乾卦·文言》:"君子进德修业"。《论语·颜渊》:"徙义,崇德也。" ③趋时:追赶上时机。

"动静不失其时"①,义之极也。义极,则光明著见。唯其时②,物前定而不疚③。

[注释]①动静不失其时:无论是动还是静都不失时机。见《周易·艮卦·彖传》。 ②唯其时:只要选择好恰当的时机。《周易·系辞下传》:"六爻相杂,唯其时物也。" ③物前定而不疚:物:即事。对事情预先做出对策而无疚于心。见《礼记·中庸》:"凡事豫则立,不豫则废。言前定则不跲,事前定则不困,行前定则不疚,道前定则不穷。"

有吉凶、利害,然后人谋作,大业生①;若无施不宜②,则何业之有!

[注释]①大业生:天下之理有吉即有凶,有利即有害,转凶为吉,趋利避害,需要靠人的谋划,伟大的事业因此产生。见《周易·系辞上传》:"吉凶生大业。" ②无施不宜:无论怎样做都是合适的。

"天下何思何虑",行其所无事①,斯可矣。

[注释]①行其所无事:行事要顺其自然,因势利导,而不勉强从事。见《孟子·离娄下》:"禹之行水也,行其所无事也。"

知崇,天也①,形而上也②;通昼夜而知③,其知崇矣。

[注释]①知崇,天也:圣人的知识日进于高明,其崇高如天。见《周易·系辞上传》:"知崇礼卑,崇效天,卑法地"。 ②形而上也:没有具体形体的规律、道理等。见《周易·系辞上传》:"是故形而上者谓之道"。 ③通昼夜而知:通晓阴阳变化之理。见《周易·系辞上传》:"通乎昼夜之道而知。"

知及之而不以礼性之,非己有也①;故知礼成性而道义出②,如天地位而易行③。

[注释]①知及之而不以礼性之,非己有也:聪明才智足以知道天地之理,然而不能依礼行之以成其性,则所知之理也不能真正为自己所拥有。见《论语·卫灵公》:"知及之,仁不能守之,虽得之,必失之。" ②故知礼成性而道义出:因此知道礼并通过践行礼以形成自己的德性,那么道义就会从行动中自然显现出来。 ③如天地位而易行:如同天地之位确定而变化运行其间一样。见《周易·系辞上传》:"天地设位,而易行乎中矣。"

知德之难言①,知之至也。孟子谓"我于辞命则不能"②,又谓"浩然之气难言"③,《易》谓"不言而信,存乎德行"④;又以尚辞为圣人之道⑤,非知德,达乎是哉?

[注释]①难言:难以言语来形容。 ②我于辞命则不能:我对于辞令则不擅长。见《孟子·公孙丑上》:"宰我、子贡,善为说辞。冉牛、闵子、颜渊,善言德行。孔子兼之,曰:'我于辞命,则不能也。'" ③浩然之气难言:浩然之气是难以言说的。见《孟子·公孙丑上》:"'敢问何谓浩然之气?'曰:'难言也……'" ④不言而信,存乎德行:不言语就能成就事物,在于人的德行。见《周易·系辞上传》。 ⑤以尚辞为圣人之道:把崇尚言辞作为圣人之道。见《周易·系辞上传》:"《易》有圣人之道四焉:以言者尚其辞,以动者尚其变,以制器者尚其象,以卜筮者尚其占。"

"暗然"①,修于隐②也;"的然"③,著于外④也。

[注释]①暗然:黑暗的意思。见《礼记·中庸》:"故君子之道,暗然而日章。" ②修于隐:指君子修德于人所不知之地。 ③的然:明白的意思。见《礼记·中庸》:"小人之道,的然而日亡。" ④著于外:小人修德惟务显扬暴露于外。

作者篇第十

"作者七人"①,伏羲②、神农③、黄帝④、尧⑤、舜⑥、禹⑦、汤⑧,制法兴王之道⑨,非有述⑩于人者也。

[注释]①作者七人:创制立法的人有七位。见《论语·宪问》:"作者七人矣。" ②伏羲:远古传说时代人物。又称庖牺、伏牺、羲皇等。传说其作八卦,教民结绳、服牛乘马、作网罟。 ③神农:远古传说时代部落首领。传说其发明耒耜,教民稼穑;遍尝百草,医治疾病;又发明制陶术等。 ④黄帝:远古传说时代的部落联盟首领,姓公孙,号轩辕氏。传说其正名百物,发明文字、蚕桑、舟船、星占、历法、音律等。 ⑤尧:传说时代的部落联盟首领,名放勋,号陶唐氏,故称唐尧。传说其在位期间,以羲和掌管天文、命鲧治水,始推行禅让制,传位于舜。 ⑥舜:传说时代的部落联盟首领,名重华,号有虞氏,故称虞舜。以至孝闻名。传说其在位期间剪除四凶,任用贤人,设官分职,治理天下,始行封禅之礼,晚年禅位于禹。 ⑦禹:夏朝的第一任君主,姒姓,名文命,亦称大禹、夏禹。舜时治水有功,后继舜为君,建夏朝,治国颇有方略,后死于会稽。 ⑧汤:子姓,名履,一称太乙。以革命的方式推翻夏朝,建立商朝。 ⑨制法兴王之道:创制立法,开创王道基业。 ⑩述:阐述他人成说。见《论语·述而》:"述而不作。"

以知人为难①,故不轻去未彰之罪②;以安民为难,故不轻变未厌之君③。及舜而去之④,尧君德,故得以厚吾终⑤;舜臣德,故不敢不虔其始⑥。

[注释]①以知人为难:以了解一个人比较困难。见《尚书·虞书·皋陶谟》:"'都!在知人,在安民。'禹曰:'吁!咸若时,惟帝其难之。'"②故不轻去未彰之罪:去:除去,去掉。尧时共工、欢兜、三苗、鲧等四位臣子的罪行尚未彰显,因此尧没有轻易将他们除去。③故不轻变未厌之君:厌:嫌弃;憎恶。尧时臣子三苗虽然不服尧的领导,但其臣民尚未嫌弃三苗,为了安定民众,尧没有轻易变易罢黜三苗而别立君主。④及舜而去之:舜辅佐尧期间,由于共工等罪行已彰显,三苗已被臣民厌弃,因此除掉了共工等四凶。见《尚书·虞书·舜典》:"流共工于幽州,放欢兜于崇山,窜三苗于三危,殛鲧于羽山,四罪而天下咸服。"⑤尧君德,故得以厚吾终:尧有宽厚包容的君德,因此终尧之世共工等没有受到惩罚。⑥舜臣德,故不敢不虔其始:舜有行法无私的臣德,因此不敢不虔诚地对待自己刚刚承担的重任,除掉四凶。

"稽众舍己"①,尧也;"与人为善"②,舜也;"闻善言则拜"③,禹也;"用人惟己,改过不吝"④,汤也;"不闻亦式,不谏亦入"⑤,文王⑥也。

[注释]①稽众舍己:稽:考察。考察众人的意见,舍弃私见依从众人正确的主张。见《尚书·虞书·大禹谟》:"稽于众,舍己从人。"②与人为善:学习他人之善以为己用并助人为善。见《孟子·公孙丑上》:"大舜有大焉:善与人同,舍己从人,乐取于人以为善;自耕稼、陶、渔以至为帝,无非取于人者。取诸人以为善,是与人为善者也,故君子莫大乎与人为善。"③闻善言则拜:听到美好的话就表示感谢。见《孟子·公孙丑上》:"禹闻善言则拜。"④用人惟己,改过不吝:用人之言如同自己说的一样,改正自己的过错一点也不吝惜。见《尚书·商书·仲虺之诰》。⑤不闻亦式,不谏亦入:虽无前例但所为之事皆合于法度,虽没有谏诤之人但未尝不接纳善言。见《诗经·大雅·思齐》。⑥文王:周文王。姬姓,名昌,商朝晚期西方诸侯国周的国君,在位

期间,选用贤臣,励精图治,诸侯归心,为周人灭商奠定了基础。周朝建立后,被追尊为文王。

"别生分类"①,孟子所谓明庶物、察人伦②者欤!

[注释]①别生分类:区别姓氏,划分族类。见《尚书·虞书·舜典》。②明庶物、察人伦:明晰万物之理,察识人与人之间的血缘与等级关系。见《孟子·离娄下》:"人之所以异于禽兽者几希,庶民去之,君子存之。舜明于庶物,察于人伦。由仁义行,非行仁义也。"

象忧喜,舜亦忧喜①,所过者化也,与人为善也,隐恶②也,所觉者先③也。

[注释]①象忧喜,舜亦忧喜:象:传说时代舜的后母弟,性倨傲,舜为庶民时,象屡欲害舜,日以杀舜为事,但舜爱象之心始终如一,对象仁至义尽。象有忧愁喜悦,舜同他一样忧愁喜悦。见《孟子·万章上》:"象忧亦忧,象喜亦喜。" ②隐恶:隐藏过错。见《礼记·中庸》:"舜好问而好察迩言,隐恶而扬善。" ③所觉者先:先知先觉。见《孟子·万章上》:"天之生此民也,使先知觉后知,使先觉觉后觉也。"

"好问","好察迩言","隐恶扬善","与人为善","象忧亦忧,象喜亦喜",皆行其所无事也,过化也,不藏怒也,不宿怨也。

舜之孝,汤武①之武,虽顺逆不同②,其为不幸均矣③。"明庶物,察人伦",然后能精义致用,性其仁而行。汤放桀有惭德而不敢赦④,执中⑤之难也如是;天下有道而已⑥,在人在己不见其间也⑦,"立贤无方"⑧也如是。

[注释]①武：周武王。姬姓，名发。周朝的建立者。周文王去世后，他继任为诸侯国周之国君，在贤臣的辅佐下攻灭商朝，建立周朝。在位期间，大封诸侯，提倡德政。灭商二年后病卒。　②顺逆不同：舜之父瞽瞍虐待舜，舜仍不违背瞽瞍之意，此为顺；桀纣荒淫残暴，商汤、周武王兴师而去之，是为逆。　③其为不幸均矣：舜不幸遇到瞽瞍这样的父亲，商汤、周武王不幸遇到桀纣这样的君主。因此他们同样都很不幸。　④汤放桀有惭德而不敢赦：汤流放桀后，想赦免桀却有违上天安定天下之心，不赦免桀又有违桀与自己的君臣之义，两相权衡，难下决断，故汤虽心有不安，却始终不敢赦免桀。见《尚书·商书·仲虺之诰》："成汤放桀于南巢，惟有惭德。"　⑤执中：坚持中正之道。　⑥天下有道而已：对于天下的事情而言，不过是是否能合乎中道罢了。　⑦在人在己不见其间也：无论是在人还是在己都是一样的。　⑧立贤无方：无方：没有方所，不循常规。选立贤才不循常规。见《孟子·离娄下》："汤执中，立贤无方。"

"立贤无方"，此汤所以公天下而不疑①。"思兼三王"②，周公所以于其身望道而必吾见也③。

[注释]①不疑：不疑心所任用的贤者仿效自己行放伐之事。　②思兼三王：明清诸本、章校本、全宋文皆有小字注："疑周公上有'坐以待旦'四字。"林乐昌据朱熹《孟子精义》，于"周公"前补"思兼三王"四字。当是。见《孟子·离娄下》："文王视民如伤，望道而未之见。武环泄迩，不忘远。周公思兼三王，以施四事，其有不合者，仰而思之，夜以继日；幸而得之，坐以待旦。"　③周公所以于其身望道而必吾见也：周公所以自身努力探求治国之道，并自己一定要看到治国之道得以实现。

"帝臣不蔽"①，言桀②有罪，己不敢违天纵赦；既已克之，今天下莫非上帝之臣，善恶皆不可掩，惟帝择而命之，己不敢不听。

[注释]①帝臣不蔽:商汤告天帝语,意为您的臣仆的善恶我不敢隐瞒。见《论语·尧曰》。 ②桀:姒姓,名履癸,亦称夏桀。夏朝最后一位君主。在位期间,荒淫暴虐,众叛亲离,被商汤打败,流放于南巢。是历史上有名的暴君。

"虞芮质厥成"①,讼狱者不之纣②而之文王。文王之生,所以縻絷③于天下,由多助于四友之臣④尔。

[注释]①虞芮质厥成:虞、芮是商朝两个诸侯国,商朝末年两国为解决土地纠纷,赴周请文王调解,文王作出公正裁决,使双方争执得以解决。见《诗经·大雅·绵》。 ②纣:子姓,名受,亦称帝辛,商朝最后一位君主,在位期间,好酒淫乐、暴虐无道,对内残害忠良,对外黩武好战。后被周武王所灭。是历史上有名的暴君。 ③縻絷:为人心所系属。 ④四友之臣:四类贤臣。即被称作"疏附"的归附之臣,被称作"前后"的参谋政事之臣,被称作"奔奏"的奔走效力之臣,被称作"御侮"的抵御外侮之臣。或称闳夭、太颠、南宫适、散宜生为文王的四友之臣。见《诗经·大雅·绵》:"予曰有疏附,予曰有先后,予曰有奔奏,予曰有御侮。"

"以杞包瓜"①,文王事纣之道也②,厚下以防中溃,尽人谋而听天命者欤!

[注释]①以杞包瓜:以杞柳为容器盛放瓜。见《周易·姤卦》。 ②文王事纣之道也:瓜为阴物之在下者,易溃烂,以杞柳为器贮之,可以防止其很快腐败。纣王无道,天下如瓜一样有溃烂之虞,文王受西伯之命,以德威统驭天下,如同贮放瓜的杞柳之器一样,以防止商朝发生中溃之变。故称《周易·姤卦》"以杞包瓜"是周文王臣事纣王的方式。

上天之载,无声臭可象,正惟仪刑文王①,当冥契天德而万邦信悦,故《易》曰"神而明之,存乎其人。"不以声色为政,不以革命为有中国,默顺帝则而天下自归者,其惟文王乎!

[注释]①仪刑文王:仪;象;刑:法。效法文王。见《诗经·大雅·文王》。

可愿①可欲,虽圣人之知,不越②尽其才以勉焉而已。故君子之道四,虽孔子自谓未能;博施济众,修己安百姓,尧舜病诸③。是知人能有愿有欲,不能穷其愿欲。

[注释]①可愿:道德之美,人之所愿。见《尚书·虞书·大禹谟》:"钦哉!慎乃有位,敬修其可愿,四海困穷,天禄永终。" ②不越:不过。 ③修己安百姓,尧舜病诸:通过修养自身使百姓安乐,尧舜大概也没有能够做到。见《论语·宪问》:"修己以安百姓,尧舜其犹病诸!"

"周有八士"①,记善人之富②也。

[注释]①周有八士:周朝有八位有教养的高士。见《论语·微子》:"周有八士:伯达、伯适、仲突、仲忽、叔夜、叔夏、季随、季骃。" ②富:众多。

重耳①婉而不直②,小白③直而不婉。

[注释]①重耳:即春秋时期晋国国君晋文公,姬姓,名重耳,生于公元前697年,卒于公元前628年。曾长期流亡国外。公元前636年回国执政。在位期间,任用贤臣,修明内政,争霸列国,经过城濮之战、践土之盟最终确立霸主地位。在位九年而卒。 ②婉而不直:婉,即谲,诡诈;直,即正,正直。见《论语·宪问》:"晋文公谲而不正,齐桓公正而不谲。" ③小白:即春秋时期齐国国君齐桓公,姜姓,名小白,齐襄公之弟,齐襄公被杀后,小白从莒回国,取得政权,任用管仲为相,改革内政,富国强兵,并以"尊王攘夷"为旗号,积极参与列国间的事务,并取得领导地位,首开春秋时期大国称霸之局。管仲死

后,齐桓公任用佞幸,国日衰。

鲁政之弊,驭法者非其人而已。齐因管仲①,遂并坏其法,故必再变而后至于道②。

[注释]①管仲:春秋时期齐国大臣,名夷吾,字仲,一作敬仲。齐桓公时任齐国之相,辅佐齐桓公治理齐国,内则改革时政,富国强兵;外则尊王攘夷,称霸列国,名重当世。公元前645年去世。　②故必再变而后至于道:因此一定要再次变革才能回到西周的治国之道上。见《论语·雍也》:"齐一变至于鲁,鲁一变至于道。"

孟子以智之于贤者为有命①,如晏婴②智矣,而独不智于仲尼③,非天命耶!

[注释]①孟子以智之于贤者为有命:孟子认为智慧对于贤者而言,是天命的安排。见《孟子·尽心下》:"仁之于父子也,义之于君臣也,礼之于宾主也,智之于贤者也,圣人之于天道也,命也。"　②晏婴:春秋时期齐国大夫,历任齐灵公、齐庄公、齐景公三朝,以聪明机智、主张节俭、勇于谏诤而知名当世。公元前500年去世。　③独不智于仲尼:孔子三十五岁时,鲁国内乱,孔子赴齐,齐景公欲以尼溪田封孔子,为晏婴所阻。

山棁藻棁为龟藏之室①,祀爰居之义②;同归于不智③,宜矣。

[注释]①山棁藻棁为龟藏之室:山棁藻棁:棁:同"节",柱子上的斗拱;棁:梁上的短柱。刻山于节、画藻于棁。臧文仲建造了一个居室,柱子上有雕刻着山一样的斗拱,梁上短柱还画着藻草,用以藏置大龟。见《论语·公冶长》:"臧文仲居蔡,山节藻棁,何如其知也?"　②祀爰居之义:祭祀海鸟爰居之义。见《国语·鲁语上》:"海鸟曰爰居,止于鲁东门之外三日,臧文仲使国人祭。"《左传》文公二年:"臧文仲其不仁者三,不知者三。下展禽,废六关,

妾织蒲,三不仁也。作虚器,纵逆祀,祀爰居,三不知也。" ③同归于不智:藏龟、祀爰居皆属谄媚鬼神不务民事的行为,故同为不智之举。

使民义不害不能教①,爱犹众人之母②,不害使之义③。礼乐不兴,侨之病欤④!

[注释]①使民义不害不能教:役使民众合乎时宜,不妨害教化民众。见《论语·公冶长》:"子谓子产有君子之道四焉:'其行己也恭,其事上也敬,其养民也惠,其使民也义。'" ②爱犹众人之母:爱就如同人的母亲一样。见《礼记·仲尼燕居》:"子产犹众人之母也,能食之,不能教也。" ③不害使之义:不妨害使民之义。 ④礼乐不兴,侨之病欤:侨:子产,又称公孙侨、子美等。春秋时期郑国人,郑简公时为卿当国,历简公、定公、献公、声公四朝,博闻多识,为政贤明,深得百姓爱戴。公元前522年卒。子产虽以义教化百姓,但因不能以先王之道训导其民,结果礼乐不兴,这可谓是子产治国的弊病。

献子①者忘其势,五人者忘人之势。不资其势而利其有,然后能忘人之势。若五人者有献子之势,则反为献子之所贱矣。

[注释]①献子:孟献子,春秋时期鲁国大夫仲孙蔑。见《孟子·万章下》:"不挟长,不挟贵,不挟兄弟而友。友也者,友其德也,不可以有挟也。孟献子,百乘之家也,有友五人焉:乐正裘,牧仲,其三人则予忘之矣。献子之与此五人者友也,无献子之家者也。此五人者,亦有献子之家,则不与之友矣。"

颛臾①主祀,东蒙②既鲁地,则是已在邦域之中矣,虽非鲁臣,乃吾事社稷③之臣也。

[注释]①颛臾:春秋时期鲁国境内的附庸小国。见《论语·季氏》:"季氏将伐颛臾。冉有、季路见于孔子,曰:'季氏将有事于颛臾。'孔子曰:"求!

无乃尔是过与？夫颛臾，昔者先王以为东蒙主，且在邦域之中矣，是社稷之臣也。何以伐为？'"　②东蒙：地名，即蒙山，在鲁国境内。③社稷：社：土神；稷：谷神。古代帝王、诸侯所祭祀的土神和谷神。

三十①篇第十一

三十器于礼①,非强立之谓也。四十精义致用,时措而不疑。五十穷理尽性,至天之命;然不可自谓之至,故曰知。六十尽人物之性,声入心通。七十与天同德,不思不勉,从容中道。

[注释]①器于礼:器为物,以礼为物而执持之。

常人之学,日益而不自知也。仲尼学行、习察异于他人,故自十五至于七十,化而知裁,其进德之盛者欤!

穷理尽性,然后至于命。尽人物之性,然后耳顺。与天地参①,无意、必、固、我,然后范围天地之化,从心而不逾矩。老而安死,然后不梦周公②。

[注释]①与天地参:与天地相似而并立为三。见《礼记·中庸》:"可以

---

① 三十:本篇言为学的顺序。见《论语·为政》:"吾十有五而志于学,三十而立,四十而不惑,五十而知天命,六十而耳顺,七十而从心所欲不逾矩。"

赞天地之化育，则可以与天地参矣。" ②不梦周公：不再梦见周公。见《论语·述而》："甚矣吾衰也！久矣吾不复梦见周公。"

从心莫如梦①。梦见周公，志也②；不梦③，欲不逾矩也，不愿乎外也，顺之至也，老而安死也，故曰"吾衰也久矣"。

[注释]①从心莫如梦：梦不是与物相感而生，而是成于心之所思，自然发生的。　②梦见周公，志也：孔子盛年时志在行周公之道，故梦寐之间似乎见到过周公。　③不梦：孔子年老体衰知道之不行，故不再有行周公之道之心，因此也就不再做这样的梦。

困而不知变，民斯为下矣；不待困而喻，贤者之常也。困之进人也，为德辨①，为感速②，孟子谓人有德慧术知③者，存乎疢疾④以此。自古困于内无如舜⑤，困于外无如孔子⑥。以孔子之圣而下学于困，则其蒙难正志⑦，圣德日跻⑧，必有人所不及知而天独知之者矣，故曰"莫我知也夫"，"知我者其天乎"！

[注释]①为德辨：辨：明、仔细。人处于患难之时，时常保持警惕而无骄侈之蔽，故其辨理明晰。见《周易·系辞下传》："困，德之辨也。"　②为感速：人置身困厄会奋发兴起，从善会非常迅速。　③德慧术知：德行、智慧、道术、才智。见《孟子·尽心上》："人之有德慧术知者，恒存乎疢疾。独孤臣孽子，其操心也危，其虑患也深，故达。"　④疢疾：意为灾患。　⑤困于内无如舜：舜之父愚顽、母暴虐、弟倨傲，使舜遭遇人伦之变，因此自古以来那些受困于内部的人都不如舜艰难。　⑥困于外无如孔子：孔子周游列国，屡遭困穷，如绝粮于陈、畏于匡，因此自古以来那些受困于外部的人都不如孔子艰难。⑦蒙难正志：虽蒙受患难，但更加端正自己的志向。见《周易·明夷卦·象传》："内文明而外柔顺，以蒙大难，文王以之。'利艰贞'，晦其明也。内难而

能正其志,箕子以之。" ⑧圣德日跻:跻:升。德行日进于高明。见《诗经·商颂·长发》:"圣敬日跻。"

立斯立,道斯行,绥斯来,动斯和①,从欲风动②,神而化也。

[注释]①立斯立,道斯行,绥斯来,动斯和:立:立身;道:同"导",引导;绥:安抚;动:动员,鼓动;和:和睦。让百姓立身于社会,百姓自己就会立身于社会;引导百姓,百姓自己就会前进;安抚百姓,百姓自己就会归顺;动员百姓,百姓自己就会齐心协力。见《论语·子张》:"夫子之得邦家者,所谓立之斯立,道之斯行,绥之斯来,动之斯和。" ②从欲风动:从欲:从其所愿所欲;风动:如风鼓动,万物莫不靡然。见《尚书·虞书·大禹谟》:"俾予从欲以治,四方风动,惟乃之休。"

仲尼生于周,从周礼①,故公旦法坏,梦寐不忘为东周②之意;使其继周而王,则其损益③可知矣。

[注释]①从周礼:遵从周朝的礼乐制度。见《论语·八佾》:"周监于二代,郁郁乎文哉!吾从周。" ②为东周:在东方恢复西周时期的礼乐制度。见《论语·阳货》:"如有用我者,吾其为东周乎!" ③损益:增减,兴革。见《论语·为政》:"殷因于夏礼,所损益,可知也;周因于殷礼,所损益,可知也。其或继周者,虽百世,可知也。"

滔滔忘反者,天下莫不然,如何变易之?"天下有道,丘不与易也"①,知天下无道而不隐者,道不远人;且圣人之仁,不以无道必天下②而弃之也。

[注释]①天下有道,丘不与易也:如果天下太平,我不会同你一道参与变革。见《论语·微子》。 ②无道必天下:天下一定会变得无道。

仁者先事后得①,先难后获②,故君子事事③则得食。不以事事,"虽有粟,吾得而食诸?"④仲尼少也国人不知,委吏⑤、乘田⑥得而食之矣;及德备道尊,至是邦必闻其政,虽欲仕贫⑦,无从以得之。"今召我者而岂徒哉"⑧,庶几得以事事矣,而又绝之,是诚系滞如匏瓜⑨不食之物也。

[注释]①先事后得:首先付出自己的劳动,然后获得。见《论语·颜渊》。 ②先难后获:先付出一定的艰辛然后收获。见《论语·雍也》"仁者先难而后获,可谓仁矣。" ③事事:事其事,做事。见《尚书·商书·说命中》:"惟事事,乃有其备,有备无患。" ④虽有粟,吾得而食诸:虽然有很多粮食,我能吃得到吗?见《论语·颜渊》。 ⑤委吏:官名,春秋时鲁国主管仓库的小吏。 ⑥乘田:官史,春秋时鲁国主管畜牧的小吏。 ⑦仕贫:因为贫穷,为了谋生而出仕。 ⑧今召我者而岂徒哉:那个召我的人,难道白白让我去吗?见《论语·阳货》:"夫召我者,而岂徒哉?如有用我者,吾其为东周乎!" ⑨匏瓜:葫芦的一种,长成后可制成器具。孔子以此自喻,表示自己不能无所作为。见《论语·阳货》:"吾岂匏瓜也哉?焉能系而不食?"

不待备而勉于礼乐①,"先进于礼乐"②者也;备而后至于礼乐,"后进于礼乐"③者也。仲尼以贫贱者必待文备而后进,则于礼乐终不可得而行矣,故自谓野人而必为,所谓"不愿乎其外"④也。

[注释]①不待备而勉于礼乐:不待条件齐备就勤勉于学习践行礼乐制度。 ②先进于礼乐:先学习践行礼乐制度后做官。见《论语·先进》。 ③后进于礼乐:先做官后学习践行礼乐制度。见《论语·先进》。 ④不愿乎其外:不寄希望于外在的事情。见《礼记·中庸》。

功业不试①,则人所见者艺②而已。

[注释]①功业不试:试:用。建功立业的才能没有被国家使用。见《论语·子罕》:"吾不试,故艺。" ②艺:即六艺,指礼、乐、射、御、书、数等六种技艺。

凤至图出①,文明②之祥,伏羲、舜、文之瑞③;不至则夫子之文章知其已矣④。

[注释]①凤至图出:凤凰至河图出。见《论语·子罕》:"凤鸟不至,河不出图,吾已矣夫!" ②文明:文采光明。见《周易·乾卦·文言》:"见龙在田,天下文明。"《尚书·虞书·舜典》:"睿哲文明。" ③伏羲、舜、文之瑞:伏羲时龙马负图出于黄河中,舜时有凤凰来仪,周文王时有凤凰鸣于岐山,是为瑞兆。 ④不至则夫子之文章知其已矣:文章:指制礼作乐,移风易俗之事。象征文明大行的祥瑞不出现,孔子知道恢复礼乐制度的愿望已经无法实现了。

鲁礼文阙失,不以仲尼正之,如有马者不借人以乘习①。不曰"礼文"而曰"史之阙文"者,祝史②所任,仪章器数③而已,举近者而言约也。

[注释]①有马者不借人以乘习:借:即请。有马的人马未驯服却不请人调教训练。见《论语·卫灵公》:"吾犹及史之阙文也,有马者借人乘之。今亡矣夫!" ②祝史:掌祭祀之官。 ③仪章器数:礼乐文献及器具。

"师挚之始"①,乐失其次,徒洋洋盈耳而已焉。夫子自卫反鲁②,一尝治之,其后伶人贱工识乐之正。及鲁益下衰,三桓③僭妄,自大师已下④,皆知散之四方,逾河蹈海以去乱。圣人俄顷之助,功化如此,"用我者期月而可"⑤,岂虚语哉!

[注释]①师挚之始:师挚:春秋晚期鲁国乐师,名挚。当太师挚开始奏

乐的时候。见《论语·泰伯》。 ②自卫反鲁:鲁哀公十一年即公元前484年冬,孔子自卫返鲁,对音乐的篇章进行整理,或归于《雅》,或归于《颂》,使各篇章都得到适当的安置。见《论语·子罕》:"子曰:'吾自卫反鲁,然后乐正,《雅》《颂》各得其所。'" ③三桓:指鲁国贵族孟孙氏、叔孙氏、季孙氏,因俱出自鲁桓公,故称三桓。三桓长期专权于鲁国,尤以季氏最盛。 ④大师以下:大师:大音泰,鲁国乐官之长。指太师挚以下众乐官。见《论语·微子》:"大师挚适齐,亚饭干适楚,三饭缭适蔡,四饭缺适秦。鼓方叔入于河,播鼗武入于汉,少师阳、击磬襄入于海。" ⑤用我者期月而可:期月:一年。若有用我主持国政的,一年时间就差不多了。见《论语·子路》:"子曰:'苟有用我者,期月而已可也,三年有成。'"

"与与如也"①,君或在朝在庙,容色不忘向君也。"君召使摈,趋进翼如"②,(自注:此翼如,左右在君也。)"没阶,趋,翼如"③,(自注:张拱而翔。)"宾不顾矣"④,相君送宾,宾去则白曰"宾不顾而去矣",纾⑤君敬也。

[注释]①与与如也:步履安祥的样子。见《论语·乡党》。 ②君召使摈,趋进翼如:君主召使接待宾客,快步前行,如同鸟儿舒展翅膀一样。见《论语·乡党》:"君召使摈,色勃如也,足躩如也。揖所与立,左右手。衣前后,襜如也。趋进,翼如也。" ③没阶,趋,翼如:从朝堂出来,走完最后一级台阶,忙快步前行,如同鸟儿舒展翅膀一样。见《论语·乡党》:"没阶,趋,翼如也。" ④宾不顾矣:客人已不再回头了。见《论语·乡党》。 ⑤纾:解除。

上堂如揖,恭也①;下堂如授,其容纾也。

[注释]①上堂如揖,恭也:出使外国,举行典礼时,上堂时的举动如同作揖,这是在表示恭敬。见《论语·乡党》:"上如揖,下如授。"

冉子请粟①与原思②为宰,见圣人之用财也。

[注释]①冉子请粟:冉子:即冉求,春秋时期人,字子有,故亦称冉有。孔子弟子,多才艺,善理财,曾为鲁国季氏家臣。孔子弟子公西赤出使齐国,冉有替公西赤的母亲向孔子请粟,孔子本着周济困急不接济富有的原则,主张适当予以补助。见《论语·雍也》:"子华使于齐,冉子为其母请粟。子曰:'与之釜。'请益。曰:'与之庾。'冉子与之粟五秉。子曰:'赤之适齐也,乘肥马,衣轻裘。吾闻之也:君子周急不继富。'" ②原思:春秋时期鲁国人,一说宋人。字子思,亦称原宪、仲宪。孔子弟子。孔子去世后隐居于卫,安贫乐道。原思为孔子的总管,孔子给予他粟九百,原思推辞不要,孔子要他不要推辞,建议他可以把多余的粟送给他家乡的人。见《论语·雍也》:"原思为之宰,与之粟九百,辞。子曰:'毋!以与尔邻里乡党乎!'"

圣人于物无畔援①,虽佛肸②、南子③,苟以是心④至,教之在我尔,不为已甚⑤也如是。

[注释]①畔援:畔:通"叛",违背,背离;援:攀援。舍此而取彼。见《诗经·大雅·皇矣》:"帝谓文王,无然畔援。" ②佛肸:春秋晚期人,晋国卿大夫范中行邑中牟宰,赵简子以国家的名义攻范中行,佛肸以中牟叛晋。佛肸曾召孔子,孔子打算去。 ③南子:宋国贵族之女,春秋时期卫国国君卫灵公夫人,以淫荡知名。孔子曾应南子之召去见南子。 ④是心:慕道之心。 ⑤不为已甚:坚持原则,不做超过限度的事情。见《孟子·离娄下》:"仲尼不为已甚者。"

"子欲居九夷"①,不遇于中国,庶②遇于九夷,中国之陋为可知。欲居九夷,言忠信,行笃敬,虽蛮貊之邦可行,何陋之有!

[注释]①子欲居九夷:孔子想去九夷这个边远的地方居住。见《论语·子罕》。 ②庶:希望。

栖栖①者，依依其君而不能忘也。固，犹不回也。

[注释]①栖栖：忙碌的样子。见《论语·宪问》：“微生亩谓孔子曰：'丘何为是栖栖者与？无乃为佞乎？'孔子曰：'非敢为佞也，疾固也。'”

仲尼应问，虽叩两端而竭，然言必因人为变化，所贵乎圣人之词者，以其知变化也。

"富而可求也，虽执鞭之士，吾亦为之"①，不惮卑以求富，求之有可致之道也。然得乃有命，是求无益于得也②。

[注释]①富而可求也，虽执鞭之士，吾亦为之：执鞭之士：手持皮鞭维持秩序的市场守门人。财富如果可以求得，虽然是作市场守门人，我也愿意。见《论语·述而》。 ②然得乃有命，是求无益于得也：然而有的目标能否成为现实要看天命的安排，显见有的追求对于能否获得并没有什么助益。见《孟子·尽心上》："求之有道，得之有命，是求无益于得也，求在外者也。"

爱人以德①，喻于义者常多②，故罕及于利③。尽性者方能至命，未达之人，告之无益，故不以亟④言。仁大难名，人未易及，故言之亦鲜。

[注释]①爱人以德：以道德帮助爱护人。见《礼记·檀弓上》："君子之爱人也以德。" ②喻于义者常多：常常多从义的角度晓谕人。见《论语·里仁》："君子喻于义。" ③故罕及于利：因此很少谈及功利问题。见《论语·子罕》："子罕言利与命与仁。" ④亟：急。

颜子①于天下，"有不善未尝不知，知之未尝复行"②，故怒于人者不使加乎其身，愧于己者不辄贰之于后也③。

[注释]①颜子:即颜渊,春秋时期鲁国人,姓颜,字子渊,亦称颜渊,生于公元前521年,卒于公元前490年。孔子弟子,以安贫乐道,好学不倦知名。 ②有不善未尝不知,知之未尝复行:自己若有不善之处,颜回都能够察觉到,然后再也不犯这样的过错。见《周易·系辞下传》。 ③故怒于人者不使加乎其身,愧于己者不辄贰之于后也:因此他恼怒他人不善的言行而不让同样的问题出现在自己身上,愧疚出现在自己身上的过失而不在以后犯同样的错误。见《论语·雍也》:"有颜回者好学,不迁怒,不贰过。"见《论语·里仁》:"恶不仁者,其为仁矣,不使不仁者加乎其身。"

颜子之徒,隐而未见,行而未成,故曰"吾闻其语而未见其人也"①。

[注释]①吾闻其语而未见其人也:我听到过他们说的话,然而没有见过他们本人。见《论语·季氏》:"吾闻其语矣,未见其人也。"

"用则行,舍则藏,惟我与尔有是夫。"①颜子龙德而隐②,故"遁世不见知而不悔"③,与圣者同。

[注释]①用则行,舍则藏,惟我与尔有是夫:孔子对颜渊说:"受到任用,就发挥自己的才能;不被任用,就隐居起来,只有我和你才能够如此吧。"见《论语·述而》:"子谓颜渊曰:'用之则行,舍之则藏,唯我与尔有是夫!'" ②龙德而隐:像潜龙那样有德而隐居。见《周易·乾卦·文言》:"龙,德而隐者也。不易乎世,不成乎名。" ③遁世不见知而不悔:隐居世间不被人知然而却不后悔。见《礼记·中庸》。

龙德,圣修之极也,颜子之进,则欲一朝而至①焉,可谓好学②也已矣。

[注释]①至:至于龙德,达到圣人修养的极致。 ②好学:酷好学习。

见《论语·雍也》:"有颜回者好学,不迁怒,不贰过。不幸短命死矣,今也则亡,未闻好学者也。"《论语·先进》:"有颜回者好学,不幸短命死矣!今也则亡。"

"回非助我者"①,无疑问也。有疑问,则吾得以感通其故而达夫异同者矣。

[注释]①回非助我者:颜回不是能够帮助我的人。见《论语·先进》:"回也非助我者也。"

"放郑声,远佞人"①,颜回为邦②,礼乐法度不必教之,惟损益三代,盖所以告之③也。法立而能守,则德可久,业可大,郑声佞人能使为邦者丧所以守,故放远之。

[注释]①放郑声,远佞人:舍弃郑国淫逸的音乐,远离奸佞之人。此为孔子告诉颜回守法之道。见《论语·卫灵公》。 ②为邦:治国之道。 ③所以告之:颜回明习礼乐制度,然不明立法之道,孔子因此告诉他如何损益三代,如历法用夏朝的,车子用商朝的,礼帽用周朝的,音乐用舜时的《韶》和周武王时的《武》。见《论语·卫灵公》:"行夏之时,乘殷之辂,服周之冕,乐则《韶》、《舞》。"

"天下有道则见,无道则隐"①,"君子疾没世而名不称"②,盖"士而怀居,不可以为士"③,必也去无道,就有道。遇有道而贫且贱,君子耻之。举天下无道,然后穷居独善,不见知而不悔,《中庸》所谓"惟圣者能之"④,仲尼所以独许颜回"惟我与尔为有是"也。

[注释]①天下有道则见,无道则隐:见:同"现"。天下太平就出来做事,不太平,就隐居起来。见《论语·泰伯》。 ②君子疾没世而名不称:疾:忧

虑。君子忧虑至死名声都不被人称述。见《论语·卫灵公》。　③士而怀居，不可以为士：士：具有知识和才能的人；怀：留恋。作为士却留恋安逸的生活，便不配做士。见《论语·宪问》："士而怀居，不足以为士矣。"　④惟圣者能之：只有圣人才能够这样。《礼记·中庸》："唯圣者能之。"

　　仲由乐善，故车马衣裘喜与贤者共敝①；颜子乐进②，故愿无伐善施劳③；圣人乐天④，故合内外而诚其仁⑤。

　　[注释]①仲由乐善，故车马衣裘喜与贤者共敝：仲由：春秋时期鲁国人，字子路，又字季路，孔子弟子，性勇直，喜闻过，事亲孝。曾任鲁国季氏宰、卫国大夫孔悝之邑宰。死于卫国内乱。子路曾与颜渊一同侍奉孔子，孔子让他们言志，子路表示将自己的车马衣服与朋友一起共同使用，即使用破敝了也没有遗憾，显现出了子路性格中乐善好施的一面。见《论语·公冶长》："颜渊、季路侍。子曰：'盍各言尔志？'子路曰：'愿车马、衣轻裘，与朋友共。敝之而无憾。'颜渊曰：'愿无伐善，无施劳。'子路曰：'愿闻子之志。'子曰：'老者安之，朋友信之，少者怀之。'"　②乐进：乐于上进。见《论语·子罕》："子谓颜渊曰：'惜乎！吾见其进也，未见其止也。'"　③无伐善施劳：施：表白。不夸耀自己的善举，不表白自己的功劳。　④乐天：乐于听从上天的安排。见《周易·系辞上传》："乐天知命，故不忧。"　⑤合内外而诚其仁：子路乐善好施，是外见之仁；颜渊乐于进道，是内修之仁。孔子乐天知命，内尽其性，外显其仁，内外合一，从而成就了他的仁德。

　　子路礼乐文章①未足尽为政之道，以其重然诺②，言为众信，故"片言可以折狱"③，如易所谓"利用折狱"④，"利用刑人"⑤，皆非爻卦盛德，适能是而已焉。

　　[注释]①礼乐文章：礼乐法度。　②重然诺：重视承诺。见《论语·颜渊》："子曰：'片言可以折狱者，其由也与？'子路无宿诺。"　③片言可以折狱：折狱：判决诉讼案件。根据原告或被告一方面的证言就可以裁决案件。　④

利用折狱:利于判案。见《周易·噬嗑卦》:"利用狱。"《周易·丰卦·象传》:"君子以折狱致刑。" ⑤利用刑人:利于受刑之人。见《周易·蒙卦》。

颜渊从师,进德于孔子之门①;孟子命世,修业于战国之际②。此所以潜见③之不同。

[注释]①颜渊从师,进德于孔子之门:颜渊从师潜心学习,增进道德于孔子之门。 ②孟子命世,修业于战国之际:孟子闻名于世,建立功业于战国之际。 ③潜见:指颜渊潜隐于春秋,孟子知名于战国。见《周易·乾卦》:"初九:潜龙,勿用。九二,见龙在田,利见大人。"

犁牛①之子虽无全纯,然使其色骍且角②,纵不为大祀③所取,次祀小祀④终必取之。言大者苟立⑤,人所不弃也。

[注释]①犁牛:杂色牛。见《论语·雍也》:"犁牛之子骍且角,虽欲勿用,山川其舍诸?" ②骍且角:毛的颜色是赤色且两角长得周正。 ③大祀:郊庙之祀。 ④次祀小祀:山川之祀。 ⑤大者苟立:大节只要能立起来。

有德篇第十二

"有德者必有言"①,"能为有"②也;"志于仁而无恶"③,"能为无"④也。

[注释]①有德者必有言:有德行的人一定会有垂世立教之言。见《论语·宪问》。 ②能为有:能有其所当有。见《论语·子张》"焉能为有"。 ③志于仁而无恶:有志于仁德的人一定不会为恶。见《论语·里仁》:"苟志于仁也,无恶也。" ④能为无:能无其所当无。见《论语·子张》"焉能为亡"。

"行修言道"①,则当为人取②,不务徇物强施以引取乎人③,故往教妄说④,皆取人之弊也。

[注释]①行修言道:品行端正,言合正道。见《礼记·曲礼上》。 ②取:取法。 ③徇物强施以引取乎人:徇物强施:曲从外物勉强施教;引:引诱,诱使。见《礼记·曲礼上》:"礼闻取于人,不闻取人。" ④往教妄说:师屈尊亲往弟子处施教又妄作解说。见《礼记·曲礼上》:"礼闻来学,不闻往教。"

"言不必信,行不必果"①,志正深远,不务硁硁信其小者②。

[注释]①言不必信,行不必果:说话不一定要句句信守承诺,行为不一

定要有始有终。见《孟子·离娄下》。　②硁硁信其小者:硁硁:形容浅陋固执。在小事上浅陋固执地坚持信用。见《论语·子路》:"言必信,行必果,硁硁然小人哉!"

辞取意达则止①,多或反害也。

[注释]①辞取意达则止:言辞只要能够明白地把意思表达出来就可以停止了。见《论语·卫灵公》:"辞达而已矣。"

君子宁言之不顾①,不规规②于非义之信;宁身被困辱,不徇人以非礼之恭;宁孤立无助,不失亲于可贱之人③;三者知和而能以礼节之也④,与上有子之言文相属⑤而不相蒙⑥者。凡《论语》、《孟子》发明前文,义各未尽者皆挈⑦之。他皆放⑧此。

[注释]①言之不顾:言与行不相符。见《礼记·中庸》:"言顾行,行顾言。"　②规规:浅陋拘泥貌。　③不失亲于可贱之人:不会为了讨好可贱之人而失去可亲之人。见《论语·学而》:"有子曰:'信近于义,言可复也。恭近于礼,远耻辱也。因不失其亲,亦可宗也。'"　④知和而能以礼节之也:和:恰当,恰到好处。知道恰当处置同时又能以礼来对其进行规范。见《论语·学而》:"有子曰:'礼之用,和为贵。先王之道,斯为美;小大由之。有所不行,知和而和,不以礼节之,亦不可行也。'"　⑤相属:相关;相类。　⑥相蒙:互相蒙蔽。　⑦挈:提纲挈领;揭示。⑧放:同"仿"。

德主天下之善①,善原天下之一②。善同归治,故王心一③,言必主德,故王言大④。

[注释]①德主天下之善:德主于天下之善。见《尚书·商书·咸有一德》:"德无常师,主善为师。善无常主,协于克一。俾万姓咸曰:'大哉!王

言。'又曰:'一哉!王心。'克绥先王之禄,永底烝民之生。" ②善原天下之一:善本于天下之理。 ③善同归治,故王心一:所有的善都是为了治理国家,因此帝王以理作为治理天下的准则。 ④言必主德,故王言大:出言必以德为准则,因此帝王的言论非常伟大。

言有教,动有法①;昼有为,宵有得②;息有养,瞬有存③。

[注释]①言有教,动有法:言辞要合乎教条,行动要有法度。 ②昼有为,宵有得:白天要勤勉有为,夜晚要静思心有所得。 ③息有养,瞬有存:呼吸之间要有天理涵养,目之一瞬要有天理存于心中。

君子于民,导使为德,而禁其为非,不大望①于愚者之道欤!《礼》谓"道民以言,禁民以行"②,斯之谓尔。

[注释]①大望:过望,厚望。见《礼记·表记》:"夏道未渎辞,不求备,不大望于民,民未厌其亲。" ②道民以言,禁民以行:以言语引导民众,以行动约束民众。见《礼记·缁衣》:"君子道人以言,而禁人以行。"

无证而言①,取不信②,启诈妄之道也。杞宋不足证③,吾言则不言④;周足证,则从之。故无证不信,君子不言。

[注释]①无证而言:证:同"征",证据、证验。没有证据而发表言论。 ②取不信:采用不可信的证据。 ③杞宋不足证:孔子对夏朝的礼和商朝的礼都能说出来,但夏朝的后裔杞国、商朝的后裔宋国都没有足够的证据来证明孔子的话。见《论语·八佾》:"夏礼,吾能言之,杞不足征也;殷礼,吾能言之,宋不足征也。文献不足故也。足,则吾能征之矣。" ④吾言则不言:孔子在探讨礼制的时候,由于夏、殷之礼缺乏足够的证据,因此不言夏、殷之礼。

"便僻",足恭①;"善柔",令色②;"便佞",巧言③。

[注释]①"便僻",足恭:"便僻"的意思就是"足恭",即非常恭顺。见《论语·季氏》:"益者三友,损者三友。友直,友谅,友多闻,益矣。友便辟,友善柔,友便佞,损矣。"《论语·公冶长》:"巧言、令色、足恭。" ②"善柔",令色:"善柔"的意思就是"令色",即容貌非常伪善。 ③"便佞",巧言:"便佞"的意思就是"巧言",即花言巧语。

"节礼乐"①,不使流离相胜②,能进反以为文也③。

[注释]①节礼乐:调节礼乐。见《论语·季氏》:"益者三乐,损者三乐。乐节礼乐,乐道人之善,乐多贤友,益矣。乐骄乐,乐佚游,乐宴乐,损矣。" ②流离相胜:流:放纵;离:离析。就礼、乐而言,乐胜过礼,人们就会放纵自己的情绪而无复尊卑之敬;礼胜过乐,人们就会变得彼此疏离而无复亲爱之情。见《礼记·乐记》:"乐胜则流,礼胜则离。" ③能进反以为文也:进:勉力向前;反:抑止,收敛;文:美好。能够使人以欢欣快乐的心情行礼,能够使人在作乐的时候快乐但有节制。见《礼记·乐记》:"礼减以进,以进为文;乐盈而反,以反为文。"《礼记·祭义》同。

"骄乐",侈靡;"宴乐",宴安①。

[注释]①宴安:逸乐,闲适安乐。

言形则卜如响①,以是知蔽固之私心,不能默然②以达于性与天道。

[注释]①言形则卜如响:以诚心明言所疑,揲蓍卜卦,得到的反应就如同回声一样迅速。见《周易·系辞上传》:"问焉而以言,其受命也如响。" ②默然:默不作声。有蔽塞固陋之私心的人不敢明言所疑,采取这种方式进行占卜。

人道知所先后①,则恭不劳,慎不葸,勇不乱,直不绞②,民化而归厚③矣。

[注释]①人道知所先后:明晓为人之道的先后秩序。见《礼记·丧服小记》:"亲亲,尊尊,长长,男女之有别,人道之大者也。"《礼记·大学》:"物有本末,事有终始。知所先后,则近道矣。" ②恭不劳,慎不葸,勇不乱,直不绞:恭敬但不劳倦,谨慎但不懦弱,勇敢但不莽撞,直爽但不尖刻。见《论语·泰伯》:"恭而无礼则劳,慎而无礼则葸,勇而无礼则乱,直而无礼则绞。君子笃于亲,则民兴于仁;故旧不遗,则民不偷。" ③归厚:归于忠厚。见《论语·学而》:"慎终,追远,民德归厚矣。"

肤受,阳也;其行,阴也①。象生法必效②,故君子重夫刚③者。

[注释]①肤受,阳也;其行,阴也:"肤受"意指孔子对子张的回答,逸言、诬告在子张那里都行不通,是谓明。明即为阳;若逸言、诬告得行,即是不明,不明即是阴。见《论语·颜渊》:"子张问明。子曰:'浸润之谮,肤受之愬,不行焉,可谓明也已矣。'" ②象生法必效:心中若有谋划,行动中就一定会表现出来。 ③刚:属阳,刚正。

归罪①为尤,罪己②为悔,"言寡尤"③者,不以言得罪于人也。

[注释]①归罪:把过错归咎于人。②罪己:把过错归咎于己。③言寡尤:不因言语得罪人。见《论语·为政》。

"己所不欲,勿施于人"①,能恕己②以仁人也。"在邦无怨,在家无怨"③,己虽不施不欲于人,然人施于己,能无怨也。

[注释]①己所不欲,勿施于人:自己所不喜欢的事情,就不要加于他人。见《论语·颜渊》。　②恕己:如己之心。　③在邦无怨,在家无怨:自己虽然不将自己不喜欢的事情施加于他人,然而当他人对自己做这样的事情时,自己能做到不怨恨他人。见《论语·卫灵公》。

"敬而无失"①,与人接人当也②;"恭而有礼"③,不为非礼之恭也。

[注释]①敬而无失:处事严肃认真没有过失。见《论语·颜渊》。　②与人接人当也:与:待,接持。接待宾客应对得当。　③恭而有礼:对人恭谨有礼貌。见《论语·颜渊》。

聚百顺以事君亲①,故曰"孝者,畜也"②,又曰"畜君者,好君也"③。

[注释]①聚百顺以事君亲:聚集所有顺理之事以侍奉君主和父母。见《礼记·祭统》:"福者,备也,百顺之名也。"　②孝者,畜也:孝就是聚顺理之理以事父母。见《礼记·祭统》。③畜君者,好君也:聚集顺理之事以事奉君主,就是喜爱拥戴君主。见《孟子·梁惠王下》。

事父母"先意承志"①,故能辨志意之异,然后能教人。

[注释]①先意承志:意:私意。孝子在其父母私意未发之前,先揣知其想法,顺从其美善的想法而谏止其不当的意图,对于父母的志向则顺承之而无违。见《礼记·祭义》。

艺者,日为之分义①,涉而不有②,过而不存③,故曰游④。天下有道,道随身出⑤;天下无道,身随道屈⑥。

[注释]①日为之分义:分:区分,区别;义:各得其宜。日日探求所学科

目的义理。见《荀子·大略》：“有夫分义，而容天下而治；无分义，则一妻一妾而乱。"《荀子·强国》：“分义则明。” ②涉而不有：涉猎而不占有。 ③过而不存：物过能化而不留不滞。 ④游：游憩。见《论语·述而》：“游于艺。” ⑤道随身出：天下太平，现身做事，则道亦随身而出，身行而道亦行。见《孟子·尽心上》："天下有道，以道殉身；天下无道，以身殉道。"《论语·泰伯》："天下有道则见，无道则隐。" ⑥身随道屈：天下混乱，道不得行，就随道而隐居不仕。

"安土"①，不怀居也；有为而重迁②，无为而轻迁③，皆怀居也。

[注释]①安土：随遇而安。见《周易·系辞上传》："安土敦乎仁，故能爱。"《礼记·哀公问》："不能安土，不能乐天。" ②有为而重迁：有所系恋就以迁为重而不迁。 ③无为而轻迁：无所系恋就以迁为轻而迁之。

"老而不死是为贼"①。幼不率教，长无循述，老不安死，三者皆贼生之道也。

[注释]①老而不死是为贼：一生碌碌无为，到了老年还不安心于死亡，这样的人是贼。见《论语·宪问》。

"乐骄乐"则佚欲，"乐燕乐"则不能徙义。

"不僭不贼"①，其"不忮不求"②之谓乎！

[注释]①不僭不贼：僭：差失；贼：残害。见《诗经·大雅·抑》。 ②不忮不求：忮：忌恨；求：贪求。见《诗经·邶风·雄雉》。

不穿窬①，义也，谓非其有而取之曰盗，亦义也。恻隐②,仁也,如天③,亦仁也。故扩而充之,不可胜用④。

[注释]①穿窬:挖墙洞与爬墙头。指偷盗行为。见《论语·阳货》:"色厉而内荏,譬诸小人,其犹穿窬之盗也与?" ②恻隐:同情,怜悯。见《孟子·公孙丑上》:"恻隐之心,仁之端也。" ③如天:像天一样仁爱万物。见《孔子家语·五帝德》:"陶唐之仁如天。" ④扩而充之,不可胜用:将仁与义发扬光大,它们的作用就会没有穷尽。见《孟子·尽心下》:"人能充无欲害人之心,而仁不可胜用也。人能充无穿窬之心,而义不可胜用也。"

自养①,薄于人私也②,厚于人私也③;称其财,厚其等④,无骄吝⑤之弊,斯得之矣。

[注释]①自养:自己的生活。 ②薄于人私也:故意过得不如人,以换取人们的称誉,是吝啬自私的行为。 ③厚于人私也:故意过得比人好,以夸耀人,是骄傲自私的行为。 ④称其财,厚其等:自己的生活应当与自己拥有的财富相当,与所具有的社会地位相符。 ⑤骄吝:骄傲和吝啬。见《论语·泰伯》:"如有周公之才之美,使骄且吝,其余不足观也已。"

罪己则无尤。

困辱非忧,取困辱惟忧;荣利非乐,忘荣利为乐。

"勇者不惧"①,死且不避而反不安贫,则其勇将何施耶?不足称也;"仁者爱人"②,彼不仁而疾之深,其仁不足称也。皆迷谬不思之甚,故仲尼率归诸乱云③。

[注释]①勇者不惧:勇敢的人无所畏惧。见《论语·子罕》、《论语·宪问》。 ②仁者爱人:仁德的人会爱他人。见《孟子·离娄下》。 ③故仲尼率归诸乱云:因此孔子将这些都归之于祸乱。见《论语·泰伯》:"子曰:'好勇

疾贫,乱也。人而不仁,疾之已甚,乱也。'"

挤人者人挤之,侮人者人侮之。出乎尔者反乎尔①,理也;势不得反②,亦理也。

[注释]①出乎尔者反乎尔:你怎样对待别人,别人也会怎样对待你。见《孟子·梁惠王下》。 ②势不得反:受排挤、侮辱者或有迫于形势而不得报复。

克己行法①为贤,乐己可法②为圣。圣与贤,迹相近而心之所至有差焉③。"避世"④者依乎中庸,没世不遇而无嫌,"避地"⑤者不怀居以害仁,"辟色"⑥者远耻于将形,"辟言"⑦者免害于祸辱,此为士清浊淹速之殊⑧也。辟世辟地,虽圣人亦同,然忧乐于中,与"贤者"、"其次"者为异,故曰迹相近而心之所至者不同。

[注释]①克己行法:克去己私,以道为天理当然之法而行之。 ②乐己可法:乐天知命,无事于法而其行自足为天下法。 ③迹相近而心之所至有差焉:圣人、贤人皆有法行于天下,形迹比较接近,但二者内心所达到的境界是有差异的。 ④避世:避,同"辟"。逃避乱世,隐而不仕。见《论语·宪问》:"贤者辟世,其次辟地,其次辟色,其次辟言。" ⑤避地:迁居以远离祸患。 ⑥辟色:避开礼貌不恭脸色不好的人。 ⑦辟言:他人口出恶言则走避之。⑧清浊淹速之殊:世有清浊之殊而避有迟速之异。

"进贤如不得已,将使卑逾尊,疏逾戚"之意,与《表记》所谓"事君难进而易退则位有序,易进而难退则乱也"相表里①。

[注释]①相表里:相互补充、发明。

"弓调而后求劲焉,马服而后求良焉",士必悫①而后智能焉。不悫而多能,譬之豺狼不可近②。

[注释]①悫:诚实;恭谨。　②譬之豺狼不可近:如同豺狼一样不可接近。见《荀子·哀公》:"故弓调而后求劲焉,马服而后求良焉,士信悫而后求知能焉。士不信悫而有多知能,譬之其豺狼也,不可以身尒也。"

谷神能象其声而应之,非谓能报以律吕①之变也,犹卜筮叩以是言则报以是物而已,《易》所谓"同声相应"②是也。王弼谓"命吕者律"③,语声之变④,非此之谓也。

[注释]①律吕:古代校正乐律的器具,多用竹管制成,共有十二管,管径相同,以管之长短定音之不同。从低音管算起,成奇数之六管称"律";成偶数之六管称"吕",合称"律吕"。借指乐律或音律。　②同声相应:相同的声音相互之间能产生感应。见《周易·乾卦·文言》。　③命吕者律:律以统吕,律倡之,吕和之。见王弼《周易略例·明爻通变》。④语声之变:乐律之声有清浊、高下、疾徐之不同。

"行前定而不疚"①,光明②也。"大人虎变"③,夫何疚之有?

[注释]①行前定而不疚:做事情前预先做出对策而无疚于心。见《礼记·中庸》:"凡事豫则立,不豫则废。言前定则不跲,事前定则不困,行前定则不疚,道前定则不穷"。　②光明:行事光明,无暗蔽之私。见《周易·履卦·象传》:"履帝位而不疚,光明也。"　③大人虎变:大人革新创制,成效卓著。见《周易·革卦》。

言从作乂①,名正,其言易知,人易从。圣人不患为政难,患民难喻。

〔**注释**〕①言从作乂:从:顺;乂:治。言为人从则治。见《尚书·周书·洪范》:"言曰从……从作乂"。

有司篇第十三

有司①,政之纲纪也。始为政者,未暇论其贤否,必先正之,求得贤才而后举之。

[注释]①有司:官吏。见《论语·子路》:"先有司,赦小过,举贤才。"

为政不以德①,人不附且劳。

[注释]①为政不以德:治国不推行德政。见《论语·为政》:"为政以德,譬如北辰居其所而众星共之。"

"子之不欲,虽赏之不窃。"①欲生于不足则民盗,能使无欲则民不为盗。假设以子不欲之物赏子,使窃其所不欲,子必不窃。故为政者在乎足民,使无所不足,不见可欲,而盗心息矣。

[注释]①子之不欲,虽赏之不窃:你若无贪欲之心,虽明示以赏,使民为盗,民也会因知耻而不为。见《论语·颜渊》。

为政必身倡之①,且不爱其劳,又益之以不倦。

[注释]①为政必身倡之：从政者一定要亲身倡导，起到表率作用。见《论语·子路》："子路问政。子曰：'先之劳之。'请益。曰：'无倦。'"

"天子讨而不伐，诸侯伐而不讨"①，故虽汤武之举，不谓之讨而谓之伐。陈恒弑君，孔子请讨之②，此必因周制，邻有弑逆，诸侯当不请而讨。孟子又谓"征者上伐下，敌国不相征"③，然汤十一征，非赐铁钺④，则征讨之名至周始定乎！

[注释]①天子讨而不伐，诸侯伐而不讨：天子兴师称"讨"而不称"伐"，诸侯兴师称"伐"而不称"讨"。见《孟子·告子下》。 ②孔子请讨之：公元前481年，齐国贵族陈恒即陈成子，弑其君齐简公。孔子请鲁哀公兴师问罪于陈恒，所用之字是天子所用的"讨"而非诸侯当用的"伐"。见《论语·宪问》："陈成子弑简公。孔子沐浴而朝，告于哀公曰：'陈恒弑其君，请讨之。'" ③征者上伐下，敌国不相征：天子兴师讨伐诸侯用"征"，诸侯国之间不互相"征"伐。见《孟子·告子下》："征者，上伐下也，敌国不相征也。" ④赐铁钺：赐予可代天子征伐的铁钺。见《礼记·王制》："诸侯赐弓矢，然后征；赐铁钺，然后杀。"

"野九一而助"①，郊之外助也。"国中什一使自赋"②，郊门之内通谓之国中，田不井授，故使什而自赋其一也。

[注释]①野九一而助：野是西周的一种国家行政单位。西周的国家管理制度在平面上可分为一系列政治单元，包括王畿和诸侯国。每个单元中基本上都有国野两类区域，国指统治者居住的区域，包括城邑及其近郊，国以外的区域称野，居住着被统治者，各有不同的管理制度和社会职能。孟子认为野实行井田制，其地租形式实行"助法"，即九分抽一。见《孟子·滕文公上》。 ②国中什一使自赋：孟子认为城邑的近郊以内称为"国中"，不按井田制授

田,其地租形式实行贡法,即让国人从其收获物中抽取十分之一交给国家。见《孟子·滕文公上》。

道千乘之国①,不及礼乐刑政,而云"节用而爱人,使民以时"②,言能如是则法③行,不能如是则法不徒行④,礼乐刑政期亦制数⑤而已尔。

[注释]①道千乘之国:治理拥有兵车千乘的诸侯国。 ②节用而爱人,使民以时:节简用度,爱护民众,役使民众一定要在不影响其兴作的时间。见《论语·学而》。 ③法:礼乐刑政制度。 ④法不徒行:不推行德政,仅有礼乐刑政制度,是无法得到推行的。见《孟子·离娄上》:"徒善不足以为政,徒法不能以自行。" ⑤制数:制度;规定。见《周易·节卦·象传》:"君子以制数度,议德行。"《荀子·富国》:"无制数度量则国贫。"

富而不治,不若贫而治;大而不察,不若小而察。

"报者,天下之利"①,率德而致。善有劝,不善有沮②,皆天下之利也。

[注释]①报者,天下之利:以德相报,对天下是有利的。见《礼记·表记》。②善有劝,不善有沮:劝:鼓励;沮:沮抑。善有善报,善者因受到鼓励,而更乐于行善。不善得不到德报,因而受到沮抑,而会停止为恶。

小人私己,利于不治①,君子公物,利于治②。

[注释]①利于不治:以社会混乱、赏罚颠倒为利。 ②利于治:以赏罚分明的治世为利。

大易篇第十四

《大易》①不言有无,言有无,诸子②之陋也。

[注释]①《大易》:即《周易》。 ②诸子:指老子、庄子等。

《易》语天地阴阳,情伪至隐赜而不可恶也①。诸子驰骋说辞,穷高极幽,而知德者②厌其言。故言为非难③,使君子乐取之为贵。

[注释]①情伪至隐赜而不可恶也:情:实;伪:不实;隐:幽深;赜:复杂;恶:厌。《易》言天地阴阳与人之情伪,虽然非常幽隐与复杂,但皆蕴含至理,因而其言可取而不可厌恶。见《周易·系辞上传》:"圣人有以见天下之赜……言天下之至赜而不可恶也。"又:"探赜索隐,钩深致远。"又:"设卦以尽情伪"。 ②知德者:有修养有学识的人,即君子。 ③言为非难:提出自己的观点、看法并不是难事。

《易》一物而三才①:阴阳气也,而谓之天;刚柔质也,而谓之地;仁义德也,而谓之人。

[注释]①《易》一物而三才:一物:指太极;三才:其才有三,即天、地、人。《易》所探讨的只有一物,即太极,其在气有阴阳,称为天;在质有刚柔,称为

地;合天地之气质而成仁义之德性,称为人。故太极之才有三,即天、地、人。见《周易·说卦》:"昔者圣人之作《易》也,将以顺性命之理,是以立天之道曰阴与阳,立地之道曰柔与刚,立人之道曰仁与义。兼三才而两之,故《易》六画而成卦。"

《易》为君子谋①,不为小人谋,故撰德②于卦,虽爻有小大③,及系辞其爻④,必谕⑤之以君子之义。(一本大作又,无其爻二字。)

[注释]①谋:谋划;考虑。 ②撰德:撰述德性。见《周易·系辞下传》:"六爻相杂,唯其时物也。其初难知,其上易知,本末也。初辞拟之,卒成之终。若夫杂物撰德,辩是与非,则非其中爻不备。" ③爻有小大:爻为《周易》中组成卦的基本符号,分为阳爻和阴爻。阴爻为小,阳爻为大。 ④系辞其爻:在爻下写下预测吉凶之辞。 ⑤谕:告知;晓谕。

一物而两体①,其太极之谓欤②!阴阳天道③,象之成也④;刚柔地道⑤,法之效也⑥;仁义人道⑦,性之立也⑧。三才两之⑨,莫不有乾坤之道⑩。

[注释]①一物而两体:一物内部包含有对立统一的两个方面。 ②其太极之谓欤:说的就是"太极"。见《周易·系辞上传》:"是故易有太极,是生两仪。" ③阴阳天道:阴阳的对立统一使天道得以确立。见《周易·说卦》:"是以立天之道曰阴与阳"。 ④象之成也:天象因而得以形成。见《周易·系辞上传》:"在天成象"。又:"成象之为乾"。 ⑤刚柔地道:刚柔的对立统一使地道得以确立。见《周易·说卦》:"立地之道曰柔与刚"。 ⑥法之效也:地得以仿效天道而成其法度。见《周易·系辞上传》:"效法之谓坤"。 ⑦仁义人道:仁与义的确定使人道得以确立。见《周易·说卦》:"立人之道曰仁与义"。 ⑧性之立也:人之性得以确定。 ⑨三才两之:三才皆是一物两体,在天为阴阳,在地为刚柔,在人为仁义。 ⑩乾坤之道:对立统一之道。

阴阳、刚柔、仁义之本立①，而后知趋时应变②，故"乾坤毁则无以见易"。

[注释]①阴阳、刚柔、仁义之本立：确立阴阳、刚柔、仁义等根本性的概念。见《周易·系辞下传》："刚柔者，立本者也。" ②而后知趋时应变：然后才能知道随着时势的推移而应对变化。见《周易·系辞下传》："变通者，趋时者也。"

六爻各尽利而动①，所以顺阴阳、刚柔、仁义、性命之理也，故曰"六爻之动，三极之道也"②。

[注释]①六爻各尽利而动：《周易》每卦由六爻组成，每爻都充分发挥各自的作用而变动。 ②六爻之动，三极之道也：每卦六爻，从倒数上去，依次称初、二、三、四、五、上，其中初与二像地，三与四像人，五与上像天。因此六爻的变化，体现着天道、地道和人道的变化。见《周易·系辞上传》。

阳遍体众阴，众阴共事一阳，理也①。是故二君共一民，一民事二君②，上与下皆小人之道也；一君而体二民，二民而宗一君③，上与下皆君子之道也。

[注释]①阳遍体众阴，众阴共事一阳，理也：一阳统领众阴，众阴共同事奉一阳，这是理当如此。 ②二君共一民，一民事二君：《周易》八经卦中，巽、离、兑三卦皆二阳爻一阴爻，阳爻象征君，阴爻象征民，故称二君共一民或一民事二君，象征一民受多位统治者的剥削。见《周易·系辞下传》："阳卦多阴，阴卦多阳，其故何也？阴卦奇，阳卦耦。其德行何也？阳一君而二民，君子之道也。阴二君而一民，小人之道也。" ③一君而体二民，二民而宗一君：《周易》八经卦中，震、坎、艮三卦皆二阴爻一阳爻，阳爻象征君，故称一君统领二民，二民宗奉一君，象征一君统治众民。

吉凶,变化,悔吝,刚柔,《易》之四象欤①!悔吝由赢②不足而生,亦两③而已。

[注释]①《易》之四象欤:《周易》所探讨的四种现象。见《周易·系辞上传》:"圣人设卦观象,系辞焉而明吉凶。刚柔相推而生变化。是故吉凶者,失得之象也。悔吝者,忧虞之象也。变化者,进退之象也。刚柔者,昼夜之象也。"又:"《易》有四象,所以示也。" ②赢:有余。 ③两:相互对立的两个方面。

尚①辞则言无所苟,尚变则动必精义,尚象则法必致用,尚占则谋必知来。四者非知神之所为,孰能与于此②?

[注释]①尚:注重;崇尚。 ②四者非知神之所为,孰能与于此:《易》所具有的这四个方面,若非深知阴阳神妙精微之变的人所为,还能有谁呢?见《周易·系辞上传》:"子曰:'知变化之道者,其知神之所为乎?'《易》有圣人之道四焉:以言者尚其辞,以动者尚其变,以制器者尚其象,以卜筮者尚其占。是以君子将有为也,将有行也,问焉而以言。其受命也如响。无有远近幽深,遂知来物。非天下之至精,其孰能与于此。参伍以变,错综其数。通其变,遂成天地之文;极其数,遂定天下之象。非天下之至变,其孰能与于此。《易》无思也,无为也,寂然不动,感而遂通天下之故。非天下之至神,其孰能与于此。夫《易》,圣人之所以极深而研几也。唯深也,故能通天下之志;唯几也,故能成天下之务;唯神也,故不疾而速,不行而至。子曰:'易有圣人之道四焉'者,此之谓也。"

《易》非天下之至精①,则词不足待天下之问;非深②,不足通天下之志;非通变极数③,则文④不足以成物,象不足以制器,几不足以成务⑤。非周知兼体⑥,则其神不能通天下之故⑦,不疾而速,不行而至也。

[注释]①至精:《易》文辞之精密,无所不具。 ②深:《易》于幽明、死生、鬼神之理无不具备。 ③通变极数:通卦爻之变以了解事物之变化,尽卦爻之数以了解事物之关系。 ④文:指卦中阴阳两类爻刚柔交错的情况。见《周易·系辞下传》:"爻有等,故曰物。物相杂,故曰文。" ⑤成务:成就功业。 ⑥周知兼体:无所不知,无所不体。 ⑦故:事。

示人吉凶,其道显①矣;知来藏往②,其德行神③矣。语蓍龟④之用也。

[注释]①显:显现。见《周易·系辞上传》:"显道神德行,是故可与酬酢,可与祐神矣。" ②知来藏往:预知未来,记存过往。见《周易·系辞上传》:"神以知来,知以藏往,其孰能与此哉!" ③德行神:道德品行神妙不测。 ④蓍龟:蓍:蓍草;龟:龟甲。蓍草与龟甲是古人用来占卜凶吉的两种用具。

显道者,危使平①,易使倾②,惧以终始③、其要无咎④之道也。神德行者,寂然不动,冥会于万化之感而莫知为之者也。受命如响,故可与酬酢⑤;曲尽鬼谋,故可以佑神。

[注释]①危使平:知倾危则戒惧,从而使人平安。见《周易·系辞下传》:"是故其辞危,危者使平,易者使倾。其道甚大,百物不废。惧以终始,其要无咎,此之谓《易》之道也。" ②易使倾:知平易则无戒惧,从而导致倾覆。 ③惧以终始:在事情发展的整个阶段都使人始终保持戒惧之心。 ④其要无咎:其要旨是消除祸殃。 ⑤酬酢:应酬交往。

开物于几先①,故曰知来;明患而弭其故②,故曰藏往。极数知来③,前知也。前知其变,有道术以通之,君子所以措于民者④远矣。

[注释]①开物于几先:开物:通晓万物的道理。在事物征兆未萌动前就通晓事物的道理。见《礼记·仲尼燕居》:"有开必先。"《周易·系辞上传》:"夫《易》,开物成务,冒天下之道,如斯而已者也。"　②明患而弭其故:推明祸患而消弭已往之凶咎。　③极数知来:极尽卦爻之数,因变为占而知未来。见《周易·系辞上传》:"极数知来之谓占,通变之谓事。"　④措于民者:用于民者,指事业。见《周易·系辞上传》:"举而错之天下之民谓之事业"。

"洁静精微"①,不累其迹②,知足而不贼③,则于《易》深矣。

[注释]①洁静精微:洁静:洁清其志,静待吉凶之至;精微:察其屈伸消长之理而探研义之所宜。见《礼记·经解》。　②不累其迹:因数而知象,数为象立,不拘泥于数;因象而穷理,象为理设,不执于象。　③知足而不贼:明吉凶消长之理,知进退存亡之道,与时偕行而不失其正。

天下之理得,元也①;会而通,亨也②;说诸心,利也③;一天下之动,贞也④。

[注释]①天下之理得,元也:得到天下之理,就是"元"的意思。《周易·系辞上传》:"易简而天下之理得矣。"《周易·乾卦》:"乾:元、亨、利、贞。"　②会而通,亨也:会合而变通,是"亨"的意思。　③说诸心,利也:说:同"悦"。让心感到快乐,是"利"的意思。见《周易·系辞下传》:"能说诸心"。　④一天下之动,贞也:统摄与支配天下所有的运动,是"贞"的意思。见《周易·系辞下传》:"天下之动,贞夫一者也。"

乾之四德①,终始万物②,迎之随之不见其首尾③,然后推本而言,当父母万物④。

[注释]①乾之四德:即元、亨、利、贞。　②终始万物:元者,物之始;亨

者,物之遂;利者,物之实;贞者,物之终。元、亨、利、贞纵贯万事万物发展变化的全过程。　③迎之随之不见其首尾:元为万物之始,然而逆推之,其前有贞,此是迎之不见其首;贞为万物之终,然而顺数之,其下有元,此为随之不见其尾。见《老子》第十四章:"迎之不见其首,随之不见其后。"　④然后推本而言,当父母万物:然后从本源上推究,乾之四德当为万物之父母。见《尚书·周书·泰誓上》:"惟天地万物父母。"

《彖》明"万物资始"①,故不得不以元配乾②;坤其偶也,故不得不以元配坤③。

[注释]①《彖》明"万物资始":彖:即断,《周易》中断卦之辞,又称"彖传",随上下经分为上下两篇,共六十四节,分释六十四卦的卦名、卦辞以及一卦的大旨。《乾》卦的《彖传》是说明"万物赖以开始的来源"的。见《周易·乾卦·彖传》:"大哉乾'元',万物资始,乃统天。"　②故不得不以元配乾:元为物之始,乾之德,故不得不以元匹配乾。　③以元配坤:即"坤元"。见《周易·坤卦·彖传》:"至哉坤'元',万物资生,乃顺承天。"

仁统天下之善①,礼嘉天下之会②,义公天下之利③,信一天下之动。

[注释]①仁统天下之善:仁统领天下之善。见《周易·乾卦·文言》:"'元'者善之长也,'亨'者嘉之会也,'利'者义之和也,'贞'者事之干也。君子体仁足以长人,嘉会足以合礼,利物足以和义,贞固足以干事。"　②礼嘉天下之会:嘉:美。礼荟萃天下众美。　③义公天下之利:义以制事,使天下之物各其利。

六爻拟议①,各正性命②,故乾德旁通③,不失太和而利且贞也④。

[注释]①六爻拟议:比拟议论《乾》卦之六爻。见《周易·系辞上传》:

"拟之而后言,议之而后动,拟议以成其变化。" ②各正性命:各自端正其性命之理。见《周易·乾卦·彖传》。 ③乾德旁通:旁:广。《乾》卦的德性流贯于六爻之内。见《周易·乾卦·文言》:"六爻发挥,旁通情也。" ④不失太和而利且贞也:不失太和资始之理而有利于正道。见《周易·乾卦·彖传》:"乾道变化,各正性命,保合大和,乃利贞。"

颜氏求龙德正中①而未见其止,故择中庸得一善则拳拳服膺②,叹夫子之忽焉前后也③。

[注释]①龙德正中:比喻圣人之德无过与不及。见《周易·乾卦·文言》:"龙德而正中者也。" ②故择中庸得一善则拳拳服膺:拳拳服膺:诚恳信奉;衷心信服。故颜回选择中庸之道,得一善就诚恳地接受。见《礼记·中庸》:"回之为人也,择乎中庸,得一善则拳拳服膺而弗失之矣。" ③叹夫子之忽焉前后也:感叹孔子道德学问的不可企及。见《论语·子罕》:颜渊喟然叹曰:"仰之弥高,钻之弥坚。瞻之在前,忽焉在后。夫子循循然善诱人,博我以文,约我以礼。欲罢不能。既竭吾才,如有所立卓尔。虽欲从之,末由也已。"

乾三四,位过中重刚①,庸言庸行②不足以济之,虽大人之盛有所不安,外趋变化,内正性命,故其危其疑③,艰于见德者,时不得舍也④。九五,大人化矣,天德位矣,成性圣矣,故既曰"利见大人"⑤,又曰"圣人作而万物睹"⑥。亢龙⑦,以位画为言,若圣人则不失其正⑧,何亢之有!

[注释]①乾三四,位过中重刚:位:爻位,即卦爻所居的位次。爻为卦的基本单位,分阴爻和阳爻。《周易》六十四卦,每卦由六爻组成,从倒数上去,依次称初、二、三、四、五、上。六爻以奇数为阳数,故初、三、五之位为阳位;以偶数为阴数,故二、四、六为阴位。六爻中初与二像地,二为地位;三与四像人,三为人位;五与上像天,五为天位。六爻分内卦与外卦,初、二、三爻,称为内卦;四、五、上爻,称为外卦。内、外卦居中之爻即二、五爻为中位。内卦又

称下卦或下体,外卦又称上卦或上体,合称"二体"或"上下体"。过中:一卦之中,爻不居于二、五之中位。重刚:阳为刚,一卦之中,若阳爻而居阳位称"重刚"。《周易》六十四卦的《乾》卦的九三爻处在下体之极位,居于上体之下,在不中之位;九三爻为阳爻,为刚,其所居之位为奇数,为阳位,为刚,故九三爻为以阳爻居阳位,身履重刚之险。上不在天,下不在田,既无地位,又不得安居;九四爻居于下体之上,处于上体之下位,在不中之位;九四爻为阳爻,所居之位为偶数,为阴,然其位为外卦之初,故也是重刚。上不在天,下不在田,中不在人,进退失据,无定位所处。见《周易·乾卦·文言》:"九三重刚而不中,上不在天,下不在田,故乾乾因其时而惕,虽危无咎矣。九四重刚而不中,上不在天,下不在田,中不在人,故'或'之。'或'之者,疑之也,故无咎。" ②庸言庸行:平常的言语和行动。见《周易·乾卦·文言》:"庸言之信,庸行之谨"。《礼记·中庸》:"庸德之行,庸言之谨,有所不足,不敢不勉"。 ③其危其疑:《乾》卦九三爻是危险之象;九四爻是疑虑之象。见《周易·乾卦》:"九三:君子终日乾乾,夕惕若。厉,无咎。九四:或跃在渊,无咎。" ④时不得舍也:暂时不得停顿。见《周易·乾卦·文言》:"'见龙在田',时舍也。" ⑤利见大人:见大人有利。见《周易·乾卦》。 ⑥圣人作而万物睹:物,即人;睹:睹为著,依附。圣人兴作而为万人所亲附。见《周易·乾卦·文言》。 ⑦亢龙:处在极高处的龙。见《周易·乾卦》:"上九:亢龙,有悔。" ⑧不失其正:不失其中正之道。见《周易·乾卦·文言》:"知进退存亡而不失其正者,其唯圣人乎!"

圣人①用中之极,不勉而中②;有大之极,不为其大③。大人④望之,所谓绝尘而奔⑤,峻极于天⑥,不可阶而升者也⑦。

[注释]①圣人:指《乾》卦九五爻。 ②不勉而中:不用勉强,自然无过不及。 ③不为其大:不用勉强,自然充实而有光辉。 ④大人:指《乾》卦九二爻。 ⑤绝尘而奔:奔驰极快。见《庄子·田子方》:"夫子奔逸绝尘,而回瞠若乎后矣!" ⑥峻极于天:如同天一样极为崇高。见《礼记·中庸》。 ⑦

不可阶而升者也:不能够用阶梯爬上去。见《论语·子张》:"夫子之不可及也,犹天之不可阶而升也。"

乾之九五曰:"飞龙在天,利见大人",乃大人造位天德①,成性跻圣者尔②。若夫受命首出③,则所性不存焉④。故不曰"位乎君位",而曰"位乎天德"⑤;不曰"大人君矣",而曰"大人造也"⑥。

[注释]①大人造位天德:造:至。大人的修养以至于天德之位。 ②成性跻圣者尔:德性已成而跻身圣人之域。 ③受命首出:接受天命而出现。 ④则所性不存焉:那么卦中所体现的大人德性形成的过程也就不存在了。因为君位当乘时以登,无渐进之理。 ⑤位乎天德:居于天德的位置,即《乾》卦九五爻。见《周易·乾卦·文言》。 ⑥大人造也:大人居于高位有所作为。见《周易·乾卦·象传》。

庸言庸行,盖天下经德达道①,大人之德施②于是者溥③矣,天下之文明④于是者著矣。然非穷变化之神以时措之宜,则或陷于非礼之礼,非义之义⑤,此颜子所以求龙德正中,乾乾进德,思处其极,未敢以方体之常⑥安吾止也。

[注释]①经德达道:经常之德,共由之道。 ②施:施行。见《周易·乾卦·象传》:"'见龙在田',德施普也。" ③溥:普遍。 ④文明:有文采而且光明。见《周易·乾卦·文言》:"'见龙在田',天下文明。" ⑤非礼之礼,非义之义:与礼制不合之礼,与正义不合之义。见《孟子·离娄下》。 ⑥方体之常:指庸言庸行,经德达道。

惟君子为能与时消息①,顺性命、躬天德而诚行之也。

精义时措,故能保合太和,健利且贞,孟子所谓始终条理,集大成于圣智者②欤!《易》曰③:"大明终始,六位时成。时乘六龙以御天。乾道变化,各正性命。保合大和,乃利贞。"其此之谓乎!

[注释]①与时消息:随着时间的变化而消长。见《周易·丰卦·象传》。 ②始终条理,集大成于圣智者:从开始到结尾都有秩序,这是融会圣德与智慧而自成体系的人才能做到的。见《孟子·万章下》:"孔子之谓集大成。集大成也者,金声而玉振之也。金声也者,始条理也;玉振之也者,终条理也。始条理者,智之事也;终条理者,圣之事也。" ③《易》曰:《周易·乾卦·象传》语。

成性则跻圣而位天德,乾九二正位于内卦之中,有君德①矣,而非上治②也。九五言上治者,言乎天之德,圣人之性,故舍曰"君"而谓之"天",见大人德与位之皆造③也。

[注释]①君德:人君之德。九二虽未居君位,而为人臣乃有人君大中之德,故称君德。见《周易·乾卦·文言》:"'见龙在田,利见大人。'君德也。" ②上治:在上位即君位治国。见《周易·乾卦·文言》:"'飞龙在天',上治也。" ③造:为;作。见《周易·乾卦·象传》:"'飞龙在天',大人造也。"

大而得易简之理①,当成位乎天地之中②,时舍而不受命③,乾九二有焉。及夫化而圣矣,造而位天德矣,则富贵不足以言之。

[注释]①大而得易简之理:大:即大人,九二爻的德与位皆没有达到极致,故称"大"。大人有学问之功、宽仁之德而得到乾坤平易简约的道理。见《周易·系辞上传》:"有亲则可久,有功则可大。可久则贤人之德,可大则贤人之业。易简而天下之理得矣。天下之理得,而成位乎其中矣。" ②当成位

乎天地之中:应该居于天位。　③时舍而不受命:暂处下位而没有禀受天命。见《周易・乾卦・文言》:"'见龙在田',时舍也。"

"乐则行之,忧则违之"①,主于求吾志而已,无所求于外。故善世博化②,龙德而见者也;若潜而未见③,则为己而已,未暇及人者也。

[注释]①乐则行之,忧则违之:阐发《乾》卦初九爻辞,所高兴的事情则行之,所忧虑的事情则避之。见《周易・乾卦・文言》。　②善世博化:阐发《乾》卦九二爻辞,使社会归于善,民众普遍受到道德感化。见《周易・乾卦・文言》:"善世而不伐,德博而化。"　③潜而未见:阐发《乾》卦初九爻辞,潜隐没有出现。见《周易・乾卦・文言》:"潜之为言也,隐而未见,行而未成。"

"成德为行"①,德成自信,则不疑所行②,日见乎外可也。

[注释]①成德为行:以成就道德为行动。见《周易・乾卦・文言》:"君子以成德为行,日可见之行也。"　②不疑所行:不怀疑其所做的。见《周易・坤卦・文言》:"则不疑其所行也。"

乾九三修辞立诚①,非继日待旦如周公,不足以终其业。

[注释]①乾九三修辞立诚:《乾》卦九三提出外修教令、内立诚实的观念。见《周易・乾卦・文言》:"修辞立其诚,所以居业也。"

九四①以阳居阴,故曰"在渊",能不忘于跃,乃可免咎;"非为邪也",终其义也②。

[注释]①九四:《周易・乾卦》九四爻。见《周易・乾卦・文言》:"九四

曰：'或跃在渊，无咎。'何谓也？子曰：'上下无常，非为邪也；进退无恒，非离群也；君子进德修业，欲及时也，故无咎。'" ②终其义也：终其增进道德、建立功业之义。

至健而易，至顺而简①，故其险其阻②，不可阶而升，不可勉而至。仲尼犹天，"九五飞龙在天"③，其致一也。

[注释]①至健而易，至顺而简：天地之道至刚健而平易，至柔顺而简约，圣人体健顺之撰，得易简之理，圣德高深。见《周易·系辞下传》："夫乾，天下之至健也，德行恒易以知险；夫坤，天下之至顺也，德行恒简以知阻。" ②其险其阻：指通往圣德之路卓绝艰险。 ③九五飞龙在天：《周易·乾卦》九五爻辞。

"坤至柔而动也刚"①，乃积大势成②而然也。

[注释]①坤至柔而动也刚：坤顺承天之施予，其体至为柔顺，然而当其发挥功用生育万物，则是刚健的。见《周易·坤卦·文言》。 ②积大势成：坤所积极大，极其广厚，其势已成，不动则已，动则势不可止。

乾至健无体，为感速，故易知①；坤至顺不烦，其施普，故简能②。

[注释]①故易知：乾为气之健，变化流行，没有定体，故不滞于物，随感而应，无所迟疑，洞达明示而易于知晓。见《周易·系辞上传》："乾知大始，坤作成物。乾以易知，坤以简能。" ②故简能：坤顺天而行，乾之所至，随效法之，故不劳而功能自著。

坤先迷不知所从，故失道，后能顺听，则得其常矣①。

[注释]①则得其常矣：阳先阴后，此为常理。坤不让乾而越分争先，一

定会迷惑而失其常道,后能顺从乾而退从其后,则安于其分而得其常理。见《周易·坤卦》:"君子有攸往,先迷后得主,利,西南得朋,东北丧朋。"《周易·坤卦·象传》:"君子攸行,'先迷'失道,'后'顺'得'常。"

造化之功①,发乎动②,毕达乎顺③,形诸明④,养诸容载⑤,遂乎说润⑥,胜乎健⑦,不匮乎劳⑧,终始乎止⑨。

[注释]①造化之功:本章是对《说卦》相关文字的解释。"造化之功"即帝。见《周易·说卦》:"帝出乎震,齐乎巽,相见乎离,致役乎坤,说言乎兑,战乎乾,劳乎坎,成言乎艮。"　②发乎动:即"出乎震"。"发"即"出","动"即"震"。　③毕达乎顺:即"齐乎巽"。"毕达"即"齐","顺"即"巽"。　④形诸明:即"相见乎离"。离为明,形则有象可见。　⑤养诸容载:即"致役乎坤"。坤有容而能载,万物皆致养焉。　⑥遂乎说润:即"说言乎兑"。兑为说,说即悦,悦则畅遂。兑又为泽,有润泽之意。　⑦胜乎健:即"战乎乾"。乾为健,因战而胜。　⑧不匮乎劳:即"劳乎坎"。坎为劳,"不匮"即充足之意。谓阳陷阴中而生意不绝。　⑨终始乎止:即"成言乎艮"。有始有终即为"成",艮为止。

健、动、陷、止,刚之象①;顺、丽、入、说,柔之体②。

[注释]①健、动、陷、止,刚之象:健、动、陷、止,即乾、震、坎、艮,乾为纯阳之卦,震、坎、艮,皆一阳之卦,为刚,其象亦为刚。见《周易·说卦》:"乾,健也。坤,顺也。震,动也。巽,入也。坎,陷也。离,丽也。艮,止也。兑,说也。"　②顺、丽、入、说,柔之体:顺、丽、入、说,即坤、离、巽、兑,坤为纯阴之卦,离、巽、兑皆为一阴之卦,为柔,其象亦为柔。

"巽为木",萌于下,滋于上也①;"为绳直",顺以达也②;"为工",巧且顺也③;"为白",所遇而从也④;"为长,为高",木之性也⑤;"为臭",风也,入也⑥;"于人为寡发广颡",躁人之象也⑦。

[注释]①"巽为木",萌于下,滋于上也:本章释《说卦》"巽为木"一节。"巽为木",意思是巽一阴伏于二阳之下,一阴像根萌生于下,二阳像枝滋生于上,故巽为木。见《周易·说卦》:"巽为木,为风,为长女,为绳直,为工,为白,为长,为高,为进退,为不果,为臭。其于人也,为寡发,为广颡,为多白眼,为近利市三倍,其究为躁卦。" ②"为绳直",顺以达也:巽为顺,顺理而达于用,故巽为绳直。 ③"为工",巧且顺也:工引绳之直以制木,既巧且顺于理,故巽为工。 ④"为白",所遇而从也:巽为顺,顺即从,白可受采,无所不从,即是巽顺之象,故巽为白。 ⑤"为长,为高",木之性也:木之本性长且高,故巽为长、为高。 ⑥"为臭",风也,入也:巽为风,臭因风而入,故巽为臭。 ⑦"于人为寡发广颡",躁人之象也:发为血之余,属阴,颡属首,为阳。巽卦一阴在下,二阳在上,阳胜于上,故于人为寡发广颡,阴不足而阳有余,性必急躁,故又为躁人之象。

"坎为血卦",周流而劳,血之象也①;"为赤",其色也②。

[注释]①"坎为血卦",周流而劳,血之象也:坎以一阴陷于二阳之间,其象为水,血亦为水,因此坎为血卦。周流于人之体内而运动不息,是血之象。见《周易·说卦》:"坎为水,为沟渎,为隐伏,为矫輮,为弓轮。其于人也,为加忧,为心病,为耳痛,为血卦,为赤。" ②"为赤",其色也:血之色为赤,故坎为赤。

"离为乾卦","于木为科上槁",附且躁也①。

[注释]①"离为乾卦","于木为科上槁",附且躁也:躁:当为"燥";科:空虚。离卦为一阴附离于二阳之间,外明内暗,其象为火。火干燥故为乾卦,乾音干。科为空,木中空上必枯槁,则"科上槁"为槁木附丽于木上而干燥者,故离于木为科上槁。见《周易·说卦》:"离为火,为日,为电,为中女,为甲胄,为

戈兵。其于人也,为大腹。为乾卦,为鳖,为蟹,为蠃,为蚌,为龟。其于木也,为科上槁。"

"艮为小石",坚难入也①;"为径路",通或寡也②。(或,一本作且字。)

[注释]①"艮为小石",坚难入也:小石坚而难入,艮刚而止,有刚而难入之义,故艮为小石。见《周易·说卦》:"艮为山,为径路,为小石,为门阙,为果蓏,为阍寺,为指,为狗,为鼠,为黔喙之属。其于木也,为坚多节。" ②"为径路",通或寡也:艮以一阳止于二阴之上,二阴开于下故通而为路,然一阳阻于上虽通而行者寡,径路即小路,有虽通而行者寡之义,故艮为径路。

"兑为附决",内实则外附必决也①;"为毁折",物成则上柔者必折也②。

[注释]①"兑为附决",内实则外附必决也:兑为一阴外附于二阳之上,二阳在内为实,阳盛,则必决然而去外附之阴,故兑为附决。见《周易·说卦》:"兑为泽,为少女,为巫,为口舌,为毁折,为附决。其于地也,为刚卤,为妾,为羊。" ②"为毁折",物成则上柔者必折也:兑为正秋之卦,正秋为物成之时,物成则枝叶必凋零,故为毁折。

"坤为文",众色也①;"为众",容载广也②。

[注释]①"坤为文",众色也:众色相杂成文,坤三画皆偶,画多色众为文,故坤为文。见《周易·说卦》:"坤为地,为母,为布,为釜,为吝啬,为均,为子母牛,为大舆,为文,为众,为柄。其于地也为黑。" ②"为众",容载广也:坤三画皆偶,画多,像坤广容众物,故坤为众。

"乾为大赤",其正色也①;"为冰",健极而寒甚也②。

[注释]①"乾为大赤",其正色也:八卦方位有两种,一种是乾南坤北方位,即乾南、坤北、离东、坎西、兑东南、震东北、巽西南、艮西北,因前人认为是伏羲作八卦时已如此排列,故称之为先天八卦之位。一种是离南坎北方位,即离南、坎北、震东、兑西、巽东南、艮东北、坤西南、乾西北,宋代易学家因认为文王时代曾将八卦作此排列,故称文王八卦方位或后天八卦方位。乾于先天卦位居正南,赤为南方之正色,故乾为大赤。见《周易·说卦》:"乾为天,为圜,为君,为父,为玉,为金,为寒,为冰,为大赤,为良马,为老马,为瘠马,为驳马,为木果。" ②"为冰",健极而寒甚也:乾卦于后天卦位在西北,为冬,故为寒,寒甚则水凝而为冰,故乾为冰。

"震为萑苇","为苍筤竹","为甹",皆蕃鲜也①。

[注释]①"震为萑苇","为苍筤竹","为甹",皆蕃鲜也:萑苇为芦类植物,苍筤竹为色美之竹,甹为花朵。诸物皆蕃盛而鲜美者。震于后天卦位居东方,为春,春则万物皆蕃盛而鲜美,故震为萑苇等诸物。见《周易·说卦》:"震为雷,为龙,为玄黄,为甹,为大涂,为长子,为决躁,为苍筤竹,为萑苇。其于马也,为善鸣,为异足,为作足,为的颡。其于稼也,为反生。其究为健,为蕃鲜。"

一陷溺而不得出为坎①,一附丽而此不能去为离②。

[注释]①一陷溺而不得出为坎:一:卦画之阳画。坎的意思是一阳陷溺于二阴之中而不得出。见《周易·说卦》:"坎,陷也。" ②一附丽而此不能去为离:离的意思是一阴主于内,二阳交附丽于外而不能去。见《周易·说卦》:"离,丽也。"

艮一阳为主于两阴之上,各得其位而其势止也①。《易》言光明者,多艮之象②,著则明之义也③。

[注释]①各得其位而其势止也:阳上阴下,理也。艮为一阳在上,阳得

其位;二阴居于下,阴得其位。各得其位则各安所止,故其势止。见《周易·艮卦·象传》:"艮,止也。时止则止,时行则行,动静不失其时,其道光明。"《周易·说卦》:"艮,止也。" ②多艮之象:《易》凡言光明,大都指艮象为言。③著则明之义也:艮一阳著于上,故光明。此即《中庸》"著则明"之义。见《礼记·中庸》:"形则著,著则明。"

蒙无遽亨之理,由九二循循行时中之亨也①。

[注释]①由九二循循行时中之亨也:蒙,坎下艮上,以坎遇艮,山下有险,内险外止,因此蒙无遽然亨通之理。其之所以能亨,是由于九二爻的缘故。九二爻为阳爻,为刚,二为内卦之中,故九二爻为内卦之主,以刚中之德当发蒙之任,循循有序地启发人之蒙昧又施当其时,因此能够亨通。见《周易·蒙卦·象传》:"《蒙》,山下有险,险而止,《蒙》。《蒙》,'亨',以亨行时中也。"

"不终日贞吉",言疾正则吉也①。仲尼以六二以阴居阴,独无累于四,故其介如石,虽体柔顺,以其在中而静,何俟终日,必知几而正矣②。

[注释]①言疾正则吉也:疾:速。意思是说从速归于中正之道则吉利。见《周易·豫卦》。 ②必知几而正矣:《周易》一书由卦画、卦爻辞、传等组成。传统观点认为八卦卦画为伏羲所作,六十四卦卦画及卦爻辞为周文王所作,传包括《彖》《象》《系辞》各两篇,《文言》《说卦》《序卦》《杂卦》各一篇,共十篇,合称十翼,为孔子所作。此处以"仲尼"发论,阐发的就是《系辞传》的思想。《豫》卦九四为一阳居于阴位,是大臣之象,象权势甚盛。而初、三、五诸爻皆为阴爻而居阳位,有众阴依附于一阳之象。六二爻为阴爻,位为阴位,孔子认为这是以阴居阴,因此能够不受九四之累而中正自守,确然特立,耿介如石。六二爻又居于内卦之中,因此其虽以阴居阴,体甚柔顺,但其有居中主静之德,是以思虑明审,不待终日,必知事之几微而正之。见《周易·系辞下

传》:"君子见几而作,不俟终日。《易》曰:'介于石,不终日,贞吉'。介如石焉,宁用终日,断可识矣。"

坎维心亨①,故行有尚②。外虽积险,苟处之心亨不疑,则虽难必济而往有功也。

[注释]①坎维心亨:坎,阳陷阴中,为有险之象,然阳在于内,阳为刚,能开通,因而虽处险境,但内心却得以保持亨通。见《周易·坎卦》:"《习坎》:有孚维心,亨,行有尚。" ②故行有尚:《坎》卦内阳,故内亨,外阴,故外暗。故以亨通之性而往诣阴暗之所,必有功效。

中孚①,上巽施之②,下悦承之③,其中必有感化而出焉者④。盖孚者覆乳之象⑤,有必生之理。

[注释]①中孚:卦名。见《周易·中孚卦·象传》:"《中孚》,柔在内而刚得中,说而巽,孚乃化邦也。" ②上巽施之:《中孚》卦上卦为巽,巽为顺,意为上顺理而施之于下。 ③下悦承之:《中孚》卦下卦为兑,兑为悦,意为下心悦诚服以承奉上。 ④其中必有感化而出焉者:上下相感,一定会有受到感化者出于其中。 ⑤孚者覆乳之象:孚字从爪从子,像鸟孵卵。

物因雷动,雷动不妄,则物亦不妄,故曰"物与无妄"①。静之动也,无休息之期,故地雷为卦,言反又言复,终则有始,循环无穷②。人,指其化而裁之尔③;深,其反也④;几,其复也⑤;故曰"反复其道",又曰"出入无疾"。

[注释]①物与无妄:《无妄》卦震下乾上,震为雷,乾为天,像雷衔天之令以萌动万物。万物因雷震动而萌动,而雷以时而动,真实无妄,万物因雷动而各自端正其性命之理,故也真实无妄。见《周易·无妄卦·象传》:"天下雷行,物与,《无妄》。" ②终则有始,循环无穷:《坤》卦上坤下坤,至静,初六变

而为震，为《复》卦，震为动，是动出于静，故为静之动，《复》卦之上卦为坤，是动之极，复归于静，动静循环，没有止息。故地雷为《复》卦，卦爻辞言"反"又言"复"，是说终始往复，循环没有穷尽，此为天地自然之化。见《周易·复卦》："复：亨。出入无疾。朋来无咎。反复其道，七日来复。利有攸往。" ③人，指其化而裁之尔：之所以言"反复"，是人对天地自然之化作出的裁断。④深，其反也：反是往、是终、是静。静而深微，万化无形，是天地自然之反。深入探讨其中深奥的道理，是对天地自然之反的把握。见《周易·系辞上传》："夫《易》，圣人之所以极深而研几也。" ⑤几，其复也：复是来、是始、是动。动而有几，万化萌动，是天地自然之复。洞察其中的几微，是对天地自然之复的把握。

"益，长裕而不设"①，益以实也；妄加以不诚之益，非益也。

[注释]①益，长裕而不设：切实地增益道德与知识，而非徒具形式，就会长久保持宽裕。见《周易·系辞下传》。

"井渫而不食"①，强施行，恻然且不售②，作易者之叹欤！

[注释]①井渫而不食：渫，清。井水清洁可汲而人不汲，犹如才可用而不用。见《周易·井卦》："九三：井渫不食，为我心恻，可用汲。" ②强施行，恻然且不售：勉强施行，则徒自伤心且终不见售。

阖户，静密也①；辟户，动达也②；形开而目睹耳闻，受于阳也③。

[注释]①阖户，静密也：闭门为坤之象，取其静而严密之义。见《周易·系辞上传》："是故阖户谓之坤，辟户谓之乾。" ②辟户，动达也：开门为乾之象，取其动而毕达之义。③形开而目睹耳闻，受于阳也：身体与外界进行感应

的功能开启,目可睹,耳可闻,是阳气作用的结果。见《庄子·齐物论》:"其寐也魂交,其觉也形开。"

辞各指其所之①,圣人之情也;指之所趋时尽利,顺性命之理,臻三极之道②也;能从之则不陷于凶悔矣,所谓"变动以利言"③者也。然爻有攻取爱恶,本情素动,因生吉凶悔吝而不可变者,乃所谓"吉凶以情迁"④者也。能深存《系辞》所命,则二者之动见矣。又有义命当吉当凶、当否当亨者,圣人不使避凶趋吉,一以贞胜而不顾,如"大人否亨"⑤、"有陨自天"⑥、"过涉灭顶凶无咎"⑦,损益"龟不克违"⑧及"其命乱也"⑨之类。三者情异,不可不察。

[注释]①辞各指其所之:《周易》卦爻辞根据具体情况分别指出人们趋吉避凶的方向。见《周易·系辞上传》:"辞也者,各指其所之。" ②三极之道:三极:天、地、人三才。天道、地道和人道。 ③变动以利言:事情变动以有利为准。见《周易·系辞下传》。 ④吉凶以情迁:事情的吉凶因情况而转移。见《周易·系辞下传》。 ⑤大人否亨:此为《否》卦六二爻辞。《否》卦上乾下坤,像天地不交,上下隔阂,闭塞不通。此时小人得势道通而吉,大人若能闭塞小人之吉,其道才能亨通。见《周易·否卦》。 ⑥有陨自天:此为《姤》卦九五之爻辞。意为虽九五居君之尊位,体刚居中,却无人应和,假如没落,则只能是天命。见《周易·姤卦》。 ⑦过涉灭顶凶无咎:此为《大过》卦上六爻辞。上六处大过之极位,涉难极深,以至于灭顶,但由于其本意是要济时拯难,意善功恶,故虽凶而无可咎责。见《周易·大过卦》。 ⑧龟不克违:此为《损》卦六五、《益》卦六二之爻辞。言义所当得,欲辞不能。见《周易·损卦》:"六五:或益之,十朋之龟弗克违,元吉。"《周易·益卦》:"六二:或益之,十朋之龟弗克违,永贞吉。" ⑨其命乱也:命之将乱,欲逃而不得。见《周易·泰卦》。

因爻象之既动,明吉凶于未形,故曰"爻象动乎内,吉凶见乎外"①。

[注释]①爻象动乎内,吉凶见乎外:爻象的变动出现在卦内,事之吉凶显现在卦外。见《周易·系辞下传》。

"富有"①者,大无外也;"日新"者,久无穷也。

[注释]①富有:广大悉备,无所不有。见《周易·系辞上传》:"富有之谓大业,日新之谓盛德。"

显,其聚也;隐,其散也。显且隐,幽明所以存乎象①;聚且散,推荡所以妙乎神②。

[注释]①显且隐,幽明所以存乎象:气聚而显,显则明;气散而隐,隐则幽;气之幽明一存于象之聚散。 ②聚且散,推荡所以妙乎神:气聚而散,散而聚,推荡而不穷,无非自然之妙理。

"变化进退之象"①云者,进退之动也微,必验之于变化之著,故察进退之理为难,察变化之象为易。

[注释]①变化进退之象:变化昭示的是阴阳进退之理。见《周易·系辞上传》:"变化者,进退之象也。"

"忧悔吝者存乎介"①,欲观《易》象之小疵②,宜存志静③,知所动之几微也。

[注释]①忧悔吝者存乎介:人遇到小的过失而忧之,在于对事情疏忽而警惕。见《周易·系辞上传》。 ②小疵:小过错,指"悔吝"。见《周易·系辞上传》:"悔吝者,言乎其小疵也。" ③宜存志静:应该保持心志的安静,使思

虑明审。

往之为义,有已往,有方往,临文者不可不察。

乐器篇第十五

乐器有相，周、召之治欤①！其有雅，太公之志乎②！雅者正也，直己而行正也，故讯疾蹈厉者，太公之事耶③！《诗》亦有《雅》，亦正言而直歌之，无隐讽谲谏之巧也。

[注释]①乐器有相，周、召之治欤：相：古乐器，即拊，外以柔软的皮革为表，内装以糠，糠一名相。周：周公旦。召：周文王庶子，姬姓，名奭，因采邑在召，故称召公。佐周武王灭商，封于燕，周成王时任太保，成王卒，受遗命辅周康王，以高寿卒。乐器中的相节乐而治乱，周召同心辅政，文致太平，与相相似。见《礼记·乐记》："治乱以相。"又："《武》乱皆坐，周召之治也。" ②其有雅，太公之志乎：雅：古乐器，状如漆筒，中有椎；太公：姜姓，吕氏，名尚，字牙，又称太公望。为周文王、周武王之师，佐武王灭商，封于齐。乐器中的雅，是用来调节跳舞者的节奏使其不失于正，太公望志在伐暴，与雅相似。见《礼记·乐记》："讯疾于雅。"又："发扬蹈厉，太公之志也。" ③故讯疾蹈厉者，太公之事耶：因此舞蹈时以雅节制舞之急疾、足蹈地而猛厉的动作，使其不失正道，这是像太公望统兵伐暴武威鹰扬之事。

《象武》①，武王初有天下，象文王武功之舞，歌《维清》②以奏之。（自注：成童学之。）《大武》③，武王没，嗣王象武王之功之舞，歌《武》④以奏之。（自注：冠者舞之。）

《酌》⑤,周公没,嗣王以武功之成由周公,告其成于宗庙之歌也。(自注:十三舞焉。)

[注释]①象武:舞蹈名。 ②维清:《诗经·周颂》篇名。 ③大武:舞蹈名。 ④武:《诗经·周颂》篇名。 ⑤酌:《诗经·周颂》篇名。

兴己之善①,观人之志,群而思无邪②,怨③而止礼义。人可事亲,出可事君,但言君父,举其重者也。

[注释]①兴己之善:抒发自己内心的善性。见《论语·阳货》:"小子何莫学夫《诗》?《诗》,可以兴,可以观,可以群,可以怨。迩之事父,远之事君;多识于鸟兽草木之名。" ②群而思无邪:与人相处而思想纯正没有邪念。见《论语·为政》:"《诗》三百,一言以蔽之,曰:'思无邪'。"③怨:批评。

志至诗至①,有象必可名②,有名斯有体③,故礼亦至焉④。

[注释]①志至诗至:在心为志,发言为诗,意志达到极致,则诗的意蕴也达到极致。见《礼记·孔子闲居》:"志之所至,诗亦至焉;诗之所至,礼亦至焉;礼之所至,乐亦至焉;乐之所至,哀亦至焉。哀乐相生。是故正明目而视之,不可得而见也。倾耳而听之,不可得而闻也。志气塞乎天地,此之谓'五至'。" ②有象必可名:象:即情状,意象;名:言。有意象就一定可以用语言表达出来。 ③有名斯有体:志向有了明确的表述,则一定可以付诸行动。 ④故礼亦至焉:礼为规范行为的法则,故志向见诸践行就要受到的礼的规范,因此随着志向所践行,对礼的践履也能恰到好处。

幽赞天地之道①,非圣人而能哉! 诗人谓"后稷之穑,有相之道"②,赞化育之一端也。

[注释]①幽赞天地之道:幽赞:暗中帮助;天地之道:天地化育万物之

道。见《周易·说卦》:"幽赞于神明而生蓍"。 ②后稷之穑,有相之道:后稷教民稼穑,助天以养民,非徒听命于天。见《诗经·大雅·生民》。

礼矫实求称①,或文或质,居物后而不可常也②。他人才未美,故绚饰之以文;庄姜③才甚美,乃更绚之用质素。下文"绘事后素"④,素谓其材,字虽同而义施各异⑤。故设色之工,材黄白者必绘以青赤,材赤黑必绚以粉素。

[注释]①礼矫实求称:实:本来,本体。物之本体有文采超过质地的,有质地超过文采的,质胜则以文进行矫正,文胜则以质进行矫正,以求文质之相称。本章是对《论语·八佾》子夏问诗于孔子发论。见《论语·八佾》:"子夏问曰:'巧笑倩兮,美目盼兮,素以为绚兮。何谓也?'子曰:'绘事后素。'曰:'礼后乎?'子曰:'起予者商也!始可与言《诗》已矣。'" ②或文或质,居物后而不可常也:文:文采;质:质地。或质朴胜过文采就用文采对其进行修饰,或文采胜过质朴,就以质朴对其进行矫正,采用什么样的方式对物进行矫正,要根据实际情况,没有固定不变的格式。 ③庄姜:春秋时期卫庄公夫人,以美丽著称。 ④绘事后素:绘画先施以粉底,而后施以五彩,如同人有美质,然后可加以文饰。 ⑤字虽同而义施各异:"质素"之"素"意为以素色修饰;"后素"之"素"指绘画的材料。

"陟降庭止"①,上下无常,非为邪也②,进德修业,欲及时也。"在帝左右"③,所谓欲及时者欤!

[注释]①陟降庭止:陟降:升降,上下;庭:直。文王上以事天,下以事民,以直道行事,没有偏私之心。见《诗经·周颂·闵予小子》。 ②上下无常,非为邪也:或在上或在下,没有一定,不是要为邪僻之事。见《周易·乾卦·文言》:"上下无常,非为邪也;进退无恒,非离群也;君子进德修业,欲及时也,故无咎。" ③在帝左右:在:察;帝:天理。文王察知天理,须臾不离天理之左右。见《诗经·大雅·文王》。

江沱之媵以类行①,而欲丧朋②,故无怨;嫡以类行③,而不能丧其朋④,故不以媵备数⑤,卒能自悔。得安贞之吉,乃终有庆,而其啸也歌。

[注释]①江沱之媵以类行:江沱:江河的支流;媵:妾媵,古时随嫁女子;类:贵贱等级。江河支流处一个陪嫁女子虽然得不到正室的礼遇,但她能够安于卑贱之位。见《诗经·召南·江有汜序》:"《江有汜》,美媵也。勤而无怨,嫡能悔过也。文王之时,江沱之间有嫡不以其媵备数,媵遇劳而无怨,嫡亦自悔也。"又《诗经·召南·江有汜》:"江有沱,之子归,不我过。不我过,其啸也歌。"《周易·坤卦·象传》:"'西南得朋',乃与类行。'东北丧朋',乃终有庆。" ②而欲丧朋:朋:指私心。不存私心。 ③嫡以类行:嫡:嫡妻,正室。正室处于尊贵之位而恃其贵而骄。 ④而不能丧其朋:怀有私心而无容人之量。 ⑤备数:备:充当,充任。充任侧室之位。

采枲耳①,议酒食,女子所以奉宾祭、厚君亲者足矣。又思酌使臣之劳,推及"求贤审官",王季②、文王之心,岂是过欤!

[注释]①枲耳:即卷耳,叶如鼠耳,丛生如盘。《诗经》有诗名《卷耳》。本章是据《卷耳序》以释《卷耳》一诗。见《诗经·小雅·卷耳序》:"《卷耳》,后妃之志也。又当辅佐君子,求贤审官,知臣下之勤劳。内有进贤之志,而无险诐私谒之心,朝夕思念,至于忧勤也。" ②王季:周文王之父,名季历。

《甘棠》①初能使民不忍去,中能使民不忍伤,卒能使民知心敬而不渎②之以拜。非善教寖明③,能取是于民哉?

[注释]①甘棠:《诗经·召南》篇名。怀念召公之作,共三章。 ②渎:轻慢,亵渎。 ③寖明:寖:渐。渐渐明白。

"振振"①,劝使勉也;"归哉归哉",序其情也。

[注释]①振振:诚实忠厚的样子。见《诗经·召南·殷其雷》:"振振君子,归哉归哉!"

《卷耳》①,念臣下小劳则思小饮②之,大劳则思大饮③之,甚则知其怨苦嘘叹。妇人能此,则险诐④私谒⑤害政之心知其无也。

[注释]①《卷耳》:本章阐释《卷耳序》。　②小饮:用酒器金罍斟酒。③大饮:用酒器兕觥斟酒。　④险诐:阴险奸邪。　⑤私谒:因私干谒请托。

"绸直如发"①,贫者纮继②无余,顺其发而直韬③之尔。

[注释]①绸直如发:《诗经·小雅·都人士》语。　②纮继:纮:发髻;继:束发之帛。　③韬:.包扎;敛束。

《蓼萧》、《裳华》"有誉处兮"①,皆谓君接己温厚,则下情得伸,谗毁不入,而美名可保也。

[注释]①有誉处兮:誉:美名;处:安乐。有美名并且安乐。见《诗经·小雅》的《蓼萧》《裳华》二诗。

《商颂》"顾予烝尝,汤孙之将"①,言祖考来顾,以助汤孙也。

[注释]①顾予烝尝,汤孙之将:顾:光顾;烝尝:祭名,指秋冬二祭,冬祭曰烝,秋祭曰尝;将:奉献。我在秋冬向您致祭,请您光临,这是汤的子孙虔诚的奉献。见《诗经·商颂》的《那》《烈祖》二诗。

"鄂不韡韡"①,兄弟之见,不致文于初,本诸诚也。

[注释]①鄂不韡韡:鄂:花萼;不:当做"柎",即萼足,花蒂;韡韡:光明貌。花朵下有花萼,花萼下有花蒂,花朵因为花萼、花蒂的承托方能光明,花萼、花蒂则因为花朵的光明而显得甚有光辉,喻义兄弟之间相互扶助而荣显。见《诗经·小雅·棠棣》。

《采苓》①之诗,舍旃则无然②,为言则求所得③,所誉必有所试④,厚之至也。

[注释]①采苓:《诗经·唐风》篇名。 ②舍旃则无然:旃:之。人有向己进谗言,要暂且将其搁置,不遽然相信,则自会得到事情的真相,谗言因此就会停止。见《诗经·唐风·采苓》:"人之为言,苟亦无信。舍旃舍旃,苟亦无然。人之为言,胡得焉!" ③为言则求所得:人捏造谗言是想得到什么,对他不予理睬,他就一无所获。 ④所誉必有所试:试:验证。对于他人的赞誉,一定要有所验证,而非遽然舍之。见《论语·卫灵公》:"吾之于人也,谁毁谁誉?如有所誉者,其有所试矣。"

简①,略也,无所难也,甚则不恭焉。贤者仕禄,非迫于饥寒,不恭莫甚焉。"简兮简兮"②,虽刺时君不用,然为士者不能无太简之讥,故诗人陈其容色之盛,善御之强,与夫君子由房由敖③、不语其材武者异矣。

[注释]①简:简略。《诗经》中《简兮》《君子阳阳》二诗皆为贤者仕于伶官之诗。此章故论其优劣。 ②简兮简兮:武勇的样子。见《诗经·邶风·简兮》:"简兮简兮,方将《万》舞。" ③由房由敖:由:从;房:东房;敖:舞位。此诗为妇人所作,言其夫服役归家,召其行乐以自娱。显现了该伶官安贫自乐的情怀。见《诗经·王风·君子阳阳》:"君子阳阳,左执簧,右招我由房。其乐只且!君子陶陶,左执翿,右招我由敖。其乐只且!"

"破我斧","缺我斨"①,言四国②首乱,乌能有为,徒破缺我斧斨而已,周公征而安之,爱人之至也。

[注释]①"破我斧","缺我斨":使我的斧子破损,使我的斨缺口。随周公东征之士卒言其征伐之辛劳。见《诗经·豳风·破斧》:"既破我斧,又缺我斨。周公东征,四国是皇。哀我人斯,亦孔之将。" ②四国:商、奄、管、蔡四国。

《伐柯》①,言正当加礼②于周公,取人以身也③,其终见《书》"予小子其新逆"④。

[注释]①伐柯:《诗经·豳风》篇名,褒美周公之诗。 ②加礼:厚于常规的礼仪。 ③取人以身也:成王亲迎周公归于国家。 ④予小子其新逆:新:当做"亲";逆:迎。我小子要亲身迎接周公。见《尚书·周书·金縢》:"惟朕小子其新逆,我国家礼亦宜之。"

《九罭》①,言王②见周公当大其礼命③,则大人④可致也。

[注释]①九罭:《诗经·豳风》篇名,褒美周公之诗。 ②王:周成王。 ③礼命:国家记载名位尊卑的礼籍和君王的策命。 ④大人:指周公。

《狼跋》①,美周公不失其圣,卒能感人心于和平也。

[注释]①狼跋:《诗经·豳风》篇名,言周公遭管蔡流言之变,而安肆自得不失其常。

《甫田》"岁取十千"①,一成②之田九万亩,公取十千亩,九一之法也。

[注释]①岁取十千:一岁取十千之粮。见《诗经·小雅·甫田》。　②一成:田方十里,共九万亩。

后稷①之生,当在尧舜之中年,而《诗》云"上帝不宁"②,疑在尧时高辛子孙为二王后③,而诗人称帝④尔。

[注释]①后稷:相传为周人之始祖,名弃。尧时为农官,舜时被封于邰,号后稷,姬姓。曾助禹治水,播种百谷。　②上帝不宁:《诗经·大雅·生民》语。　③二王后:古代新朝代建立后,往往封前两朝天子后裔为诸侯,让他们在自己的诸侯国内奉行原来朝代的礼乐制度,行天子之礼,称二王后。　④称帝:称高辛氏为上帝。

唐棣①枝类棘枝,随节屈曲,则其华一偏一反,左右相矫②,因得全体均正。偏,喻管蔡失道③;反,喻周公诛殛。言我岂不思兄弟之爱,以权宜合义,主在远者尔。《唐棣》本文王之诗,此一章周公制作,序己情而加之,仲尼以不必常存④而去之。

[注释]①唐棣:植物名。本章解释《论语》记述的四句逸诗。见《论语·子罕》:"'唐棣之华,偏其反而。岂不尔思?室是远而。'子曰:'未之思也,夫何远之有?'"　②左右相矫:互相对称。　③管蔡失道:管蔡:周武王同母弟管叔鲜与蔡叔度的并称。周武王灭商后,封其弟鲜于管,称管叔,度于蔡,称蔡叔。让二人辅助纣王子武庚治理商朝的遗民。武王崩,成王年幼,周公旦摄政,管叔、蔡叔遂散布流言于东方,称周公旦将不利于孺子成王,后挟持武庚发动叛乱,成王命周公东征讨伐,诛杀武庚、管叔,流放蔡叔,其乱遂平。　④不必常存:对叛逆者的情感没必要长期保存下去。

日出而阴升自西①,日迎而会之,雨之候也,喻婚姻之得礼者也；日西矣而阴生于东②，喻婚姻之失道者也。

[注释]①日出而阴升自西：阴：指蝃蝀，即虹。日为阳精，虹为阴气，日出于东而虹朝升于西，日西行与虹相会，阴阳相合而为雨，是阳求阴之义，故喻婚姻之得礼。见《诗经·鄘风·蝃蝀》：" 蝃蝀在东，莫之敢指。女子有行，远父母兄弟。朝隮于西，崇朝其雨。女子有行，远兄弟父母。"　②日西矣而阴生于东：日在西而虹生于东，虹西行与日会，这是以阴从阳，故喻婚姻之失道。

鹤鸣而子和①，言出之善者欤②！鹤鸣鱼潜③，畏声闻之不臧者欤④！

[注释]①鹤鸣而子和：鹤在树荫里鸣叫，其子与之相应和。见《周易·系辞上传》："'鸣鹤在阴，其子和之。'我有好爵，吾与尔靡之。子曰：'君子居其室，出其言善，则千里之外应之，况其迩者乎？居其室，出其言不善，则千里之外违之，况其迩者乎？言出乎身，加乎民；行发乎迩，见乎远。言行，君子之枢机。"　②言出之善者欤：出言善一定能得到应和。　③鹤鸣鱼潜：鹤在沼泽中鸣叫，鱼听到后潜入水中。见《诗经·小雅·鹤鸣》："鹤鸣于九皋，声闻于野。鱼潜在渊，或在于渚。"　④畏声闻之不臧者欤：声闻：声誉；不臧：不善。出言不善就会为人所畏惧而得不到应和。

"鴥彼晨风，郁彼北林"①，《晨风》虽挚击之鸟，犹时得退而依深林而止也。

[注释]①鴥彼晨风，郁彼北林：鴥，疾飞貌；晨风：即鹯，猛禽，羽色青黄；鬱：茂盛貌；北林：林名。见《诗经·秦风·晨风》。

《渐渐之石》言"有豕白蹢，烝涉波矣"①，豕之负涂曳泥，其常性也；今豕足皆白，众与涉波而去，水患之多为可知也。

[注释]①有豕白蹢,烝涉波矣:豕:猪;蹢:蹄;烝:众。见《诗经·小雅·渐渐之石》。

"君子所贵乎道者三"①,犹"王天下有三重焉"②:言也,动也,行也。

[注释]①君子所贵乎道者三:《论语·泰伯》语。 ②王天下有三重焉:《礼记·中庸》语。

耇造德降①,则民诚和而凤可致,故鸣鸟闻,所以为和气之应也。

[注释]①耇造德降:耇:老;造:成;耇造:老成人,指召公;降:施德下及于民。《尚书·周书·君》:"收罔勖不及,耇造德不降,我则鸣鸟不闻,矧曰其有能格?"

九畴①次叙:民资以生,莫先天材,故首曰五行②;君天下必先正己,故次五事③;己正,然后邦得而治,故次八政④;政不时举必昏,故次五纪⑤;五纪明,然后时措得中,故次建皇极⑥;求大中不可不知权,故次三德⑦;权必有疑,故次稽疑⑧;可征然后疑决,故次庶征⑨;福极征⑩,然后可不劳而治,故九以向劝终焉。五为数中,故皇极处之;权过中而合义者也,故三德处六。

[注释]①九畴:传说天帝赐予禹治理天下的九类大法。见《尚书·周书·洪范》:"我闻在昔,鲧堙洪水,汨陈其五行。帝乃震怒,不畀洪范九畴,彝伦攸斁。鲧则殛死,禹乃嗣兴,天乃锡禹洪范九畴,彝伦攸叙。初一曰五行,次

二曰敬用五事,次三曰农用八政,次四曰协用五纪,次五曰建用皇极,次六曰乂用三德,次七曰明用稽疑,次八曰念用庶征,次九曰向用五福、威用六极。"　　②五行:水、火、木、金、土。　③五事:貌、言、视、听、思。　④八政:食、货、祀、司空、司徒、司寇、宾、师。食即管理民食,货即管理财货,祀即管理祭祀,司空即管理土地,司徒即管理教育,司寇即管理治安,宾即接待宾客,师即管理军务。　⑤五纪:岁、月、日、星辰、历数。　⑥建皇极:建:立;皇:大;极:至极,即准则。树立一个至大中正的准则。　⑦三德:正直、刚克、柔克。即公正无私、以刚取胜、以柔取胜。　⑧稽疑:稽:考。有所疑则利用卜筮进行考察。　⑨庶征:各种征候。　⑩福极征:福指寿、富、康宁、攸好德、考终命等五福,寿即长寿,富即有财货多,康宁即无疾病,攸好德即性好美德,考终命即长寿善终;极指凶短折、疾、忧、贫、恶、弱等六极,凶短折即暴卒、夭折,疾即有疾病,忧即常多忧愁,贫即贫穷,恶即容貌形状丑陋,弱即心志才力孱弱。五福、六极皆有征应。

　　"亲亲尊尊"①,又曰"亲亲尊贤"②,义虽各施③,然而亲均④则尊其尊,尊均则亲其亲为可矣。若亲均尊均,则齿⑤不可以不先,此施于有亲者不疑。若尊贤之等⑥,则于亲尊之杀,必有权而后行⑦。急亲贤为尧舜之道⑧,然则亲之贤者,先得之于疏之贤者为必然。尧明俊德于九族⑨而九族睦,章俊德于百姓⑩而万邦协⑪,黎民雍⑫。皋陶⑬亦以惇叙九族、庶明励翼⑭为迩可远之道,则九族勉敬之人固先明之,然后远者可次叙而及。《大学》谓"克明俊德",为自明其德,不若孔氏之注愈⑮。

　　[注释]①亲亲尊尊:亲爱亲族之人,尊敬亲族中地位尊贵的人。见《礼记·丧服小记》。　②亲亲尊贤:亲爱亲族,尊敬贤能的人。见《礼记·中庸》:"尊贤也,亲亲也。"　③义虽各施:两种说法虽然各有所指。　④均:相同。　⑤齿:年龄。　⑥等:次序。　⑦则于亲尊之杀,必有权而后行:杀:等

次。则仿照亲中有尊之等次,予以权衡变通然后实行。 ⑧急亲贤为尧舜之道:同是贤人,而有亲疏之分,尧舜的选贤之道是以首先选拔亲族中的贤人为急务。 ⑨尧明俊德于九族:明:明扬;俊德:大德之人。尧先选拔九族之中的大德之人而显扬之。见《尚书·虞书·尧典》:"克明俊德,以亲九族。九族既睦,平章百姓。百姓昭明,协和万邦。黎民于变时雍" ⑩章俊德于百姓:将此大德之人明示百姓。 ⑪协:悦服。 ⑫雍:和谐。 ⑬皋陶:偃姓,传说为尧舜时期人,舜时管理刑政,又佐禹平治水土有功。 ⑭惇叙九族、庶明励翼:惇叙:按照次序,使之敦睦;励翼:勉力辅佐。《尚书·虞书·皋陶谟》:"惇叙九族,庶明励翼,迩可远在兹。" ⑮不若孔氏之注愈:孔氏:孔安国,西汉大儒,相传曾作《尚书孔氏传》。孔安国注克明俊德为俊德之民,与《大学》不同。

义民,安分之良民而已;俊民,俊德之民也。官能则准牧无义民①,治昏则俊民用微。

[注释]①官能则准牧无义民:准:即准人,狱官;牧:治民之官。任官以能,则所任准牧,非区区安分之良民而已。见《尚书·周书·立政》:"宅乃事,宅乃牧,宅乃准。兹惟后矣。谋面,用丕训德,则乃宅人,兹乃三宅无义民。"

五言①,乐语歌咏五德之言也。

[注释]①五言:见《尚书·虞书·益稷》:"予欲闻六律、五声、八音,在治忽,以出纳五言,汝听。"

"卜不习吉"①,言下官将占,先决问人心,有疑乃卜,无疑则否。"朕志无疑,人谋佥同"②,故无所用卜;鬼神必依,龟筮必从,故不必卜筮,玩习其吉以渎神也。

[注释]①卜不习吉:《尚书·虞书·大禹谟》语。 ②朕志无疑,人谋佥

同:我的心中没有疑惑不解的地方,大家的想法都相同。见《尚书·虞书·大禹谟》:"朕志先定,询谋佥同,鬼神其依,龟筮协从,卜不习吉。"

衍忒未分①,有悔吝之防,此卜筮之所由作也。

[注释]①衍忒未分:衍:推算;忒:过失。推算人事的过失而未能做出判断。见《尚书·周书·洪范》:"卜五,占用二,衍忒。"

王禘篇第十六

"礼,不王不禘"①,则知诸侯岁阕一祭为不禘明矣②。至周以祠③为春,以禴④为夏,宗庙岁六享,则二享⑤、四祭⑥为六矣。诸侯不禘,其四享欤⑦!夏、商诸侯,夏特一祫⑧,《王制》谓"礿则不禘,禘则不尝"⑨,假其名以见时祀之数尔⑩,作《记》者不知文之害意,过矣。

[注释]①礼,不王不禘:禘:即禘祭,古代祭祀名,祭祀天神及始祖之大典。礼制规定:不是王不举行禘祭。见《礼记·大传》、《礼记·丧服小记》。 ②则知诸侯岁阕一祭为不禘明矣:夏商时期,天子诸侯宗庙的时祭有礿、禘、尝、烝四祭,由于非天子不举行禘祭,可知诸侯四时之祭中缺少一次祭祀,即禘祭。见《礼记·王制》:"天子诸侯宗庙之祭,春曰礿,夏曰禘,秋曰尝,冬曰烝。" ③祠:古代祭祀名,春祭。见《周礼·春官宗伯·大宗伯》:"以肆献裸享先王,以馈食享先王,以祠春享先王,以禴夏享先王,以尝秋享先王,以烝冬享先王。" ④禴:古代祭祀名,夏祭。 ⑤二享:禘祭、祫祭。 ⑥四祭:春祠、夏禴、秋尝、冬烝。 ⑦其四享欤:诸侯不禘,又岁缺一祭,故为四享。 ⑧祫:古代祭祀名。合祖先之神主于太庙一同祭祀的典礼。分时祫与太祫。时祫是合群庙之神主于太庙一同祭祀,毁庙之神主不参与;太祫是合已毁庙之神主及群庙之神主于太祖之庙一同祭祀。 ⑨礿则不禘,禘则不尝:礿:古代祭祀名,春祭。礿祭则不禘祭,禘祭则不尝祭。见《礼记·王制》。 ⑩假

其名以见时祀之数尔：借禘祭的名称以显示四时之祭的数目罢了。

禘于夏、周为春夏，尝于夏、商为秋冬，作《记》者交举①，以二气对互而言尔②。

[注释]①作《记》者交举：作《礼记》者交举禘与尝，以代表夏商周时期的四时之祭。见《礼记·祭统》："禘者，阳之盛也；尝者，阴之盛也。故曰：莫重于禘、尝。" ②以二气对互而言尔：是从阴阳二气相对应的角度来说的。

享尝云者，享为追享①朝享②，禘亦其一尔。尝以配享，亦对举秋冬而言也③。夏、商以禘为时祭，知追享之必在夏也。然则夏、商天子岁乃五享，禘列四祭，并祫而五也。周改禘为禴，则天子享六；诸侯不禘，又岁阙一祭，则亦四而已矣。《王制》所谓"天子犆礿、祫禘、祫尝、祫烝"④，既以禘为时祭，则祫可同时而举。（自注：礿以物薄而犆尝从旧。）诸侯礿犆，（自注：如天子。）禘一犆一祫，言于夏禘之时正为一祭，特一祫而已。然则"不王不禘"，又著见于此矣，下又云尝祫、烝祫，则尝烝且祫无疑矣。若周制亦当阙一时之祭，则当云诸侯祠则不禴，禴则不尝。

[注释]①追享：古代祭祀名，即禘祭。因为追祭祖先之典，故称追享。见《周礼·春官宗伯·司尊彝》："凡四时之间祀、追享、朝享。" ②朝享：古代祭祀名，即祫祭。因是合祭祖先于太庙，如同大朝一样，故称朝享。 ③亦对举秋冬而言也：夏帝以禘为时祭，故可推知追享当在夏季举行，享祭代表春夏的祭祀，尝为秋祭，代表秋冬的祭祀，故以尝祭匹配享祭，是对举秋冬以配春夏。 ④天子犆礿、祫禘、祫尝、祫烝：犆：单独。天子举行祫祭之年，因春季时物不备，只举行一次礿祭，夏季物品稍丰厚，秋季是收获的季节，冬季物品毕备，故禘、尝、烝诸祭皆合祭群庙之神主于祖庙。见《礼记·王制》："天子犆

礿,祫禘,祫尝,祫烝。诸侯礿则不禘,禘则不尝,尝则不烝,烝则不礿。诸侯礿犆,禘一犆一祫,尝祫,烝祫。"

"庶子不祭祖,(自注:不止言王考而已。)明其宗也"①;(自注:明宗子当祭也。)"不祭祢,(自注:以父为亲之极甚者,故又发此文。)明其宗也"②。

[注释]①庶子不祭祖,明其宗也:庶子:指贵族媵妾所生之子;宗:宗子,贵族正妻所生之子称嫡子,其爵位和封地由嫡长子继承,称宗子。庶子不主祭祖宗,是为了强调宗子在宗族中至高无上的地位。见《礼记·丧服小记》:"庶子不祭祖者,明其宗也。" ②不祭祢,明其宗也:祢:父亲去世后,其神主入庙供奉称"祢"。见《礼记·丧服小记》:"庶子不祭祢者,明其宗也。"

"庶子不为长子斩"①,不继祖与祢故也。(自注:此以服言,不以祭言,故又发此条。)

[注释]①庶子不为长子斩:长子去世,庶子不能为其长子服斩衰三年。见《礼记·丧服小记》。

"庶子不祭殇与无后者"①,注:"不祭殇者,父之庶"。盖以殇未足语世数,特以己不祭祢,故不祭之。"不祭无后者,祖之庶也",虽无后,以其成人备世数,当祔②祖以祭之,己不祭祖,故不得而祭之也。"祖庶之殇则自祭之"③也,言庶孙则得祭其子之殇者,以己为其祖矣,无所祔之也。"凡所祭殇者唯适子"④,此据《礼》天子下祭殇五⑤,皆适子适孙之类。故知凡殇非适皆不当特祭,惟当从祖祔食。"无后者,谓昆弟诸父","殇与无后者",如祖庙在小宗之家,祭之如在大宗。(自注:见《曾子问》注。)

[注释]①庶子不祭殇与无后者:殇:未成年而死。庶子不祭祀自己未成年死去的儿子以及死而无继承人的兄弟。见《礼记·丧服小记》。 ②袝:附祭,祭礼中附于被主祭的神主旁接受祭祀。 ③祖庶之殇则自祭之:自己于祖为庶,故子未成年而死为"祖庶之殇",自己于父为嫡子,得立父庙,故可在父庙自祭其殇子。见《礼记·丧服小记》郑氏注。 ④凡所祭殇者唯适子:凡是所祭祀的未成年而死的人只有嫡子。见《礼记·丧服小记》郑氏注。 ⑤天子下祭殇五:天子祭祀殇死的人有五种。见《礼记·祭法》:"王下祭殇五:适子,适孙,适曾孙,适玄孙,适来孙。诸侯下祭三。大夫下祭二。适士及庶人,祭子而止。"

殷而上七庙,自祖考而下五,并远庙为祧者二,无不迁之太祖庙。至周有百世不毁之祖,则三昭三穆,四为亲庙,二为文、武二世室,并始祖而七。诸侯无二祧,故五。大夫无不迁之祖,则一昭一穆,与祖考而三。故以祖考通谓为太祖。若祫,则请于其君,并高祖干祫之。(自主:干祫之,不当祫而特祫之也。)孔注:"《王制》谓周制",亦粗及之而不详尔。

"铺筵设同几"①,疑左右几一云。交鬼神异于人,故夫妇而同几,求之或于室,或于祊②也。

[注释]①铺筵设同几:布置好筵席,共设一个几案。见《礼记·祭统》:"铺筵设同几,为依神也。诏祝于室,而出于祊,此交神明之道也。" ②祊:宗庙门内设祭之处。

祭社稷五祀百神者①,以百神之功报天之德尔,故以天事鬼神,事之至也,理之尽也。

[注释]①祭社稷五祀百神者:社:土神;稷:谷神;五祀:五种神灵。祭祀土神、谷神等各类神灵。见《礼记·王制》:"天子祭天地,诸侯祭社稷,大夫祭五祀。"《周礼·春官·典命》:"祭社稷五祀。"《礼记·礼运》:"故礼行于郊,而百神受职焉。"

"天子因生以赐姓,诸侯以字为谥"①,盖以尊统上、卑统下之义。

[注释]①天子因生以赐姓,诸侯以字为谥:天子推原诸侯所生而赐其姓,诸侯以字为谥号。见《左传》隐公八年:"天子建德,因生以赐姓,胙之土而命之氏。诸侯以字为谥,因以为族。"

"天子因生以赐姓",难以命于下之人,亦尊统上之道也。

据《玉藻》①,疑天子听朔于明堂,诸侯则于太庙,就藏朔之处告祖而行。

[注释]①玉藻:见《礼记·玉藻》:"天子玉藻,十有二旒,前后邃延,龙卷以祭。玄端而朝日于东门之外,听朔于南门之外,闰月则阖门左扉,立于其中。……诸侯玄端以祭,裨冕以朝,皮弁以听朔于大庙,朝服以日视朝于内朝。"

"受命祖庙,作龟祢宫"①,次序之宜。

[注释]①受命祖庙,作龟祢宫:祖庙:供奉始祖灵位的庙宇;祢宫:供奉父亲灵位的庙宇。告祭于始祖之庙,灼龟于亲庙进行占卜。见《礼记·郊特牲》:"卜郊,受命于祖庙,作龟于祢宫,尊祖亲考之义也。"

公之士及大夫之众臣为"众臣"①,公之卿大夫、卿大夫之室老及家邑之士为"贵臣",上言"公士",所以别士于公者也;下言"室老、士",所以别士于家者也。众臣不以杖即位,疑义与庶子同②。

[注释]①众臣:诸侯的官属与大夫的官属。见《仪礼·丧服》:"公士、大夫之众臣,为其君布带、绳屦。传曰:公卿大夫室老、士、贵臣,其余皆众臣也。君,谓有地者也。众臣杖不以即位,近臣君服斯服矣。"②疑义与庶子同:可能与庶子的待遇一样。见《礼记·丧服小记》:"庶子不以杖即位。"

"适士"①,疑诸侯荐于天子之士及王朝爵命之通名,盖三命②方受位天子之朝。一命再命受职受服者,疑官长自辟除,未有位于王朝,故谓之"官师"③而已。

[注释]①适士:适,通"嫡"。见《礼记·祭法》:"适士二庙。" ②三命:据《周礼》,周代官爵由一命至九命,分九个等级,三命指第三级官爵,得在天子之朝为有班位的官职。见《周礼·春官·大宗伯之职》:"以九仪之命,正邦国之位。一命受职,再命受服,三命受位。" ③官师:天子任命的低级官职。见《礼记·祭法》:"官师一庙。"

"小事则专达"①,盖得自达于其君,不俟闻于长者,《礼》所谓"达官"者也。所谓"达官之长"②者,得自达之长也。所谓"官师"者,次其长者也。然则达官之长必三命而上者,官师则中士而再命者,庶士则一命为可知。

[注释]①小事则专达:小事可自行处置而不必禀命于其长官,并通达于君主。见《周礼·天官冢宰·小宰》。 ②达官之长:可以直接上达君主的官员的首长。见《礼记·檀弓下》:"公之丧,诸达官之长杖。"

"赐官"①,使臣其属也。(自注:若卿大夫以室老士为贵臣,未赐官则不得臣其士也。)

[注释]①赐官:天子赐予卿大夫自置臣属的权力。见《周礼·春官宗伯·大宗伯》:"九仪之命,六命赐官。"

"祖庙未毁,教于公宫"①,则知诸侯于有服族人亦引而亲之,如家人焉。

[注释]①祖庙未毁,教于公宫:古代妇人出嫁,若其于诸侯供奉之祖亲未尽,则意味着其与诸侯属于五服以内的亲人,因此在其未嫁前,诸侯使女师在祖庙对其进行教育。见《礼记·昏义》。

"下而饮"①者,不胜者自下堂而受饮也,"其争也",争为谦让而已。

[注释]①下而饮:射箭完毕,下堂行饮酒礼。见《论语·八佾》:"子曰:'君子无所争,必也射乎!揖让而升,下而饮。其争也君子。'"

君子之射,以中为胜,不必以贯革为胜。侯①以布,鹄②以革,其不贯革而坠于地者,中鹄为可知矣,此"为力不同科"③之一也。

[注释]①侯:箭靶名,用兽皮或画有兽形的布为之。 ②鹄:箭靶的中心。 ③为力不同科:因为不同的人力气大小各不相同。见《论语·八佾》。

"知死而不知生,伤而不吊。"①畏、压、溺可伤尤甚②,故特致哀死者,不吊生者以异之,且"如何不淑"③之词,无所施焉。

[注释]①知死而不知生,伤而不吊:伤:对死者所致的悼词;吊:慰问与死者有关的生者的话。只认识死者而不认识与死者有关的生者,因此只向死者致悼词而不吊问生者。见《礼记·曲礼上》。 ②畏、压、溺可伤尤甚:畏:因为畏惧而自杀;压:被压而死;溺:溺死。见《礼记·檀弓上》:"死而不吊者三:畏、压、溺。" ③如何不淑:如为遇到如此的不幸。见《礼记·杂记上》。

"博依"①,善"依永"②而歌乐之也;"杂服"③,杂习于制数、服近之文也。

[注释]①博依:本意为广设譬喻,博求义理。此处意为善于根据诗句之长短而歌咏之。见《礼记·学记》:"不学博依,不能安诗。"②依永:依诗句之短长而歌咏之。见《尚书·虞书·舜典》:"声依永,律和声。"③杂服:本意为体现贵贱等级的各种服饰。此处意为广泛修习反映贵贱等级的服饰文化。见《礼记·学记》:"不学杂服,不能安礼。"

《春秋》大要,天子之事也。故曰"知我者其惟《春秋》乎! 罪我者其惟《春秋》乎!"①

[注释]①知我者其惟《春秋》乎! 罪我者其惟《春秋》乎:见《孟子·滕文公下》。

"苗而不秀者"①与下"不足畏也"②,为一说。

[注释]①苗而不秀者:见《论语·子罕》。 ②不足畏也:见《论语·子罕》。

乾称篇第十七

乾称父，坤称母①；余兹藐焉②，乃混然中处③。故天地之塞，吾其体④；天地之帅，吾其性⑤。民，吾同胞⑥；物，吾与也⑦。大君者，吾父母宗子⑧；其大臣，宗子之家相也⑨。尊高年，所以长其长⑩；慈孤弱，所以幼吾幼⑪。圣，其合德⑫；贤，其秀也⑬。凡天下疲癃⑭残疾、惸独⑮鳏寡，皆吾兄弟之颠连⑯而无告者也。"于时保之"⑰，子之翼也⑱；乐且不忧，纯乎孝也⑲。违曰悖德⑳，害仁曰贼㉑；济㉒恶者不才，其践形㉓，惟肖者也。知化，则善述其事；穷神，则善继其志㉔。不愧屋漏为无忝㉕，存心养性为匪懈㉖。恶旨酒㉗，崇伯子㉘之顾养；育英才，颍封人㉙之锡类㉚。不弛劳而底豫㉛，舜㉜其功也；无所逃而待烹㉝，申生㉞其恭㉟也。体其受而归全者㊱，参㊲乎！勇于从而顺令者㊳，伯奇㊴也。富贵福泽，将厚吾之生㊵也；贫贱忧戚，庸玉汝于成也㊶。存㊷，吾顺事㊸；没㊹，吾宁㊺也。

[注释]①乾称父,坤称母:乾是天,因此比做父亲,坤是地,因此比作母亲。见《周易·说卦》:"乾,天也,故称乎父。坤,地也,故称乎母。" ②余兹藐焉:我这个微藐的人。 ③混然中处:与天地合一,和谐地置身于天地之中。 ④故天地之塞,吾其体:所以充塞天地之间的气,构成我的身体。 ⑤天地之帅,吾其性:统帅天地的志,构成我的心性。 ⑥民,吾同胞:所有的人民大众都是我的同胞。 ⑦物,吾与也:万物都是我的朋友。 ⑧大君者,吾父母宗子:君主,是我的父母亦即天地的统领大众的宗子。 ⑨其大臣,宗子之家相也:君主的大臣,是为君主即宗子管理家族事务的家相。 ⑩尊高年,所以长其长:尊重高年之人,因此要以对待长者的礼节去敬奉他们。 ⑪慈孤弱,所以幼吾幼:慈爱孤弱的人,因此要以慈爱孤弱的方法对待他们。 ⑫圣,其合德:圣人与天地的德性相合。 ⑬贤,其秀也:贤人是得天地的灵秀而出现的。 ⑭疲癃:困苦穷乏、衰老多病。 ⑮惸独:孤独无依的人。 ⑯颠连:困顿不堪的样子。 ⑰于时保之:时,是。于是保护他们。见《诗经·周颂·我将》。 ⑱子之翼也:翼,扶助,帮助。是你扶助的功绩。 ⑲乐且不忧,纯乎孝也:使他们快乐无忧,这是纯粹的孝者所为。 ⑳违曰悖德:违逆父母之命,是违背道德的行为。 ㉑害仁曰贼:危害仁义称作"贼"。 ㉒济:接济,救助。 ㉓践形:践,履行,表现。形,形色,躯体形貌。指人性体现于人的体态形貌。见《孟子·尽心上》:"形色,天性也;惟圣人然后可以践形。" ㉔知化,则善述其事;穷神,则善继其志:知化:认识事物的变化;善:能;述:传承;事:未竟的事业;穷神:穷究事物精妙的道理;继:继承;志:志向。知道事物变化,就能够续成天地的事业;穷尽事物精妙的道理,就能够继承天地的志向。见《周易·系辞下传》:"穷神知化,德之盛也。"《礼记·中庸》:"夫孝者,善继人之志,善述人之事者也。" ㉕不愧屋漏为无忝:屋漏:古代室内西北隅设置的安放神主的小帐,一说指天窗,一说指神明;忝:有愧于。无愧于神明方为不辱没父母。见《诗经·大雅·抑》:"相在尔室,尚不愧于屋漏。"又《诗经·小雅·小宛》:"夙兴夜寐,无忝尔所生!" ㉖存心养性为匪懈:能够保存善心,培养天性,才称得上不懈怠。见《孟子·尽心上》:"存其心,养其性,所以事天也。"又《诗经·大雅·烝民》:"夙夜匪解,以事一人。" ㉗旨酒:美酒。 ㉘崇伯子:即夏禹。传说禹之父鲧为上古时期的部落酋长,居于崇,

号崇伯。㉙颍封人:颍考叔,春秋初年郑国大夫,事母致孝。 ㉚锡类:锡:赐;类:善。意为以善施及众人。见《诗·大雅·既醉》:"孝子不匮,永锡尔类。" ㉛不弛劳而底豫:弛:松懈;底:致;豫:快乐。意为竭诚不懈以尽孝道,终使顽父感到欢乐。 ㉜舜:传说为远古帝王,姚姓,名重华,号有虞氏。舜为庶民时,其父瞽叟与其后母及后弟象,多次设计害舜,而舜却能不失子道,以贤孝而闻名。 ㉝无所逃而待烹:无所逃避,等待被杀戮。 ㉞申生:春秋时期晋献公的太子,为晋献公夫人骊姬所构陷,含冤自杀。 ㉟恭:申生的谥号。申生被骊姬所诬陷,为了尽孝,申生既不肯向晋献公辩解,也不肯出亡避祸,而是含冤自杀。因被谥为"恭"。 ㊱体其受而归全者:承受着来自父母的身体发肤,而完好无损地归去的人。 ㊲参:曾参,字子舆,孔子弟子,以孝知名。 ㊳勇于从而顺令者:勇于服从而顺从命令的人。 ㊴伯奇:西周宣王时期大夫尹吉甫之子,以孝知名。因其后母离间其父子,被其父放逐。 ㊵厚吾之生:使我的生活充裕。 ㊶庸玉汝于成也:庸,用;玉汝,玉作动词,宝贵之意。意为用来成就你。见《诗经·大雅·民劳》:"王欲玉女"。 ㊷存:活着,生存。 ㊸顺事:顺从事理,尽心尽性。 ㊹没:死亡。 ㊺宁:安宁。

凡可状,皆有也①;凡有,皆象也②;凡象,皆气也③。气之性本虚而神④,则神与性乃气所固有⑤,此鬼神所以体物而不可遗也⑥。舍气,有象否?非象,有意否?

[注释]①凡可状,皆有也:状,描述、摹写。有,存在。一切可以描述的,都是客观存在的事物。 ②凡有,皆象也:象,现象、物象。凡是客观存在的事物,都有物象。 ③凡象,皆气也:一切物象,都是由气构成的。 ④气之性本虚而神:气本身没有固定的形态,其运动变化神妙莫测。 ⑤则神与性乃气所固有:"神"是指气运动变化神妙不可测性,"性"指气的运动变化的本质特性,二者都是气所固有的运动变化的性能。 ⑥此鬼神所以体物而不可遗也:鬼神,指阴阳二气变化的性能。体物,体察万物。这就是阴阳二气所以普遍地贯通在万物之中而没有例外的原因。见《中庸》:"鬼神之为德,其盛矣

乎！视之而弗见，听之而弗闻，体物而不可遗。"

至诚，天性也①；不息，天命也②。人能至诚，则性尽而神可穷矣③；不息，则命行而化可知矣④。学未至知化，非真得也⑤。

[注释]①至诚，天性也：真实无妄，是天的本性。 ②不息，天命也：永不停息的运动，是天的使命。 ③人能至诚，则性尽而神可穷矣：人若能做到真实无妄，则人就会使自己的天性得到充分展现，从而就可以穷尽气生成万物的变化莫测的功能。 ④不息，则命行而化可知矣：人若能做到无时无刻不在钻研学问，则人就会使自己所秉有的天命得到充分运行，从而就可以实现对气化生万物的过程的把握。 ⑤学未至知化，非真得也：学问未达到知道自己应发扬天性从而实现穷神知化，不是真正有所得。

有无虚实通为一物者，性也①；不能为一，非尽性也②。饮食男女皆性也③，是乌可灭？然则有无皆性也④，是岂无对⑤？庄、老、浮屠为此说⑥久矣，果畅真理乎？

[注释]①有无虚实通为一物者，性也：有、无、虚、实是同一的，都是天性。 ②不能为一，非尽性也：有、无、虚、实等特性如果不能同一，就不是尽性。 ③饮食男女皆性也：对饮食和男女情爱的欲望都是人的特性。 ④然则有无皆性也：因此有与无只是气的存在的形式不同，实质上体现的都是天性。 ⑤无对：以无为正确。 ⑥此说：以虚无为本之说。

天包载万物于内①，所感所性，乾坤、阴阳二端而已，无内外之合②，无耳目之引取③，与人物蕞然④异矣。人能尽性知天，不为蕞然起见⑤，则几矣。

[注释]①天包载万物于内:天承载万物于内。 ②无内外之合:天大无外,包载万物,没有内外之区别。 ③无耳目之引取:无需借助耳目等感官获取。 ④蕞然:渺小。 ⑤起见:产生想法、见解。

有无一①,内外合②,(自注:庸圣同。)此人心之所自来也③。若圣人则不专以闻见为心④,故能不专以闻见为用⑤。无所不感者,虚也⑥;感即合也,咸也⑦。以万物本一,故一能合异⑧;以其能合异,故谓之感⑨;若非有异,则无合⑩。天性,乾坤、阴阳也⑪,二端故有感⑫,本一故能合⑬。天地生万物,所受虽不同⑭,皆无须臾之不感,所谓性即天道⑮也。

[注释]①有无一:有与无为一,指"性"而言。 ②内外合:内与外相合,指"知觉"而言。 ③此人心之所自来也:不论是庸人还是圣人,其认识都是来自内外两个方面的作用。 ④若圣人则不专以闻见为心:圣人能不为所闻所见所局限。 ⑤故能不专以闻见为用:因此能够不会只以所闻所见来修身治学。 ⑥无所不感者,虚也:太虚之气,无所不能感通。 ⑦感即合也,咸也:感就是阴阳二气的和合,就是咸。《周易·咸卦》:"咸,感也。" ⑧以万物本一,故一能合异:万物的本体是虚,虚也是一,虚无所不能感通,因此本体的一是能够与有差别的多相统一的。 ⑨以其能合异,故谓之感:以虚作为本体的一,能够与有差别的事物相统一,因此说是感通。 ⑩若非有异,则无合:若没有差别也就没有所谓的统一。 ⑪天性,乾坤、阴阳也:天性,就是通过乾坤定位、阴阳的对立转化来体现的。 ⑫二端故有感:阴阳二端相互作用,因而产生感通。 ⑬本一故能合:本体是一因此才能实现万物的统一。 ⑭所受虽不同:万物所秉受虽有不同。 ⑮性即天道:性就是天道,即太虚之气运动变化的过程。

感者性之神,性者感之体①。(自注:在天在人,其究一也。)惟屈伸、动静、终始之能一也,故所以妙万物而谓之神,通万物而谓之道,体万物而谓之性。

[注释]①体:本体。

至虚之实,实而不固;至静之动,动而不穷。实而不固,则一而散;动而不穷,则往且来。

性通极于无①,气其一物尔②;命禀同于性③,遇乃适然焉④。人一己百⑤,人十己千,然有不至,犹难语性,可以言气⑥。行同报异,犹难语命,可以言遇⑦。

[注释]①性通极于无:无:即太虚,气未聚形未成时的状态。根源于太虚。 ②气其一物尔:气为聚而成形之后,形中之气,为太虚之一物。 ③命禀同于性:命的禀受与性相同,命即是性,从天赐予的角度说,可称为命,从人得到的角度看,可称为性。 ④遇乃适然焉:遇:际遇;适然:偶然。人之性善而无恶,命亦吉而无凶,然其际遇有吉凶祸福之异,是由于偶然原因导致的。 ⑤人一己百:他人做一次就达到目的,而自己为达到目的做了百次。形容为达到目的非常努力。 ⑥可以言气:人之性根于太虚,通一无二,无智愚之分,但由于人所禀受的气质存在差异,导致人有愚智、强弱之异。 ⑦遇:境遇。

浮屠明鬼①,谓有识之死②,受生循环③,遂厌苦求免,可谓知鬼乎?以人生为妄见④,可谓知人乎?天人一物⑤,辄生取舍⑥,可谓知天乎?孔孟所谓天,彼所谓道,惑者指游魂为变⑦,为轮回,未之思也。

[注释]①明鬼:阐释"鬼"字,探讨人的死亡问题。 ②有识之死:人虽死,但神魂不散。 ③受生循环:受生:投生。轮回转生,循环不已。见《坛经

·定慧品》:"一念断即死,别处受生。" ④妄见:佛教语。一切皆非实有,肯定存在都是虚罔的见解。《楞严经》卷四:"空元无华,妄见生灭。" ⑤一物:一理。 ⑥辄生取舍:宗虚无而舍人事。 ⑦游魂为变:指气之散。见《周易·系辞上传》:"精气为物,游魂为变。"

大学当先知天德①,知天德则知圣人,知鬼神。今浮屠极论要归,必谓死生转流,非得道不免,谓之悟道可乎?(自注:悟则有义有命,均死生,一天人,惟知昼夜,通阴阳,体之不二。)自其说炽传中国,儒者未容窥圣学门墙,已为引取,沦胥②其间,指为大道。其俗达之天下,至善恶、知愚、男女、臧获③,人人著信。使英才间气④,生则溺耳目恬习之事,长则师世儒宗尚之言,遂冥然被其驱,因谓圣人可不修而至,大道可不学而知。故未识圣人心,已谓不必求其迹;未见君子志,已谓不必事其文。此人伦所以不察,庶物所以不明⑤,治所以忽⑥,德所以乱,异言满耳,上无礼以防其伪,下无学以稽其弊。自古诐淫邪遁之词⑦,翕然并兴,一出于佛氏之门者千五百年。自非独立不惧,精一自信⑧,有大过人之才,何以正立其间、与之较是非,计得失!

[注释]①大学当先知天德:做大学问应当先知晓太虚的本性。 ②沦胥:沦丧,沦陷。见《诗经·小雅·雨无正》:"沦胥以铺。" ③臧获:臧:仆人;获:婢妾。 ④间气:非常之气,指英才。见《素问·至真要大论》:"司左右者,是谓间气也。" ⑤人伦所以不察,庶物所以不明:不审察人伦秩序,不明辨事物之性。见《孟子·离娄下》:"舜明于庶物,察于人伦。" ⑥治所以忽:忽:乱,怠。政治所以忽怠、败坏。见《尚书·虞书·益稷》:"在治忽。" ⑦诐淫邪遁之词:偏诐、淫放、邪僻、隐晦的言词。见《孟子·公孙丑上》:"诐辞知

其所蔽,淫辞知其所陷,邪辞知其所离,遁辞知其所穷。"⑧精一自信:精察是非之故,恪守本心之正,无所歆羡他说。见《尚书·虞书·舜典》:"惟精惟一。"

释氏语实际,乃知道者所谓诚也,天德也。其语到实际,则以人生为幻妄①,以有为为疣赘②,以世界为荫浊③,遂厌而不有,遣而弗存。就使得之,乃诚而恶明者也。儒者则因明致诚,因诚致明④,故天人合一,致学而可以成圣,得天而未始遗人,《易》所谓不遗、不流、不过⑤者也。彼语虽似是,观其发本要归,与吾儒二本殊归矣。道一而已,此是则彼非,此非则彼是,固不当同日而语。其言流遁失守,穷大则淫,推行则诐,致曲则邪,求之一卷之中,此弊数数有之。大率知昼夜、阴阳则能知性命,能知性命则能知圣人,知鬼神。彼欲直语太虚,不以昼夜、阴阳累其心,则是未始见易。未始见易,则虽欲免阴阳、昼夜之累,末由⑥也已。易且不见,又乌能更语真际⑦!舍真际而谈鬼神,妄也。所谓实际,彼徒能语之而已,未始心解也。

[注释]①幻妄:假象,虚罔。见《金刚经》:"诸幻为真,虽真亦妄。" ②疣赘:皮上长的多余的肉瘤,比喻多余无用。 ③荫浊:非清净之法界。见《弥陀经》:"五浊恶世,荫浊,见浊,烦恼浊,众生浊,命浊。" ④因明致诚,因诚致明:通过探究事物之理而发挥人的天性,通过发挥人的天性而明了事物的道理。《礼记·中庸》:"自诚明,谓之性;自明诚,谓之教。诚则明矣,明则诚矣。" ⑤不遗、不流、不过:不遗漏、不放纵、不过头。见《周易·系辞上传》:"知周乎万物而道济天下,故不过。旁行而不流,乐天知命,故不忧。安土敦乎仁,故能爱。范围天地之化而不过,曲成万物而不遗"。 ⑥末由:没

有途径可走。　⑦真际:佛教语。即实际,宇宙的本体。

　　《易》谓①"原始要终故知死生之说"者,谓原始而知生,则求其终而知死必矣。此夫子所以直季路之问②而不隐也。

　　[注释]①《易》谓:《周易》中《系辞上传》语。　②季路之问:季路即子路,他曾向孔子请教关于死的问题。见《论语·先进》:"季路问事鬼神。子曰:'未能事人,焉能事鬼?''敢问死。'曰:'未知生,焉知死?'"

　　体不偏滞,乃可谓无方无体。偏滞于昼夜、阴阳者,物也。若道,则兼体而无累也。以其兼体,故曰"一阴一阳",又曰"阴阳不测",又曰"一阖一辟",又曰"通乎昼夜"。语其推行,故曰"道";语其不测,故曰"神";语其生生,故曰"易"。其实一物,指事异名尔。大率天之为德,虚而善应。其应非思虑聪明可求,故谓之神。老氏况诸谷①,以此。

　　[注释]①老氏况诸谷:老子将神比喻为谷神。见《老子》第六章:"谷神不死,是谓玄牝。"

　　太虚者,气之体。气有阴阳,屈伸相感之无穷,故神之应也无穷;其散无数,故神之应也无数。虽无穷,其实湛然;虽无数,其实一而已。阴阳之气,散则万殊,人莫知其一也;合则混然,人不见其殊也。形聚为物,形溃反原。反原者,其游魂为变欤!所谓变者,对聚散、存亡为文,非如萤雀之化①,指前后身而为说也。

[注释]①萤雀之化：腐草变为萤，雀变为蛤，后身为其前身。见《礼记·月令》："腐草为萤。"又"爵入大水为蛤。"

益物必诚，如天之生物，日进日息；自益必诚，如川之方至，日增日得。施之妄，学之不勤，欲自益且益人，难矣哉！《易》曰"益，长裕而不设"，信夫！

将修己①，必先厚重以自持。厚重知学，德乃进而不固矣。忠信进德②，惟尚友而急贤。欲胜己者亲，无如改过之不吝③。

[注释]①修己：修养自己。见《论语·宪问》："修己以敬。" ②忠信进德：忠诚信实以增进道德修养。见《周易·乾卦·文言传》："君子进德修业，忠信所以进德也。" ③改过之不吝：不吝：不吝惜。毫不吝惜地改正自己的错误。见《尚书·商书·仲虺之诰》："改过不吝。"

戏言，出于思也；戏动，作于谋也。发乎声，见乎四支①，谓非己心，不明也；欲人无己疑，不能也。过言，非心也；过动，非诚也②。失于声，缪迷③其四体，谓己当然，自诬也；欲他人己从，诬人也。或者以出于心者归咎为己戏，失于思者自诬为己诚，不知戒其出汝者④，归咎其不出汝者⑤，长傲且遂非⑥，不知⑦孰甚焉！

[注释]①四支：四肢。指行动。 ②过言，非心也；过动，非诚也：错误的言论，非出于本心；错误的行动，非出于至诚。《礼记·哀公问》："君子过言则民作辞，过动则民作则。" ③缪迷：欺诈迷惑。 ④出汝者：出于己心的戏言。 ⑤不出汝者：不是出于己心而是偶然的过失。 ⑥长傲且遂非：长：增长；遂：遂顺。增长傲慢且坚持错误。 ⑦知：智。

参考书目

王植:《臆说》,《正蒙初义》,四库全书本。
章锡琛点校:《张载集》,中华书局1978年版。
杨伯峻译注:《论语译注》,中华书局1980年版。
阮元:《十三经注疏》,中华书局1980年版。
程颢、程颐:《二程集》,中华书局1981年版。
《诸子集成》,上海书店1986年版。
黎靖德编,王星贤点校:《朱子语类》,中华书局1986年版。
黄宗羲原著,全祖望补修,陈金生、梁运华点校:《宋元学案》,中华书局1986年版。
王夫之:《张子正蒙注》,《船山全书》(12),岳麓书社1992年版。
杨方达:《正蒙集说》,续四库全书本。
喻博文:《正蒙注译》,《陇上学人文存·喻博文卷》,甘肃人民出版社2012年版。
林乐昌:《正蒙合校集释》,中华书局2012年版。

近期国学读物要目

国学新读本

诗经　梁锡锋　注说
论语　臧知非　注说
尚书　姜建设　注说
国语　曹建国　张玖青　注说
孔子家语　杨朝明　注说
山海经　郑慧生　注说
墨子　苏凤捷　程梅花　注说
孟子　何晓明　周春健　注说
庄子　曹础基　注说
荀子　杨朝明　注说
韩非子　赵沛　注说
孙子兵法　赵国华　注说
楚辞　李中华　邹福清　注说
潜夫论　王健　注说
文心雕龙　戚良德　注说

礼记　杨天宇　注说
老子　曹峰　注说
吕氏春秋　张富祥　注说
商君书　徐莹　注说
战国策　张彦修　注说
淮南子　杨有礼　注说
春秋繁露　曾振宇　注说
世说新语　赵成林　注说
史通　李振宏　注说

周易　龚留柱　注说
新语　李振宏　注说
新书　徐莹　注说
新论　臧知非　注说
说苑　赵国华　范正娥　注说
搜神记　王利锁　注说
颜氏家训　郭宝军　注说

文中子　王路曼　池　桢　注说
潜书　池　桢　王路曼　注说
六祖坛经　姚彬彬　注说
韩愈集　刘真伦　注说
柳宗元集　岳　珍　注说
贞观政要　苏士梅　注说
通书　张文瀚　注说
正蒙　李　峰　注说
王弼集　党圣元　注说
欧阳修集　杨　亮　注说
王安石集　张富祥　李玉诚　注说
容斋随笔　张富祥　注说
论语集注　梁振杰　注说
大学中庸集注　梁振杰　注说
孟子集注　赵庆伟　注说
近思录　路新生　注说
传习录　岳淑珍　注说
焚书　李竞艳　注说
明夷待访录　赵轶峰　注说
闲情偶寄　惠　萍　注说
龚自珍集　曹志敏　注说
校邠庐抗议　刘克辉　戴宁淑　注说
劝学篇　马小泉　注说

百年河大国学旧著新刊

河洛方言诠诂　王广庆　著
三统历表　邵瑞彭　著
中国戏剧概论　卢　前　著
晚明思想史散论　嵇文甫　著
论语新探　赵纪彬　著
天问研究　孙作云　著
汉魏六朝文学史　李嘉言　著
金艺文志　金登科记考　万　曼　著
唐集叙录　万　曼　著
中国文学史新编　张长弓　著
汉碑集释　高　文　著
袁中郎研究　任访秋　著
东夷杂考　李白凤　著
宋会要辑稿考校　王云海　著
长江集新校　李嘉言　著

高适岑参选集　高　文　王刘纯　选著
花间集注　华锺彦　著
庆湖遗老诗集校注　王梦隐　著
曾瑞散曲集校注　李春祥　著
辛弃疾选集　佟培基　选著
汉魏六朝韵谱　于安澜　著
毡推闲话　武慕姚　著
中国救荒史　邓云特　著
红学二百年　李春祥　著
文心雕龙选讲　温绎之　著

于安澜书画学四种
画论丛刊
画史丛书
画品丛书
书学名著选

元典文化丛书
中华第一经——《周易》与中国文化　宋会群　苗雪兰　著
教化百科——《诗经》与中国文化　孙克强　张小平　著
经国治民之典——《周礼》与中国文化　郝铁川　著
哲人的智慧——《老子》与中国文化　高秀昌　龚　力　著
圣人箴言录——《论语》与中国文化　李振宏　著
武学圣典——《孙子兵法》与中国文化　龚留柱　著
亚圣思辨录——《孟子》与中国文化　何晓明　著
逍遥之祖——《庄子》与中国文化　白本松　王利锁　著
外王之学——《荀子》与中国文化　张曙光　著
中国帝王术——《韩非子》与中国文化　王宏斌　著
史家绝唱——《史记》与中国文化　邓鸿光　著
诸经总龟——《春秋》与中国文化　涂文学　周德钧　著
管理宝典——《管子》与中国文化　袁　闯　著
纵横家书——《战国策》与中国文化　张彦修　著
人仙之间——《抱朴子》与中国文化　徐仪明　冷天吉　著
医学圣典——《黄帝内经》与中国文化　王庆宪　梁晓珍　著
礼乐渊薮——《礼记》与中国文化　黄宛峰　著
词章之祖——《楚辞》与中国文化　李中华　著
星学宝典——《历书天官书》与中国文化　郑慧生　著
天人衡中——《春秋繁露》与中国文化　曾振宇　范学辉　著
王政全书——《吕氏春秋》与中国文化　张富祥　著
神话之源——《山海经》与中国文化　高有鹏　孟　芳　著

新道鸿烈——《淮南子》与中国文化　杨有礼　著
史家龟鉴——《史通》与中国文化　曾凡英　著
政事纲纪——《尚书》与中国文化　姜建设　著
春秋弦歌——《左传》与中国文化　龚留柱　著
平民理想——《墨子》与中国文化　苏凤捷　程梅花　著
人伦本原——《孝经》与中国文化　臧知非　著
法典之王——《唐律疏议》与中国文化　徐永康　吉霁光　郑取　著
文论巨典——《文心雕龙》与中国文化　戚良德　著

宋代研究丛书

北宋诗学　张海鸥　著
宋代东京研究　周宝珠　著
宋代地域经济　程民生　著
宋代监察制度　贾玉英　著
宋代官员选任和管理制度　苗书梅　著
宋代地域文化　程民生　著
宋代文学通论　王水照　主编
宋代司法制度　王云海　主编
宋代教育　苗春德　主编
清明上河图与清明上河学　周宝珠　著
宋代文化史　姚瀛艇　主编
黄庭坚与宋代文化　杨庆存　著
宋代交通管理制度研究　曹家齐　著
岳飞和南宋前期政治与军事研究　王曾瑜　著
成圣之道——北宋二程修养工夫论之研究　温伟耀　著
宋代绘画研究　邓乔彬　著

汉语史专书语法研究丛书

《三朝北盟会编》语法研究　刁晏斌　著
《荀子》虚词研究　黄珊　著
《晏子春秋》词类研究　姚振武　著
《聊斋俚曲》语法研究　冯春田　著
《孟子》词类研究　崔立斌　著
《朱子语类辑略》语法研究　吴福祥　著
敦煌变文12种语法研究　吴福祥　著
《吕氏春秋》句法研究　殷国光　著
《尚书》语法论稿　钱宗武　著
《左传》语法研究　何乐士　著
《元典章·刑部》语法研究　李崇兴　祖生利　著
汉语语法史断代专书比较研究　何乐士　著

图书在版编目(CIP)数据

正蒙/李峰注说. —郑州:河南大学出版社,2016.7
(国学新读本)
ISBN 978-7-5649-2483-6

Ⅰ.①正… Ⅱ.①李… Ⅲ.①古典哲学－中国－清代②《正蒙》－注释 Ⅳ.①B244.45

中国版本图书馆 CIP 数据核字(2016)第 177843 号

责任编辑	陈林涛　阎现章
责任校对	闫　瑾
封面设计	马　龙

出　版	河南大学出版社
	地址:郑州市郑东新区商务外环中华大厦 2401 号　邮编:450046
	电话:0371－86059701(营销部)　　网址:www.hupress.com
排　版	郑州市今日文教印制有限公司
印　刷	河南新华印刷集团有限公司
版　次	2016 年 10 月第 1 版　　印次　2016 年 10 月第 1 次印刷
开　本	650mm×960mm　1/16　　印张　17.75
字　数	223 千字　　定价　36.00 元

(本书如有印装质量问题请与河南大学出版社营销部联系调换)